Mark Zahel

Stubai-Wipptal

mit Gschnitz, Obernberg, Navis, Schmirn, Vals

60 ausgewählte Touren

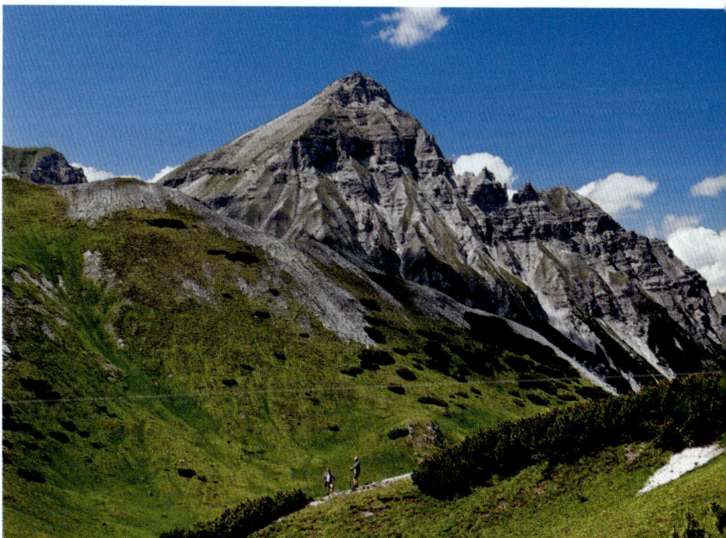

ROTHER
BERGVERLAG

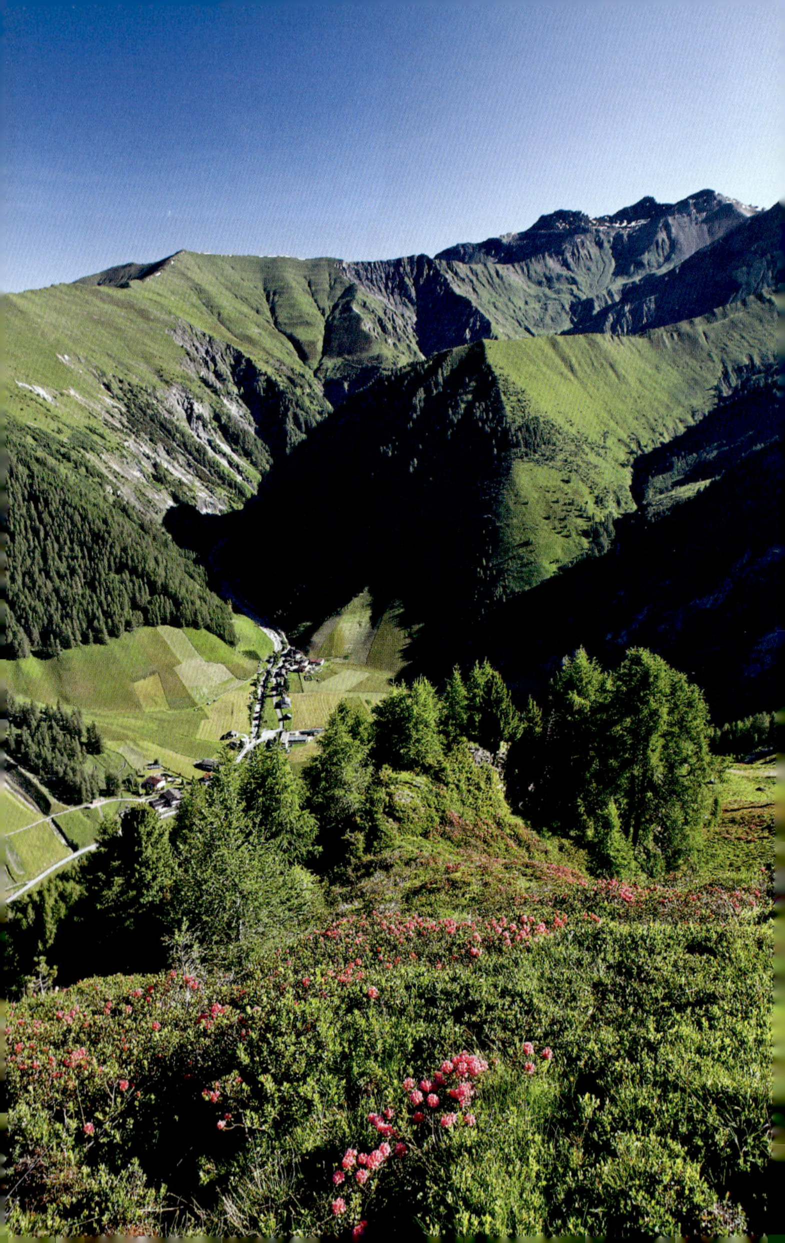

VORWORT

Mit diesem Wanderführer sind wir im Herzen Tirols unterwegs. Von Innsbruck schließt das Wipptal Richtung Brenner auf, vielen Menschen vom schnellen Transit her geläufig, aber tatsächlich in seinen Reizen abseits der Verkehrswege vielleicht doch eher wenig bekannt. Das Wipptal scheidet die Stubaier Alpen im Westen von den Tuxer und Zillertaler Alpen im Osten und gliedert damit unser Tourengebiet in zwei Teile, die freilich ziemlich »stubailastig« ausfallen. Das hängt vor allem damit zusammen, dass die westlichen Seitentäler tiefer ins Gebirge hineingreifen und damit ein deutlich größeres Areal erschließen, allen voran das Stubaital. Es beginnt bei Schönberg und eröffnet uns bis in den Talschluss unter dem formschönen Zuckerhütl ein Füllhorn von Möglichkeiten. Egal, ob beschauliche Streifzüge in einer liebreizenden Kulturlandschaft oder zünftige Gipfelanstiege, Wanderungen zu gemütlichen Almen und Hütten oder vielleicht mal ein idyllischer Bergsee als Ziel – hier ist für jeden Geschmack etwas dabei. Als die gleichsam »kleineren Nachbarn« sind Gschnitz und Obernberg überschaubarer, doch mit ebenso großartigem Flair gesegnet. Gegenüber umfasst die Ostseite des Wipptals die Seitentäler von Vals, Schmirn und Navis, dazu einige unbesiedelte Kammern wie etwa das Viggartal. Von wenigen Ausnahmen abgesehen ist es hier noch erstaunlich ruhig geblieben – ein Dorado für den Freund ausgedehnter Kammtouren.

Mit der 6. Auflage habe ich den Wanderführer Stubai – Wipptal übernommen und in Text und Bild vollkommen neu ausgearbeitet. Die Anzahl der Touren insgesamt ist auf 60 erhöht worden, präsentiert sich aber auch grundsätzlich in stark veränderter Zusammenstellung. Praktisch alle Standardziele wie die Berghütten und die bekannteren Wandergipfel sind natürlich vertreten. Darüber hinaus erscheint es mir erstrebenswert, das Augenmerk auch mal dorthin zu lenken, wo die Touristenströme merklich ausdünnen. Man stellt immer wieder aufs Neue fest, dass der Erlebniswert nicht unbedingt vom Bekanntheitsgrad abhängt. Angesichts des hochalpinen Charakters soll hier und da auch mal die Grenze des Wanderterrains ausgelotet werden, etwa mit dem Habicht oder der Märchreisenspitze.

Sämtliche Touren werden ausführlich charakterisiert und beschrieben. Zusätzlich zur gewohnten farblichen Unterscheidung der Schwierigkeiten verwende ich in meinen Werken die sechsstufige Skala des SAC, die eine wesentlich bessere Differenzierung erlaubt. GPS-Daten und daraus abgeleitete, genaue Höhenprofile tragen dazu bei, dass dieses Büchlein seinen Hauptzweck erfüllt: als gute Planungshilfe und zuverlässiger Begleiter unterwegs. Daneben hoffe ich, nicht zuletzt mit attraktiven Fotos Lust zu wecken, die herrliche Bergwelt zwischen Innsbruck und Brenner zu entdecken.

In diesem Sinne viel Freude und tolle Erlebnisse wünscht

Sommer 2024 — Mark Zahel

INHALTSVERZEICHNIS

Gschnitz und Obernberg

Vals, Schmirn und Navis

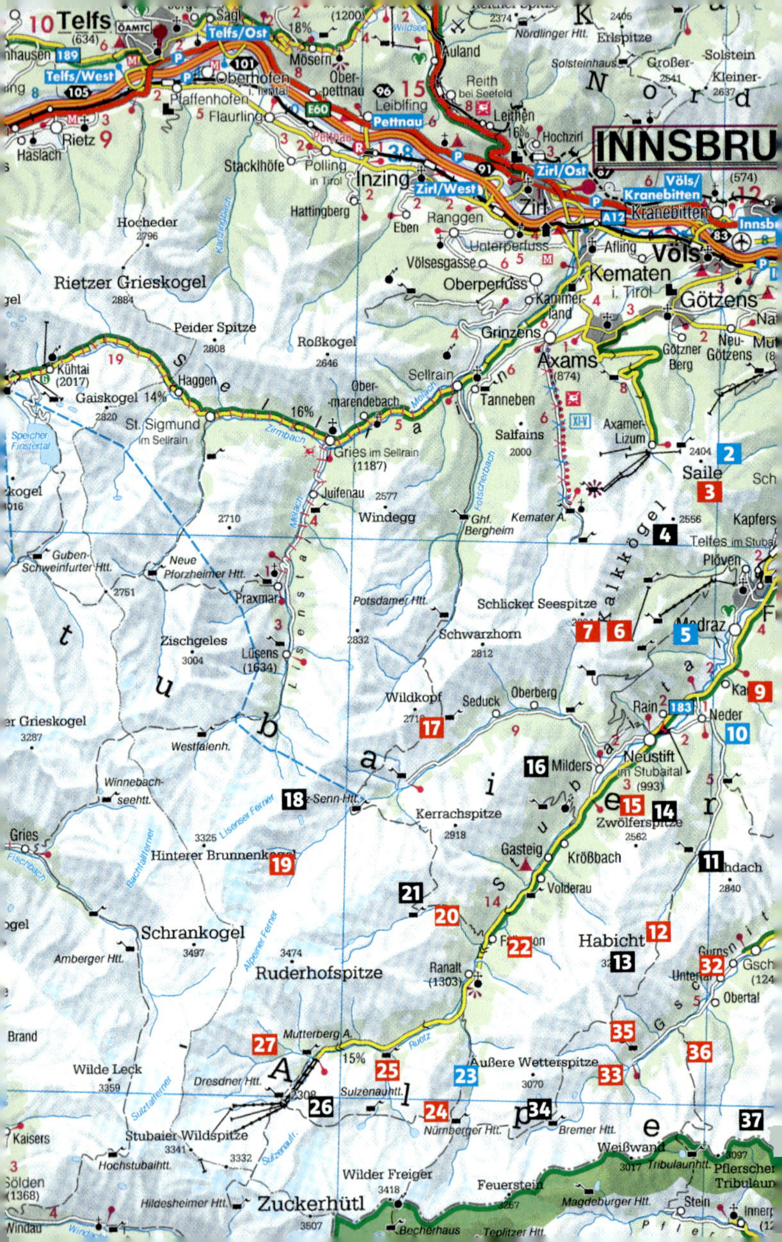

Telfs
(634)
Telfs/Ost
Telfs/West
Oberhofen
Pfaffenhofen
Flaurling
Rietz
Haslach
Mösern
Ober-pettnau
Leiblfing
Pettnau
Auland
Reith bei Seefeld
Leithen
Hochzirl
Nördlinger Htt.
Erlspitze
Solsteinhaus
Großer-
Solstein
Kleiner-
INNSBRU
Stacklhöfe
Polling in Tirol
Inzing
Zirl/West
Zirl/Ost
Zirl
Völs/ Kranebitten
Kranebitten
Hattingberg
Eben
Ranggen
Unterperfuss
Afling
Völs
Völsesgasse
Oberperfuss
Kematen i. Tirol
Götzens
Kammerland
Hocheder
2796
Rietzer Grieskogel
2884
Peider Spitze
2808
Roßkogel
2646
Grinzens
Axams
(874)
Götzner Berg
Neu-Götzens
Kühtai
(2017)
Haggen
Gaiskogel
2820
St. Sigmund im Sellrain
Speicher Finstertal
Ober-marendebach
Sellrain
Tanneben
Salfains
2000
Axamer-Lizum
Gries im Sellrain
(1187)
Juifenau
2577
Windegg
Ghf. Bergheim
Kemater A.
Saile
2404
2556
Kapfers
Telfes im Stubai
Plöven
Guben-Schweinfurter Htt.
Neue Pforzheimer Htt.
2710
2751
Praxmar
Potsdamer Htt.
Schlicker Seespitze
Kalkkögel
Mutterberg A.
Medraz
Zischgeles
3004
Lüsens
(1634)
2832
Schwarzhorn
2812
Wildkopf
Seduck
Oberberg
Rain
Neder
Grieskogel
3287
Westfalenh.
Neustift im Stubaital
(993)
Milders
Winnebach-seehtt.
Franz-Senn-Htt.
Kerrachspitze
2918
Zwölferspitze
2562
Gries
3325
Hinterer Brunnenkogel
Gasteig
Krößbach
Volderau
2840
Schrankogel
3497
Amberger Htt.
3474
Ruderhofspitze
Ranalt
(1303)
Habicht
Gschnitz
Obertal
Brand
Äußere Wetterspitze
3070
Wilde Leck
3359
Dresdner Htt.
Sulzenauhtt.
Nürnberger Htt.
Bremer Htt.
Kaisers
Sölden
(1368)
Stubaier Wildspitze
3341
3332
Hochstubaihtt.
Wilder Freiger
3418
Feuerstein
3267
Weißwand
3017
Tribulaunhtt.
Pflerscher Tribulaun
Magdeburger Htt.
Stein
Hildesheimer Htt.
Zuckerhütl
3507
Becherhaus
Teplitzer Htt.
Windau
Stubai
Alpen

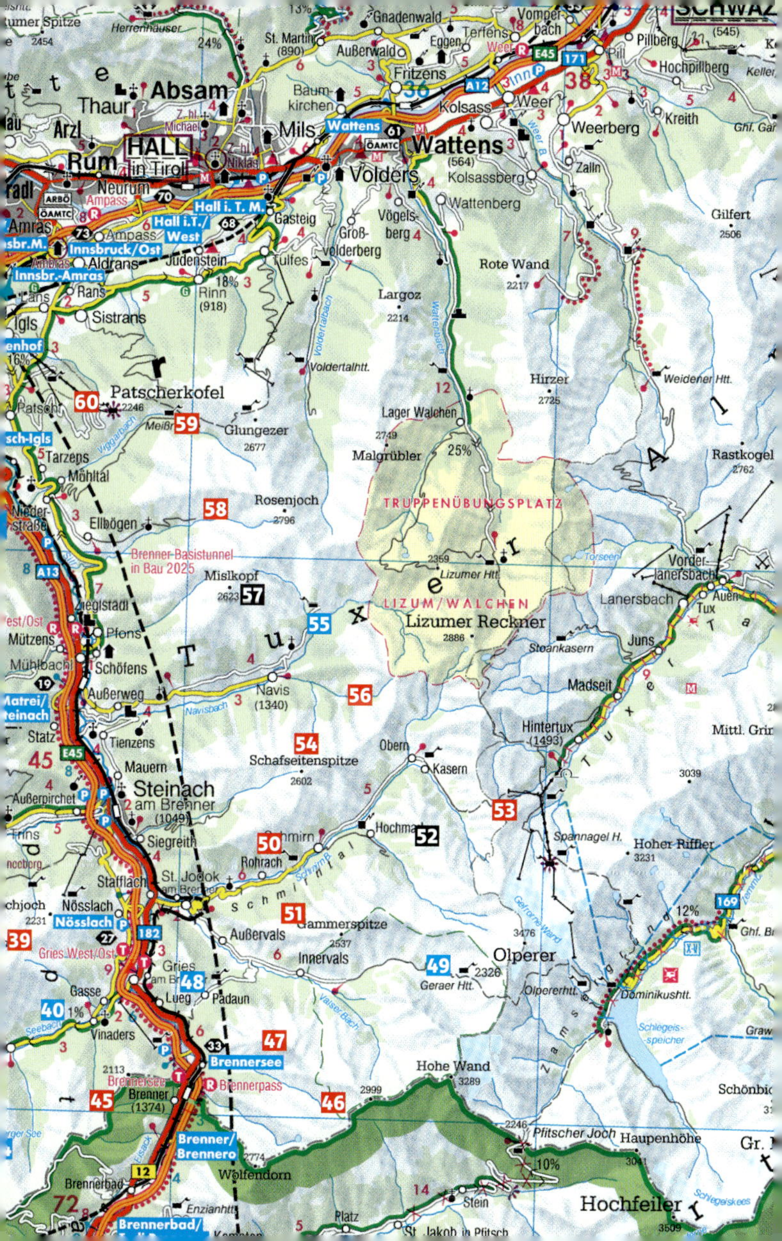

Absam
Thaur
Rum
HALL in Tirol
Mils
Wattens
Volders
Fritzen
Kolsass
Weer
Weerberg
Pillberg
Hochpillberg
Gnadenwald
Terfens
Vomperbach
St. Martin (890)
Außerwald
Eggen
Baumkirchen
Kolsassberg
Wattenberg
Neurum
Ampass
Gasteig
Amras
Aldrans
Tulfes
Judenstein
Rinn (918)
Rans
Sistrans
Igls
Patscherkofel 2246
Glungezer 2677
Großvolderberg
Vögelsberg
Largoz 2214
Rote Wand 2217
Gilfert 2506
Hirzer 2725
Voldertalhtt.
Weidener Htt.
Lager Walchen
Malgrübler 2749
Rastkogel 2762
Tarzens
Mühltal
Rosenjoch 2796
Ellbögen
TRUPPENÜBUNGSPLATZ
LIZUM/WALCHEN
Lizumer Htt.
Lizumer Reckner 2886
Brenner Basistunnel in Bau 2025
Mislkopf 2623
Vorderlanersbach
Lanersbach
Tux
Juns
Madseit
Hintertux (1493)
Stoankasern
Pfons
Mützens
Mühlbachl
Schöfens
Außerweg
Navis (1340)
Matrei/Steinach
Statz
Tienzens
Mauern
Steinach am Brenner (1049)
Schafseitenspitze 2602
Obern
Kasern
Hochmark
Außerpirchet
Trins
Siegreith
Schmirn
Rohrach
Spannagel H.
Hoher Riffler 3231
Stafflach
St. Jodok am Brenner
Nösslach
Gammerspitze 2537
Außervals
Innervals
Geraer Htt. 2326
Olperer 3476
Olpererhtt.
Dominikushtt.
Gries West/Ost
Gries am Brenner
Lueg
Padaun
Gasse
Vinaders
Brennersee
Brennerpass
Brenner (1374)
Hohe Wand 3289
Schlegeisspeicher
Pfitscher Joch
Haupenhöhe
Brenner/Brennero
Wolfendorn
Brennerbad
Enzianhtt.
Stein
Platz
St. Jakob in Pfitsch
Hochfeiler 3509
Schönbichl
Innsbruck/Ost
Hall i. T. M.
Hall i.T./West
Innsbr.-Amras
Tuxer Alpen

TOP-TOUREN

Innsbrucker Almenweg
Große Rundwanderung um die Saile, über eine Reihe beliebter Almwirtschaften, mit tollen Blicken ins Karwendel ebenso wie in die Stubaier Alpen *(Tour 2, 5.45 h).*

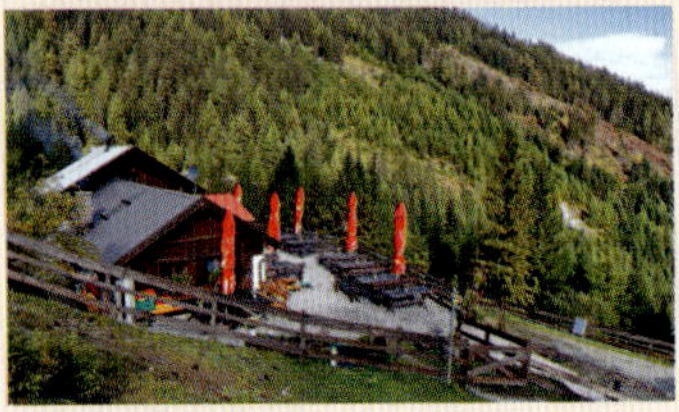

Hoher Burgstall
Einer der besten Aussichtsgipfel unmittelbar über dem Stubaital, mit Seilbahnunterstützung relativ schnell erreichbar, aber doch alpin angehaucht *(Tour 6, 4.15 h).*

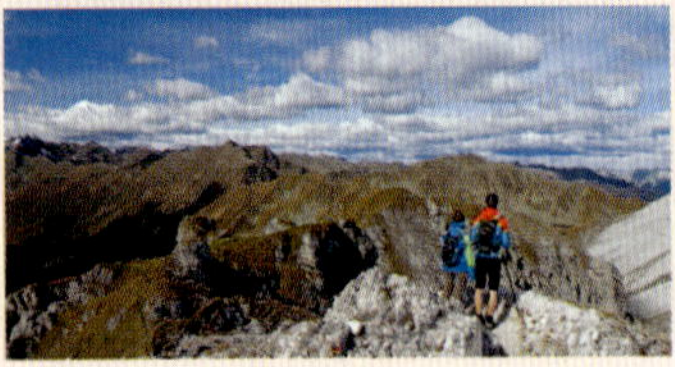

Habicht
Mächtige Gipfelgestalt zwischen Stubai und Gschnitz und das höchste Ziel dieser Auswahl: eine packende Bergtour für Erfahrene *(Tour 13, 5.15 h ab Innsbrucker Hütte).*

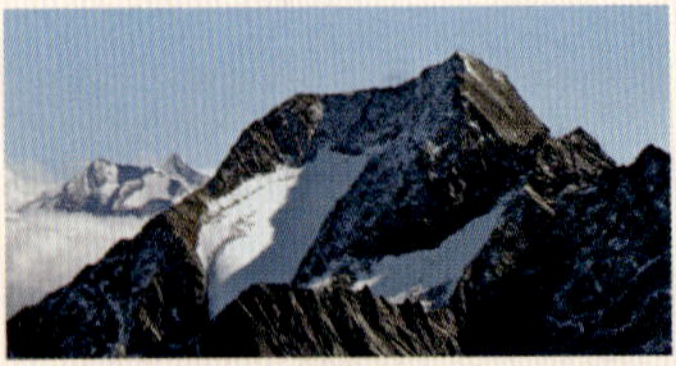

Aperer Turm
Eher wenig bekanntes, aber gerade deshalb sehr interessantes Gipfelziel inmitten der eindrücklichen Alpeiner Berge mit Stützpunkt Franz-Senn-Hütte *(Tour 19, 7.45 h).*

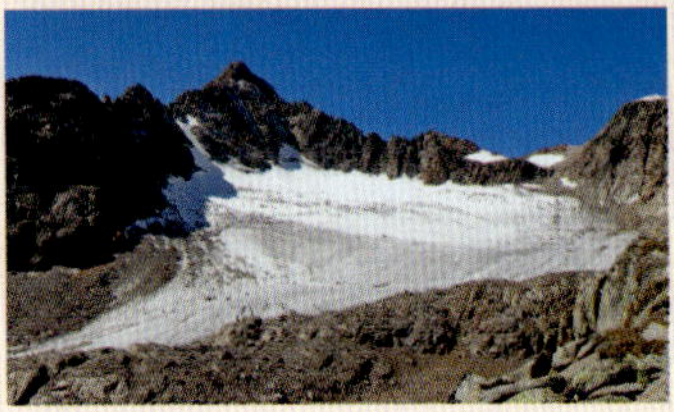

Bacherwandalm und Falbesoner Nockalm
Verbindung zweier rustikaler Almen im inneren Stubaital, eine Wanderung für Genießer *(Tour 22, 3.30 h).*

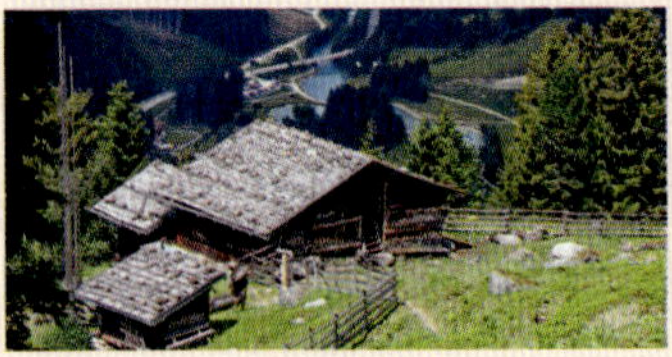

Mairspitze und Niederl
Die charismatischen Kulissen aus Fels und Eis zum Greifen nah – eine pfiffige Rundtour im Einzugsbereich der Nürnberger Hütte *(Tour 24, 3.30 h ab Hütte, 8.10 h aus dem Tal).*

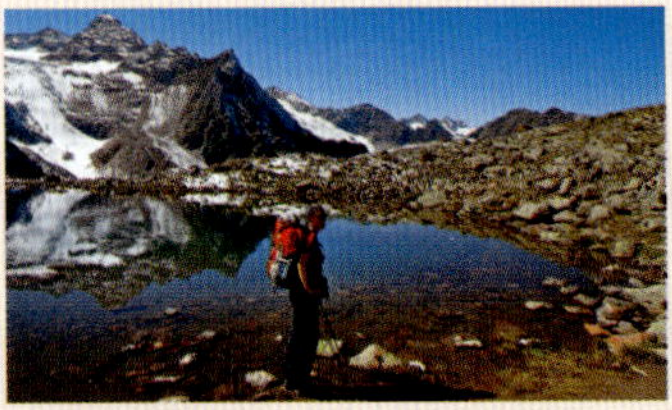

Sulzenauhütte und Blaue Lacke
Großartig gelegene Hütte am Stubaier Höhenweg, inmitten wilder Wasserwelten und im Bannkreis der höchsten Gipfel des gesamten Tourengebiets *(Tour 25, 4.25 h).*

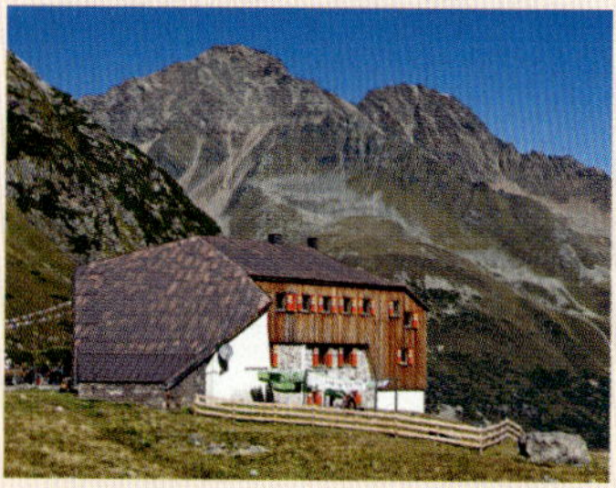

Bremer Hütte – Innsbrucker Hütte
Ein Höhenweg der Extraklasse, quer durch die Hochkare über dem Gschnitzer Talschluss mit stundenlanger Aussicht vor allem auf die Tribulaungruppe *(Tour 35, 6.30 h von Hütte zu Hütte).*

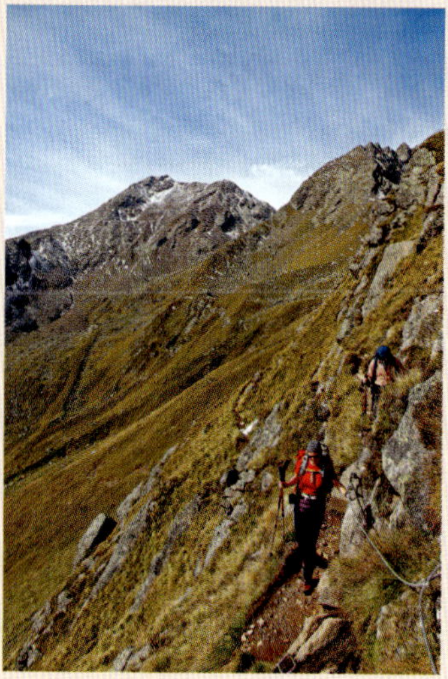

Obernberger See
Gemütlicher Bergspaziergang an einem der schönsten Seen Tirols, mit Verlängerungsmöglichkeit auf urwüchsigem Flankensteig im Obernberger Talschluss *(Tour 42, 3.10 h).*

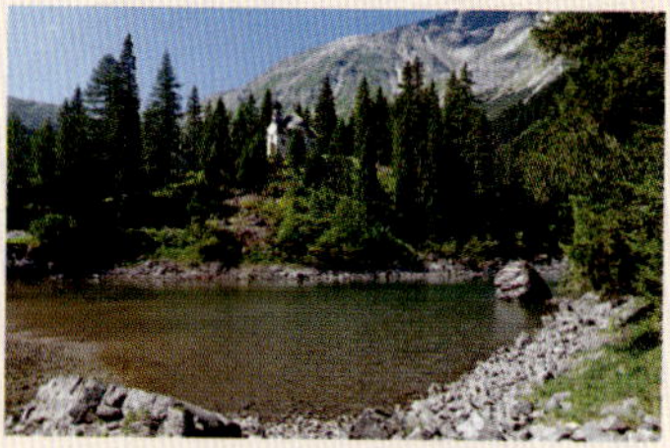

Jochgrubenkopf und Schöberspitze
Stille und sehr ursprüngliche Überschreitung im Schmirntal, ein Geheimtipp für ambitionierte Berggänger *(Tour 52, 7.30 h).*

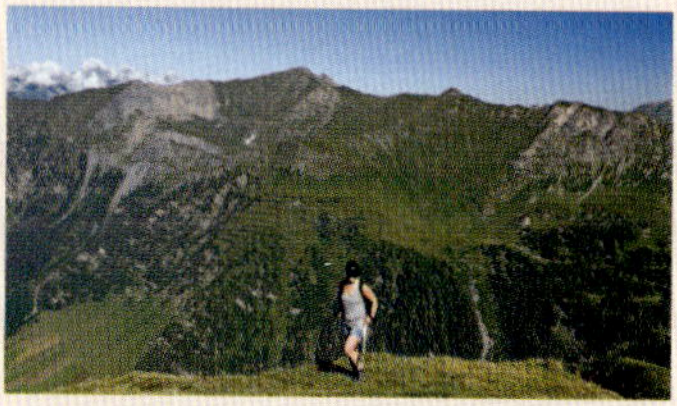

Naviser Almen-Jubiläumsweg
Herrliche Almstafette im inneren Navistal, eine Schlemmertour für alle, die typisches Tiroler Flair schätzen *(Tour 55, 4.30 h).*

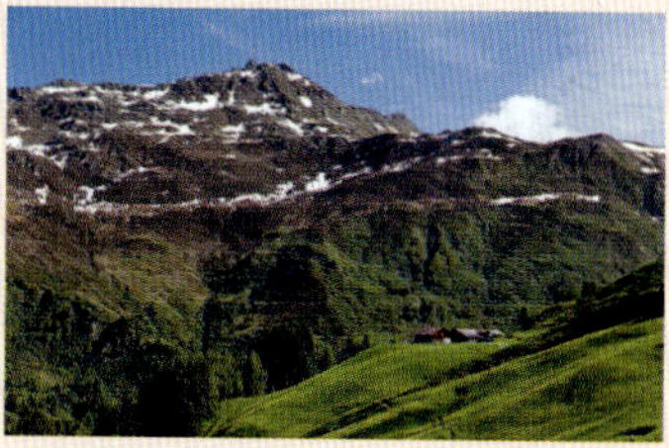

WICHTIGE HINWEISE FÜR UNTERWEGS

Schwierigkeitseinstufung

Die in diesem Band vorgestellten Touren richten sich hauptsächlich an Bergwanderer und verlaufen zumeist auf markierten, mehr oder weniger gut ausgebauten Wegen und Steigen. Dennoch gibt es aufgrund der Steilheit und Beschaffenheit des Geländes, der Höhenlage und der Länge eine erhebliche Spannbreite in den Anforderungen. Die Farbe der Tourennummer in der Titelzeile vermittelt einen groben Hinweis auf das Schwierigkeitsniveau. Dabei bezieht sich die Angabe stets auf die vollständige Tour, während Teilstrecken (und damit Zwischenziele) durchaus leichter sein können. Es werden drei Kategorien unterschieden:

SCHWIERIGKEITSKATEGORIEN

■ = Leicht

Bergwanderung auf gut ausgebauten und markierten Wegen von meist nur mäßiger Steilheit. Passagen in abschüssigem Gelände sind selten. Ein Grundmaß an Trittsicherheit kann vorteilhaft sein, sonst stellen sich aber keine besonderen Anforderungen. Auch konditionell nicht überdurchschnittlich fordernd.

■ = Mittel

Wege und Bergpfade, die solide Trittsicherheit erfordern, in ausgesetztem Gelände auch Schwindelfreiheit. Sie sind in der Regel ebenfalls ausreichend markiert, weisen aber nicht selten schmalen Verlauf und eventuell auch gesicherte Stellen auf. Im alpinen Gelände nimmt die Abhängigkeit von den herrschenden Verhältnissen zu. Ist bei technisch leichteren Routen allein der konditionelle Anspruch hoch, wird ebenfalls in diese Kategorie eingestuft.

■ = Schwierig

Anspruchsvollere Routen in oft hochalpinem, beschwerlichem Gelände. Eventuell kann eine erkennbare Trasse am Boden fehlen, außerdem ist mit einfachen Kletterstellen zu rechnen. Absolute Trittsicherheit und Schwindelfreiheit sind ebenso unerlässlich wie eine umfassendere alpine Erfahrung. Die Abhängigkeit von Wetter und Verhältnissen ist umso mehr zu beachten.

Im Zuge einer differenzierten Bewertungspraxis soll in diesem Führer zusätzlich auf die ursprünglich vom Schweizer Alpenclub entworfene »T-Skala« zurückgegriffen werden. Bis T2 gilt üblicherweise die Einstufung »blau«, spätestens ab T4 »schwarz«. Nachfolgend die maßgeblichen Definitionen in angepasster Form:

DIE SCHWIERIGKEITSSKALA NACH MUSTER DES SAC

Grad	Weg, Gelände	Anforderungen
T1 Wandern	Weg gut gebahnt, Gelände flach oder leicht geneigt, keine Absturzgefahr.	Keine Anforderungen, auch mit Turnschuhen geeignet, Orientierung problemlos.
T2 Bergwandern	Weg mit durchgehender Trasse, Gelände teilweise steil, Absturzgefahr nicht völlig ausgeschlossen.	Etwas Trittsicherheit, Trekkingschuhe empfehlenswert, elementares Orientierungsvermögen.
T3 Anspruchsvolles Bergwandern	Weg nicht unbedingt durchgehend, ausgesetzte Stellen evtl. gesichert, ggf. etwas Händeunterstützung, Geröllflächen, einfache Schrofen.	Trittsicherheit, Trekkingschuhe, elementare alpine Erfahrung, durchschnittliches Orientierungsvermögen.
T4 Alpinwandern	Weg nicht zwingend vorhanden, stellenweise leichte Kletterei, Gelände recht exponiert, heikle Grashalden, Schrofen, Firnfelder.	Gute Trittsicherheit, Vertrautheit mit exponiertem Gelände, solide alpine Erfahrung, gutes Orientierungsvermögen.
T5 Anspruchsvolles Alpinwandern	Teils weglos mit Kletterpassagen im I. bis II. Grad, evtl. nicht markiert. Häufig exponiertes bzw. heikles Gelände.	Vertiefte alpine Erfahrung und sicheres Beurteilungsvermögen auch im hochalpinen Gelände.
T6 Schwieriges Alpinwandern	Meist weglos und in der Regel nicht markiert. Kletterpassagen bis II bei diffizilen Rahmenbedingungen.	Umfassende alpine Erfahrung inkl. grundlegender Kletterkenntnisse.

Unter dem wichtigen Punkt »Anforderungen« im Tourensteckbrief wird die Einstufung in die Schwierigkeitsskala verbal präzisiert, etwa über die Beschaffenheit der Wege bzw. des Geländes, über besonders relevante Schwierigkeiten sowie an die Begeher gestellte Voraussetzungen hinsichtlich Trittsicherheit, Schwindelfreiheit, Orientierungssinn und Ausdauer. Dabei gilt grundsätzlich die Annahme günstiger Verhältnisse. Dass beispielsweise Schlechtwetter die Anforderungen spürbar erhöhen kann, muss zusätzlich einkalkuliert werden.

Strahlemann: der Wilde Pfaff ist der vierthöchste Gipfel der Stubaier Alpen.

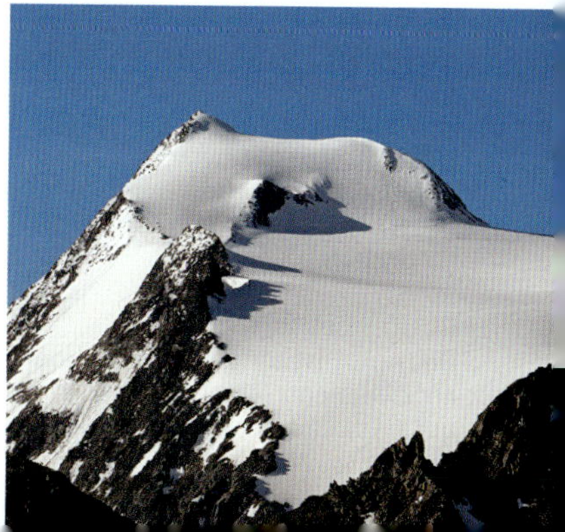

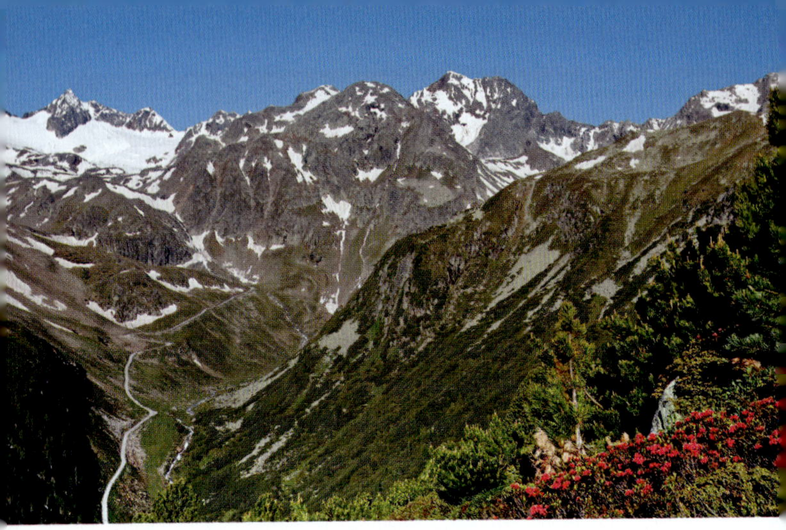

Das »Daungebiet« als Kulisse im innersten Stubaital.

Gehzeiten

Maßgeblich ist immer die reine Gehzeit ohne Pausen, wobei in der Praxis abhängig von diversen Faktoren, besonders natürlich der Leistungsfähigkeit jedes einzelnen, eine breite Streuung auftreten kann. Die Angaben orientieren sich an berggewohnten, ausdauernden Wanderern ohne erhöhten sportlichen Anspruch, die im Aufstieg normalerweise 300 bis maximal 400 Höhenmeter pro Stunde zurücklegen, im Abstieg etwa das 1,5-fache. Bei flachem, hindernisarmem Gelände – das im Hochgebirge freilich selten in Reinkultur zu finden ist – kalkuliert man etwa vier Streckenkilometer pro Stunde, was auf typischen Höhenwegen normalerweise aber schon deutlich zu reduzieren ist, selbst wenn der Steig phasenweise quasi horizontal verlaufen mag. Die Gesamtgehzeit, die mitunter von Wegweisern oder anderswo veröffentlichten Angaben abweichen kann, steht als wichtige Größe sofort erkennbar in der Titelzeile.

Höhenunterschiede

Damit sind die insgesamt zu bewältigenden Höhenmeter gemeint. Die Angaben berücksichtigen ein zwischenzeitliches Auf und Ab so genau wie möglich und sinnvoll.

Routenbeschreibungen

Der Autor ist um angemessene Ausführlichkeit bemüht, damit die Route an Zwischenpunkten oder auch an Wechseln der Geländebeschaffenheit gut nachzuvollziehen ist. Jedes denkbare Detail zu erwähnen, würde den

SYMBOLE

Symbole im Tourenkopf

- Mit Bahn/Bus erreichbar
- Einkehrmöglichkeit unterwegs
- für Kinder geeignet

Symbole im Höhenprofil

- Ort mit Einkehrmöglichkeit
- Einkehrmöglichkeit
- Unbewirtschaftete Hütte, Alm
- Parkplatz
- Bushaltestelle
- Bahnhof / S-Bahn-Haltestelle
- Gipfel
- Kirche, Kapelle
- Burg, Schloss, Ruine
- Aussichtsturm
- Aussichtsplatz
- Quelle
- Auf-/Abfahrt mit Seilbahn
- Auf-/Abfahrt mit Zahnradbahn
- Joch, Passübergang
- Abzweigung
- Klettersteig

Rahmen aber sprengen und auch im Sinne der Übersichtlichkeit eher kontraproduktiv sein. Gleichwohl kann man sagen, dass die Beschreibungen wesentlich akribischer ausfallen als in Broschüren der Tourismuswerbung – ein essenzieller Mehrwert für den Nutzer!

Kartenausschnitte und Profile

Weitere visuelle Planungshilfen sind der Kartenausschnitt sowie das Höhenprofil, das die wesentlichen Steigungsverläufe wiedergibt und den Überblick über die Gehzeiten (einschließlich Zwischenwerte) enthält. Zudem sind jeweils wichtige Wegpunkte, die auch in der Routenbeschreibung kenntlich gemacht werden und mit dem GPS-Track korrespondieren, verortet.

GPS-TRACKS UND KOORDINATEN DER AUSGANGSPUNKTE

Auf **gps.rother.de** stehen zu diesem Wanderführer GPS-Tracks und die Koordinaten der Ausgangspunkte zum kostenlosen Download bereit. Dieser QR-Code führt direkt zum Download.
7. Auflage, Passwort: **457407dbx**
Die GPS-Tracks können in die **Rother App** importiert werden. In der App kann man unterwegs stets sehen, wo man gerade ist und wo es langgeht. **Anleitungen dazu: rother.de/gps**
Trotz sorgfältiger Prüfung können wir Fehler und zwischenzeitliche Veränderungen nicht ausschließen. Verlassen Sie sich für die Orientierung niemals einzig und allein auf die GPS-Daten, sondern beurteilen Sie die Verhältnisse vor Ort.

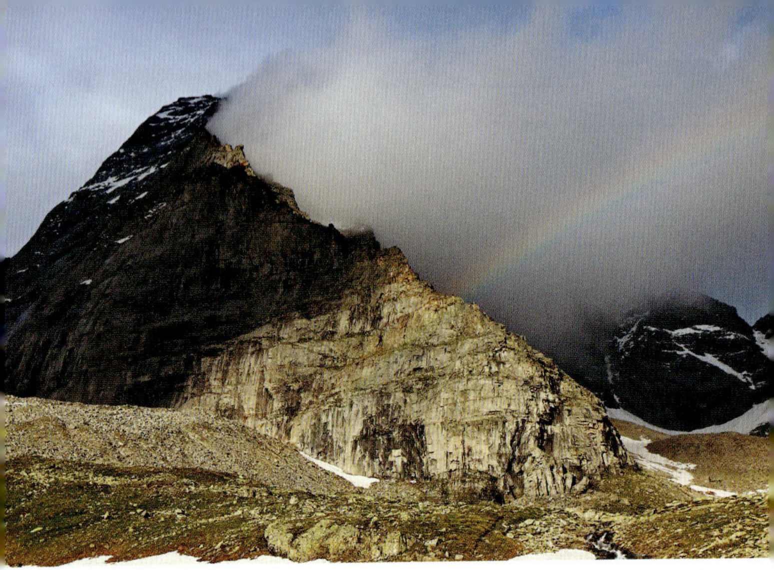

Ein Regenbogen trifft die Fußsteinkante bei der Geraer Hütte. Fast könnte man glauben, dort sei wirklich Gold zu finden …

Einkehrmöglichkeiten

Stehen auf einer Tour Hütten bzw. Jausenstationen zur Verfügung, kann der eigene Proviant knapper bemessen werden – für viele, insbesondere genussorientierte Wanderer ein wichtiges Kriterium schon bei der Auswahl. Natürlich sind dabei die Öffnungszeiten ins Kalkül zu ziehen, die je nach Jahr und Witterung ein wenig variieren können. Die hoch gelegenen Alpenvereinshütten sperren je nach Schneesituation meist um Mitte Juni auf und schließen gegen Ende September oder Anfang Oktober, auch wenn die äußeren Bedingungen eigentlich noch gut sein sollten. Bei den Almhütten ist die Handhabung hingegen sehr individuell. Steht die traditionelle Bewirtschaftung nach wie vor im Mittelpunkt, so endet die Saison oft schon nach dem Almabtrieb im September. Trägt der angeschlossene Gastbetrieb eine sehr wesentliche Bedeutung, kann man auch im späteren Herbst eventuell noch einkehren. Zu bedenken sind ferner die Ruhetage, die für diesen Führer bestmöglich recherchiert wurden. Im Zweifel erkundige man sich vor Ort telefonisch oder beim Tourismusbüro.

Beste Jahreszeit

Diese Angabe beruht auf Erfahrungswerten und ist als Tendenz zu verstehen. Natürlich geben immer die aktuellen Bedingungen den Ausschlag für die Durchführbarkeit einer Tour.

Mit Kindern unterwegs

Lange Forststraßenmärsche sind langweilig; gibt es dagegen auf abwechslungsreichen Wegen und Pfaden immer wieder etwas zu entdecken und zu spielen, können Kinder viel Spaß am Bergwandern entwickeln. Mit dem entsprechenden Symbol in der Titelzeile wird angezeigt, ob eine Tour prinzipiell als familientauglich eingestuft werden kann. Das ist nicht unbedingt gleichbedeutend mit einem geringen Schwierigkeitsgrad. Freilich müssen diese Kriterien letztlich ganz individuell gesehen und von den Eltern im Hinblick auf Alter und Belastbarkeit ihres Nachwuchses verantwortungsvoll selbst eingeschätzt werden. Einerseits zeigt die Erfahrung, dass Kinder – falls ihr Interesse geweckt ist – durchaus häufig bereits eine gewisse körperliche Leistungsfähigkeit mitbringen. Andererseits wird von einer konkreten Altersempfehlung bewusst abgesehen. Denn eine Achtjährige mit reichlich Bewegungstalent tut sich womöglich leichter als ein Elfjähriger, der Sport hauptsächlich nur aus dem Fernsehen kennt ... Nicht anders als bei Erwachsenen spielt natürlich auch Übung eine erhebliche Rolle. Daher ist es sinnvoll, Kinder behutsam an das Bergwandern heranzuführen, ihre Trittsicherheit und Ausdauer maßvoll zu erproben, und sie gegebenenfalls auch schon an der Tourenauswahl teilhaben zu lassen.

Ausrüstung

Wichtigster Ausrüstungsgegenstand ist das Schuhwerk, das möglichst robust sein soll, ohne dabei den Tragekomfort zu vernachlässigen. Bei Bergwanderern haben deshalb sogenannte Trekkingschuhe weite Verbreitung

Tiefblick von der Serles auf Telfes im Stubaital.

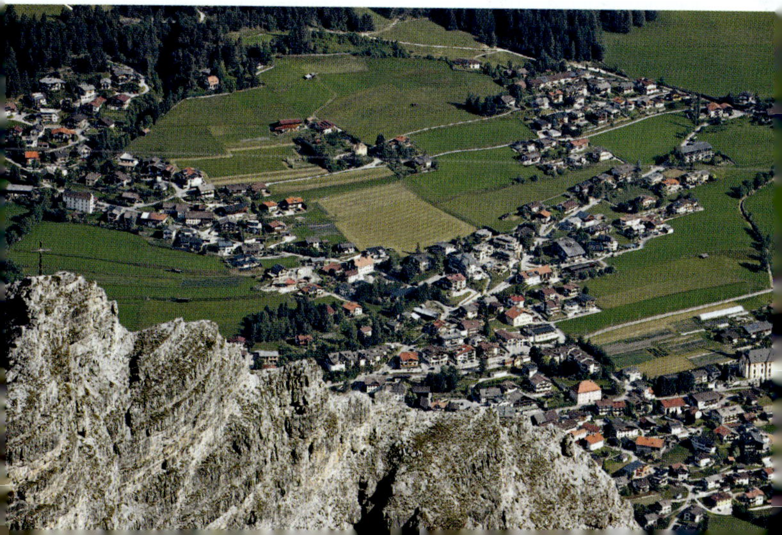

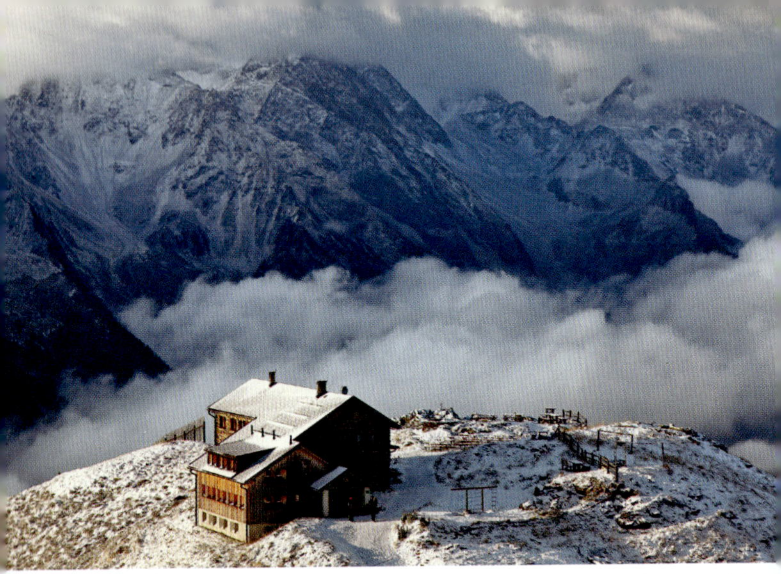

Nach einem Wettersturz wirkt die Landschaft ganz anders, wie hier um die angezuckerte Starkenburger Hütte.

gefunden. Bei hochalpinen Touren sollte man allerdings Schuhe mit festerem Schaft bevorzugen. Von den Herstellern wird heutzutage eine schier unüberschaubare Auswahl an outdoortauglicher Kleidung angeboten. Prinzipiell gilt Analoges zu den Schuhen, nämlich in Abstimmung auf den Charakter der Tour sowie der Witterung ein zweckmäßiges und gleichzeitig bequemes Material. Die Mitnahme von Regen- und Kälteschutz ist im Hochgebirge Standard, auch wenn ein sonniger, warmer Tag avisiert wird. Freilich hat man dann auch gern einmal die kurze Hose zur Hand, will man nicht über Gebühr schwitzen.

Das Vorhandensein von bewirtschafteten Hütten oder Jausenstationen gibt den Ausschlag über die Bemessung des Proviants. Etwas für zwischendurch sollte zumindest bei tagfüllenden Wanderungen nie fehlen, vor allem sollte immer an ausreichend Flüssigkeit gedacht werden. Sonnenbrille und Sonnenschutzcreme, ein Taschenmesser und eine kleine Notfallapotheke gehören zum wichtigen »Kleinkram«, ebenso wie die Wanderkarte und natürlich dieser Führer. Ein GPS-Gerät kann optional

Der Sonne entgegen …

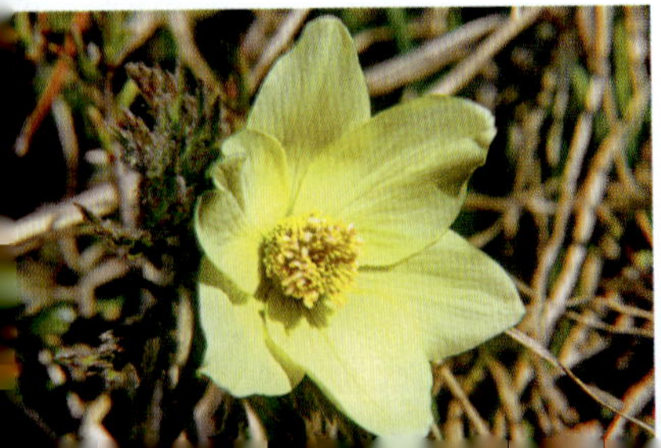

nützlich sein, ist aber sicher nicht essenziell für Wanderungen auf markierten Wegen. Über die Verwendung von Teleskopstöcken scheiden sich die Geister, weshalb sich der Autor einer Empfehlung an dieser Stelle entzieht. Bei wenigen hochalpinen Touren kann sich – abhängig von den herrschenden Verhältnissen – die Mitnahme von Steigeisen, eventuell auch eines Pickels, bezahlt machen.

Wanderkarten

Die Kartenausschnitte in diesem Führer stammen aus der Wanderkarte von Freytag & Berndt (1:50.000, mitunter auf 1:75.000 verkleinert). Das Blatt 241 »Innsbruck – Stubai – Sellrain – Brenner« deckt nahezu das gesamte Tourengebiet ab, lediglich im äußersten Osten muss man eventuell noch auf das Blatt 152 »Mayrhofen – Zillertaler Alpen« zurückgreifen. Darüber hinaus sind auch die Alpenvereinskarten empfehlenswert, besonders die Blätter im detaillierteren Maßstab 1:25.000: 31/1 »Hochstubai«, 31/2 »Sellrain« und 35/1 »Zillertaler Alpen West«. Im Maßstab 1:50.000 gibt es die Blätter 31/3 »Brennerberge«, 31/5 »Innsbruck und Umgebung« und 33 »Tuxer Alpen«.

Wetter

Das grundsätzlich Schöne am Bergwandern ist das Draußensein in der Natur, womit natürlich eine gewisse Abhängigkeit vom Wetter besteht. Denn der berühmte Satz »es gibt kein schlechtes Wetter, sondern nur falsche Kleidung« besitzt für Gebirgstouren angesichts potenzieller Gefahren nur eingeschränkte Gültigkeit.

Allgemein ist die klimatische Situation in unserem Tourengebiet typisch für die Zentralalpen nordseitig des Hauptkamms. Die jährlichen Niederschlagssummen fallen geringer aus als im Bereich der Nördlichen Kalkalpen und belaufen sich in den Tälern auf durchschnittlich ca. 900 Millimeter, und zwar relativ einheitlich, wenn man etwa Innsbruck mit den Wipptalorten oder dem Stubaital vergleicht. In den Berglagen kommt natürlich tendenziell mehr vom Himmel. Niederschlag wird an rund einem Drittel aller Tage registriert, wobei diese Quote allerdings im Sommer, also zur Wandersaison, speziell durch die konvektiven Vorgänge etwas erhöht ist.

Damit sind wir schon bei den wichtigsten Wetterlagen, wie sie für den Wanderer konkret werden. Im Sommer haben wir es nicht selten mit einer flachen Druckverteilung oder schwachem Hochdruckeinfluss zu tun, was eine latente Gewitterneigung zeitigt. Nur an manchen, sehr stabilen Tagen kann diese weitgehend ausgeschlossen werden. Greift

In der alpinen Wetterküche wird aufgekocht.

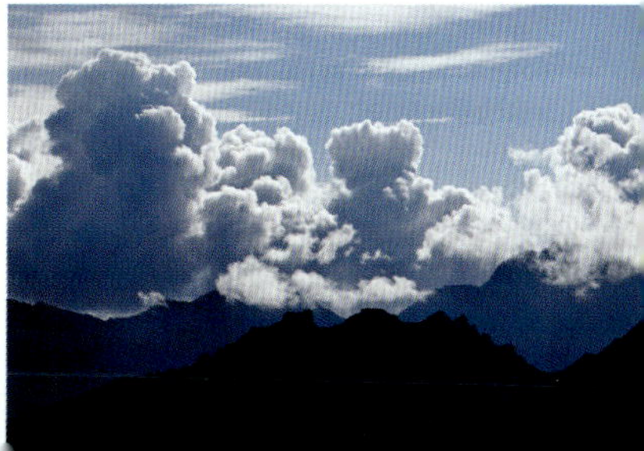

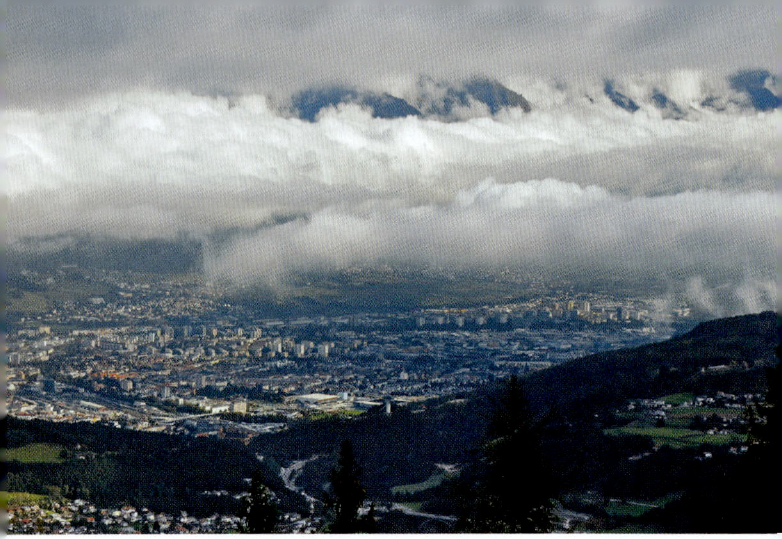

Im Herbst kann die Hochnebeldecke über Innsbruck zäh sein.

ein Tiefdruckgebiet mit einer Kaltfront über, kommt es oft zu organisierten Gewitterstrukturen und fallweise auch zu länger anhaltenden Regenfällen, insbesondere wenn eine feuchte Strömung aus West bis Nordwest vorherrscht.

Ein gängiges Phänomen in alpinen Gefilden ist der Föhn. In unserem Gebiet spielt er sogar eine außerordentlich große Rolle im Wettergeschehen, bedingt durch die Nord-Süd-Ausrichtung des Wipptals zum Brennerpass hin: eine ideale Düse für die aus Süden überströmenden Luftmassen. Der Meteorologe spricht auch von einer typischen Föhnschneise. Bei intensiven Föhnlagen – die im Frühjahr und Herbst am häufigsten sind, in den Hochsommermonaten hingegen am seltensten – können die Windspitzen mit 120 km/h durch Innsbruck fegen; am Patscherkofel werden mitunter sogar mehr als 200 km/h gemessen. Dabei handelt es sich natürlich um Extremwerte – »normaler« Föhn ist durchaus tourentauglich, da er die Regenfronten zumindest noch eine Weile auf Abstand hält. Man ist allerdings gut beraten, kritisch auf die Entwicklung zu achten, denn sobald der Föhn zusammenbricht, steht meist unmittelbar Schlechtwetter ins Haus, im schlimmsten Fall sogar ein regelrechter Wettersturz.

Herrscht hingegen gar kein Wind, haben wir es meist mit einem Hochdruckgebiet zu tun – wahrscheinlich die Wunschvorstellung eines jeden Bergaktiven. Aber auch dabei gibt es etwas Einschränkendes zu bemerken: Im Hochsommer gehen solche Lagen nämlich häufig mit einer erhöhten Wärmebelastung einher, was sich im Zuge des Klimawandels zu-

künftig noch verstärken wird. Im Herbst können uns gelegentlich Nebel oder Hochnebel einen Strich durch die Rechnung machen, was allerdings für die höher gelegenen Bergtäler deutlich weniger wahrscheinlich ist als etwa für das Inntal. Und wenn wir während einer spätherbstlichen Inversionswetterlage über der »grauen Suppe« auf einem Berg stehen, erfüllt sich schlichtweg ein Traum!
In jedem Fall gehört es zum Elementaren, sich mit der Wetterprognose gründlich auseinanderzusetzen. Diverse Medien überfluten uns mittlerweile mit derartigen Informationen – leider nicht immer in hoher Qualität –, doch die schlechteste aller Varianten wäre, gar keine Information zu haben und aufs Geratewohl loszulaufen. Professionelle Infos erhält man z.B. über die Websites www.orf.at/tirol oder www.zamg.ac.at.

Gefahren

Auch wenn man die alpinen Gefahren in einem Wanderführer wie diesem keinesfalls hochstilisieren muss, so gilt es doch daran zu erinnern, dass jedwedes Unterwegssein im Gebirge mit einem Restrisiko verbunden ist. Eine der häufigsten Ursachen für eine Notsituation oder gewisse Unannehmlichkeiten liegt bei Bergwanderungen wohl in der Selbstüberschätzung. Diese kann sich sowohl auf den geländebedingten als auch auf den konditionellen Anspruch beziehen, Ist aber durch eine sorgfältige Vorbereitung und umsichtige Durchführung der Tour vermeidbar. Mit reifender Erfahrung tut man sich diesbezüglich leichter. Nicht zu vernachlässigen ist auch der Einfluss einer etwaigen Gruppendynamik mit ihren (scheinbaren) Zwängen. Daneben gibt es aber auch objektive Gefahren, die das Gebirge an sich mitbringt, vor allem im Zusammenspiel mit dem Wetter. Dazu eine kurze Auflistung:

- **Absturzgefahr:** In ausgesetztem Gelände müssen Trittsicherheit und Schwindelfreiheit entsprechend ausgelegt sein, was eine verantwortungsvolle Selbsteinschätzung erfordert. Konzentrierte Fortbewegung und erhöhte Vorsicht speziell bei brüchigem Fels, instabilen Geröllhalden und nassen Grashängen sind angezeigt.

Auf guten Wegen ist Bergwandern keine schwierige Sache.

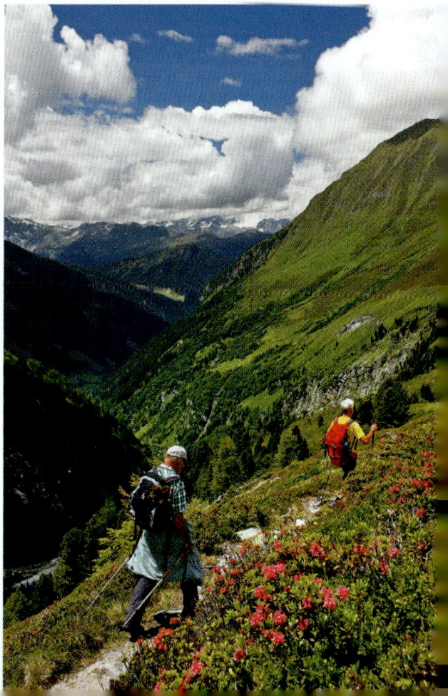

- **Schneefelder:** Diese treten hauptsächlich im Frühsommer auf und können – falls hartgefroren – sehr tückisch sein. Teleskopstöcke bieten nur in mäßig steilem Gelände eine gewisse Hilfe, andernfalls muss mit Pickel und Steigeisen vorgesorgt werden. Im Falle eines Sturzes sofort in die bremsende Liegestützhaltung gehen, bevor der Körper beschleunigt. Besser man unternimmt die Tour erst, sobald der Altschnee vom letzten Winter weithin abgeschmolzen ist. Im Fall eines Kaltlufteinbruchs mit Neuschnee ist besonders kritisches Beurteilungsvermögen gefragt, je nach Intensität bleibt manchmal nur ein Verzicht bzw. Abbruch.
- **Wildbäche:** Ohne Brücken oder Stege können diese je nach Wasseraufkommen ein erhebliches Hindernis bedeuten. Man sucht geduldig eine geeignete Stelle zum Queren (bei Blöcken auf deren Stabilität achten!) und setzt mit Vorteil Stöcke zum Abstützen ein.
- **Steinschlag:** Dieser tritt vor allem in steilen, brüchigen Fels- und Schrofenzonen, besonders im Bereich von Rinnen, auf und wird von Wanderern nicht selten selbst ausgelöst. Die gefährdeten Passagen sind rasch, aber konzentriert hinter sich zu bringen.
- **Gewitter:** Es besteht unmittelbare Lebensgefahr durch Blitzschlag, daher sind exponierte Punkte und Gerinne unverzüglich zu verlassen. Am besten deutet man die Warnsignale (zunehmende Quellbewölkung, schwüle Luft, Fallen des Luftdrucks) und sucht rechtzeitig Schutz auf. Lokalen Wärmegewittern, die bevorzugt in der zweiten Tageshälfte auftreten, lässt sich recht effektiv durch frühen Aufbruch begegnen. Frontgewitter werden indes in der Regel gut vorhergesagt, sodass wir Gelegenheit haben, unsere Taktik danach auszurichten. Man bedenke stets auch die

Die Felsszenerie der Kalkkögel erinnert an die Dolomiten.

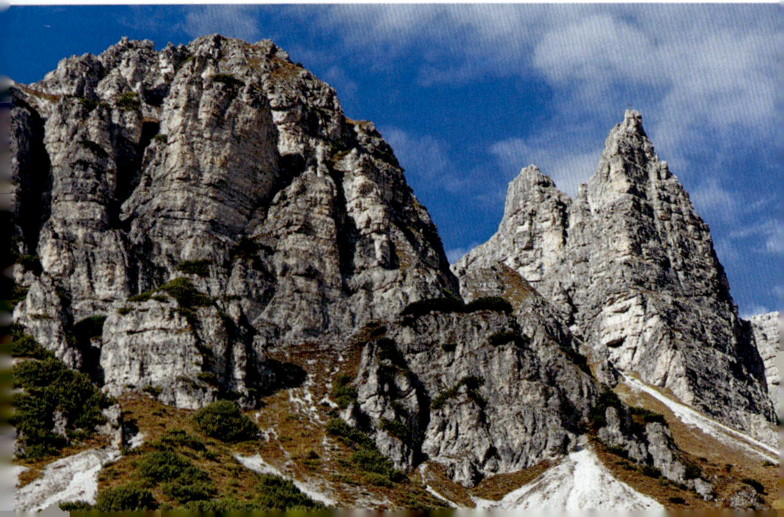

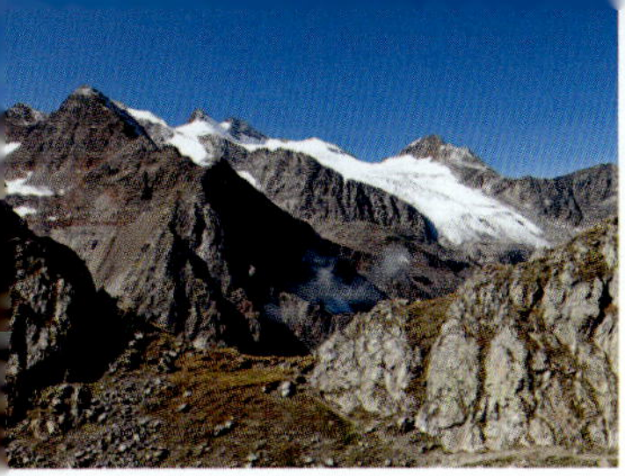

Besonderen Eindruck hinterlassen die Fels- und Eislandschaften des Hochstubai.

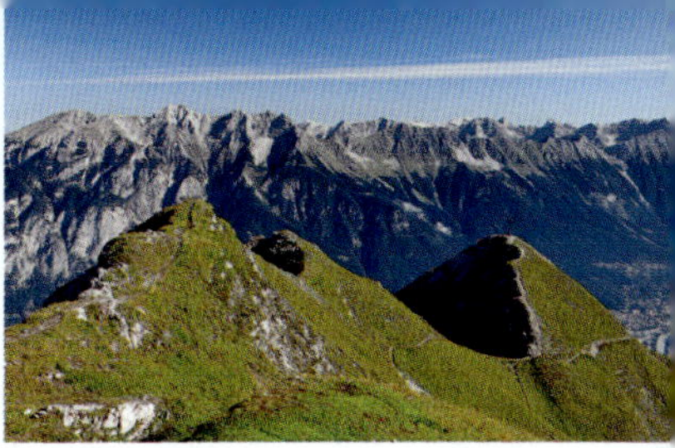

Auf der Saile (Nockspitze) schweift der Blick ins Karwendel.

mittelbaren Gefahren wie Nässe, Abkühlung und mögliche Vermurungen bei Starkregen.

- **Schlechte Sicht:** Dadurch verkompliziert sich speziell auf weniger gut markierten Routen die Orientierung. Hilfsmittel wie Kompass, Höhenmesser oder idealerweise GPS können nützlich werden. Wegloses Gelände sollte bei anhaltend dichtem Nebel tabu sein. Bei Verlust der Markierung gehe man zurück bis zum letzten bekannten Punkt.

Notsituationen

Falls man in eine Notlage gerät oder sich sogar ein ernsthafter Unfall ereignet hat, gilt es zunächst Ruhe zu bewahren und Verletzten Erste Hilfe zu leisten. Mit einem Mobiltelefon lässt sich direkt die Rettung verständigen. Die allgemeine Notrufnummer lautet 112. Daneben gilt auch die Alpin-Notrufnummer 140, bei Bergunfällen normalerweise die bessere Anwahl. Sollte eine direkte Verbindung nicht möglich sein, muss das alpine Notsignal abgegeben werden: 6-mal pro Minute ein optisches oder akustisches Zeichen. Mit je einer Minute Pause dazwischen wird dies so lange wiederholt, bis man Antwort erhält. Diese besteht aus 3-maligem Zeichen innerhalb einer Minute.

Anreise mit Pkw und öffentlichen Verkehrsmitteln

Wir erreichen das Tourengebiet sehr bequem über die Inntal-Autobahn (A12) und die Brenner-Autobahn (A13). Dort folgende Ausfahrten: Innsbruck

ÜBERSICHT DER REGIONALBUSLINIEN

590: Innsbruck – Schönberg – Mieders – Fulpmes – Neustift – Mutterbergalm
4141: Innsbruck – Igls – Patsch – Ellbögen – Pfons – Matrei – Steinach
4143: Steinach – Gries – Brenner
4144: Steinach – St. Jodok – Vals bzw. Schmirn – Kasern
4145: Schönberg – Matrei – Steinach – Gries – Obernberg
4146: Steinach – Trins – Gschnitz – Gasthof Feuerstein
8365: Matrei – Navis Dorf

Der Umwelt zuliebe …

Auch beim Wandern hinterlassen wir einen ökologischen Fußabdruck, aber im Einklang mit der Natur unterwegs zu sein, ist gar nicht so schwer!

VORBEREITUNG UND ANFAHRT

- Sich vorab informieren, worauf in Bezug auf Natur und Umwelt in der jeweiligen Wanderregion besonders zu achten ist.
- Soweit möglich mit Bahn und Bus anreisen, Wander- und Rufbusse nutzen.
- Ist eine Anfahrt mit dem Auto nötig, Fahrgemeinschaften bilden.
- Bei weiten Anfahrten Mehrtagestouren planen oder von einem Quartier vor Ort aus mehrere Touren absolvieren.
- Flugreisen möglichst reduzieren und durch Beiträge zu Klimaschutzprojekten kompensieren.

KLEIDUNG UND AUSRÜSTUNG

- Beim Kauf von Outdoor-Kleidung auf umweltfreundliche und faire Herstellung achten und Kleidungsstücke möglichst viele Jahre nutzen.
- Ausrüstung kann man eventuell auch gebraucht kaufen oder ausleihen.
- Reparieren statt neu kaufen.

VERPFLEGUNG

- Beim Einkauf Bio-Ware, regionale und saisonale Erzeugnisse bevorzugen.
- Hütten und Gasthäuser auswählen, die regionale Produkte verwenden.
- Auf Einwegflaschen und Plastikverpackungen verzichten, stattdessen wiederverwendbare Trinkflaschen und Brotzeitboxen benutzen.

ÜBERNACHTUNG

- Bei lokalen Anbietern buchen, damit Menschen vor Ort profitieren.
- Auf Hütten und in anderen Unterkünften Strom und Wasser sparen.

UNTERWEGS

- Wege benutzen und Abkürzer vermeiden.
- Sperrungen von Wegen und Schutzgebieten respektieren.
- Keine Blumen pflücken und keine Pflanzen entnehmen.
- Waldbrandgefahr beachten.
- Müll wieder mit nach Hause nehmen und dort entsorgen.
- Toilettengänge in freier Natur möglichst vermeiden.
- Lärm vermeiden.
- Hunde an die Leine nehmen.

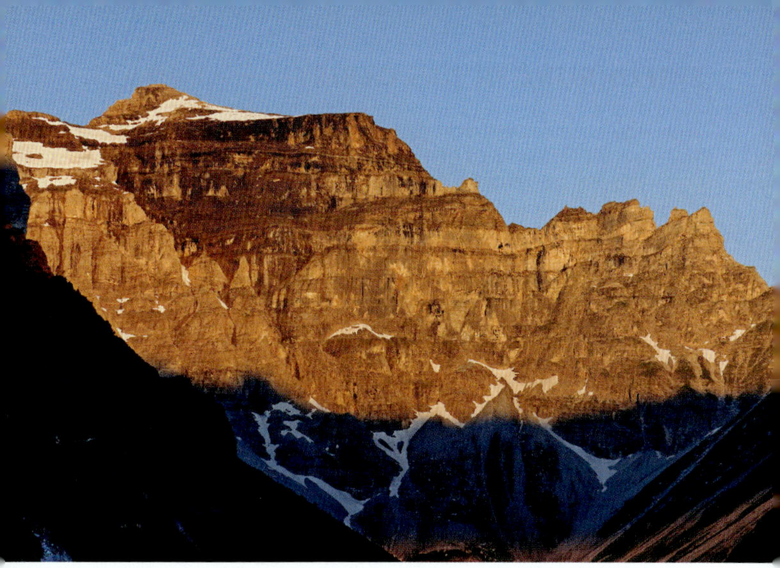

Verheißungsvoll fängt sich das erste Sonnenlicht des Tages in den Wänden der Tribulaune.

Süd, Patsch, Schönberg/Stubaital, Matrei-Steinach, Nösslach und Brenner Nord. Durchs Wipptal führen außerdem westseitig die Brenner-Bundesstraße (B182) sowie ostseitig die Ellbögner Landesstraße zwischen Patsch und Matrei. Die anderen Gebirgstäler sind allesamt Sackgassen, d.h. es gibt keine Verbindungen in benachbarte Täler. Mit 31 Kilometern bis zum Talschluss bei der Mutterbergalm ist das Stubaital am weitaus längsten.
Aufgrund internationaler bzw. überregionaler Verkehrsverbindungen nach Innsbruck gestaltet sich auch die Anreise mit Öffis sehr vorteilhaft. Durchs Wipptal und über den Brenner verkehrt eine Bahnlinie mit folgenden Haltestellen: Innsbruck Hbf., Matrei, Steinach, St. Jodok, Gries und Brenner. Die Seitentäler sind durch Buslinien erschlossen (siehe Kasten). Erwähnenswert ist noch die schmalspurige Stubaitalbahn von Innsbruck nach Fulpmes. Fahrplaninfos unter www.vvt.at.

TOURISMUSINFORMATIONEN

Innsbruck Tourismus, Burggraben 3, A-6020 Innsbruck, Tel. +43 512 5356, www.innsbruck.info.
Tourismusverband Stubai, Dorf 3, A-6167 Neustift, Tel. +43 501 881-0, www.stubai.at.
Tourismusverband Wipptal, Rathausplatz 1, A-6150 Steinach am Brenner, Tel. +43 5272 6270, www.wipptal.at.

EINFÜHRUNG IN DAS GEBIET

Unser Tourengebiet erstreckt sich zwischen der Tiroler Landeshauptstadt Innsbruck im Norden und dem Brenner im Süden, umfasst also das Nordtiroler Wipptal als zentrale Achse sowie die davon ausgehenden Seitentäler, unter denen das Stubaital am weitaus bedeutendsten ist. Nachfolgend sollen diese Talschaften kurz vorgestellt und damit gleichzeitig eine Art Struktur aufgezeigt werden.

Wipptal

Erstaunlicherweise reicht das Wipptal über den Brennerpass hinaus nach Südtirol, was wohl beweist, dass dieser niedrigste Übergang am gesamten Alpenhauptkamm schon mindestens seit der Römerzeit mehr verbindende denn trennende Bedeutung besitzt. Angesichts des immensen Verkehrsaufkommens heutzutage wird der Brenner-Transit von den Anrainern vor allem als Belastung, gleichsam als Geißel, wahrgenommen. Aber natürlich förderten sukzessive ausgebaute Verkehrswege einst den Handel und bescherten dem Wipptal gewissen Wohlstand früher, als es in den meisten anderen Tiroler Bergtälern der Fall war. Die alten Häuserzeilen in den Ortskernen von Matrei oder Steinach mit ihren erkergeschmückten Giebeln beispielsweise legen Zeugnis davon ab. Aus uralten Saumpfaden legten die Römer seinerzeit einen steinigen Karrenweg an, den man wohl erstmalig als »Straße« bezeichnen darf. Die Kaiserzüge des Mittelalters nutzten diese Route ebenso wie der stetig zunehmende Warenverkehr, der zwar bis zum

Bei St. Jodok kommen Valser- und Schmirntal zusammen und münden ins Wipptal.

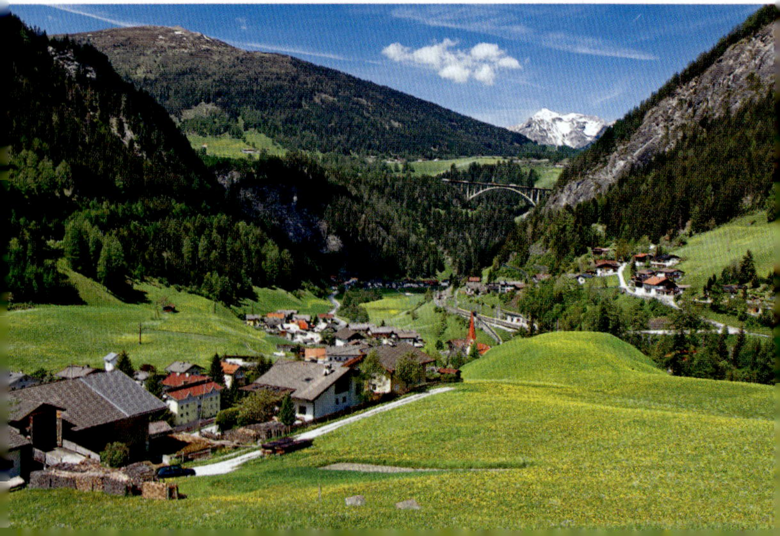

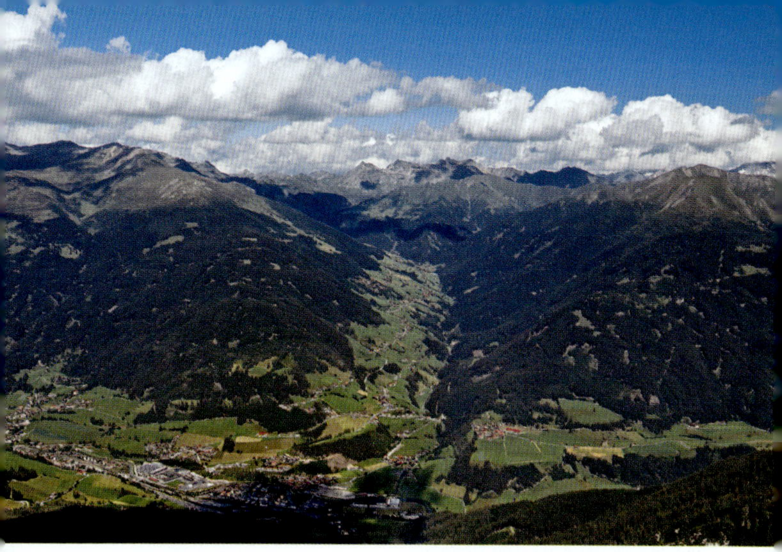

Ausblick vom Blaser: Am unteren Bildrand verläuft das Wipptal, in Bildmitte zieht das Navistal in die Tuxer Alpen hinein.

Bau der Brennerbahn im 19. Jahrhundert grundsätzlich beschwerlich blieb, aber letztlich immer leistungsfähigere Trassen verlangte – bis in unsere Zeit, wie am Mega-Projekt »Brenner-Basistunnel« abzulesen ist.
Was von eilig Durchfahrenden normalerweise übersehen wird, ist der kulturelle Reichtum dieser Talschaft. Das »Übersehen« gilt zwar kaum für ein »Kultobjekt« der Technisierung, nämlich die kühne Europabrücke mit ihren fast 200 Meter hohen Tragepfeilern, doch so manches Kleinod abseits bleibt unentdeckt und die anheimelnde bergbäuerliche Umgebung an den Talflanken bloße Kulisse. Das obere Wipptal ausgenommen, siedelten die Menschen übrigens seit eh und je nicht in der unmittelbaren Talsohle – denn diese eignet wegen der schluchtartigen Eintiefung der Sill nicht dafür –, sondern nutzten die Hangterrassen links und rechts. So entstand vor allem von Patsch über Ellbögen bis Pfons ein malerisches Landschaftsbild. Die größeren Orte des Wipptals liegen allerdings auf der anderen, der westlichen Seite. Wer von Innsbruck über die Brennerstraße (nicht die Autobahn!) hinauffährt, lässt nach einer düsteren, kurvenreichen Strecke zunächst einmal Schönberg – und damit den Eingang ins Stubaital – knapp rechts liegen. Es folgen Matrei und dann Steinach, wo sich rechter Hand das Gschnitztal öffnet. Weiter südwärts verengt sich die Talfurche allerdings nochmals und leitet von Gries die finale kräftige Steigung zum Brennerpass ein. Der Fortsetzung ins Südtiroler Wipptal – durchflossen vom Eisack – widmet sich im Übrigen der Band »Rund um Sterzing« ausführlich.

Stubaital

Als Herzstück unseres Wanderführers darf das Stubaital gelten, allein schon aus touristischen Gründen, aber natürlich auch, weil es das weitaus umfangreichste Revier für Bergaktivitäten bietet. Der Name einer ganzen, ausgedehnten Gebirgsgruppe der Zentralalpen leitet sich davon ab, wobei diese schon weit über das eigentliche Stubai hinausgeht und sich vom Inntal im Norden bis gegen das Südtiroler Passeiertal erstreckt, im Osten vom Wipptal und im Westen vom Ötztal begrenzt wird. Alpinhistorisch soll allerdings erwähnt werden, dass die Stubaier Alpen seitens der Geologie einst gar in die Ötztaler Alpen integriert und erst im Zuge einer verfeinerten Einteilung sinnvollerweise »selbstständig« wurden.

Bei Schönberg öffnet sich uns eine verlockende Bilderbuchszenerie, die trotz schroffer Elemente vorderhand freundlich und einladend wirkt. Im Bereich über Mieders, Telfes und Fulpmes bis nach Neustift halten die Berge noch eine gewisse Distanz ein, vermittelt reichlich Wiesengrün eine heitere Note, lässt die von der Ruetz durchflossene Talsohle insgesamt recht viel Raum für ihre Bewohner, sodass sich hier auch der überwiegende Teil der Siedlungen befindet. Der hohe Stellenwert des Fremdenverkehrs wird auf Anhieb offenkundig. Die Gemeinde Neustift reicht freilich weit über die nähere Ortsumgebung hinaus bis in die innersten Winkel des Stubaitals. Beim Ortsteil Milders verzweigt sich dieses in einen sich rasch verengenden Hauptast namens Unterbergtal, das zumindest noch etliche Weiler beheimatet und unterm Stubaier Gletscherskigebiet endet, sowie den Nebenast des Oberbergtals, wo im Wesentlichen nur einzelne verstreute Schwaighöfe zu finden sind.

Typischer Eindruck aus dem Stubaital, aufgenommen aus halber Höhe.

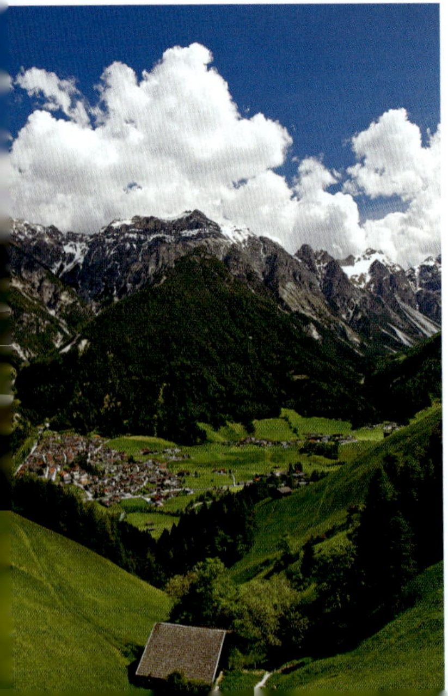

Die Stubaier Bergumrahmung beginnt im vorderen Bereich mit Gipfeln, die man der Form nach eher in den Nördlichen oder Südlichen Kalkalpen vermuten würde. Serleskamm, Elfermassiv und Kalkkögel gehören geologisch zum Streifen der mesozoischen Brennerdecke, sind also aus Sedimenten des Erdmittelalters aufgebaut (vornehmlich Hauptdolomit) und beeindrucken mit wild zerklüfteten Formenschätzen und zuweilen richtigen Felswänden. We-

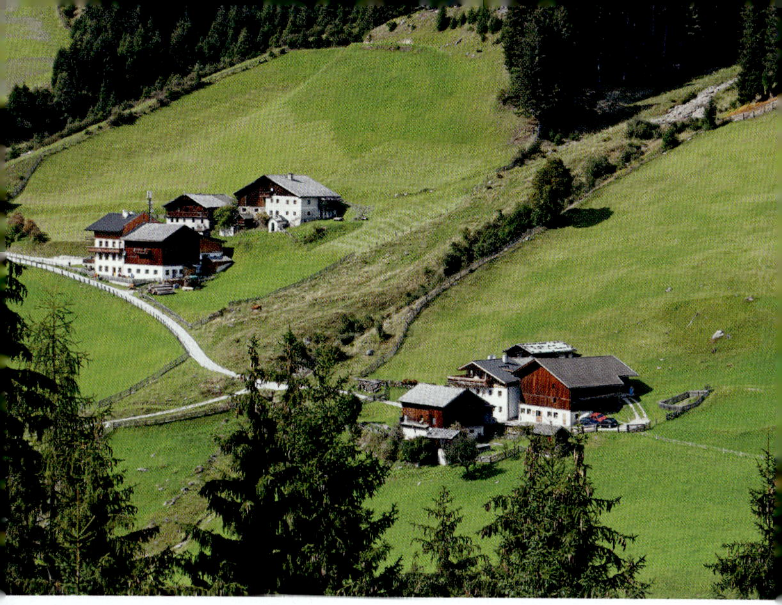

Streuhöfe im Stubaier Oberbergtal.

gen der Brüchigkeit ziehen sie allerdings nicht (oder wie im Fall der Kalkkögel heute nicht mehr) viele Kletterer an.
Ganz abrupt wird dieses Gestein jedoch von den Gneisen und Glimmerschiefern abgelöst, die man gemeinhin in den Zentralalpen erwartet. Solche Nahtstellen finden wir beispielsweise am Seejöchl, an der Zwölfernieder oder am Pinnisjoch. Das sogenannte »Urgestein« (oder besser: Kristallingestein) erscheint dunkler, zerfällt weniger zu feinkörnigem Grus oder Schotter, sondern eher zu gröberem Blockwerk, und gibt sich auch vegetationsfreundlicher, sodass man speziell in der alpinen Höhenstufe mit mehr Bewuchs konfrontiert wird. Die Gipfelformen sind vergleichsweise etwas weniger markant als im Kalk bzw. Dolomit, was freilich Steilgelände keineswegs ausschließt. Da wir taleinwärts tendenziell in höhere (nivale) Lagen vorrücken, begegnet uns das Kristallin häufig in Kombination mit einer Vergletscherung, was aber nur klimatische, keine geologischen Ursachen hat. Im Hochstubai prägen die Ferner (regionale Bezeichnung für Gletscher) ganz entscheidend das Landschaftsbild!
Schauen wir uns von Nordosten ausgehend ein wenig genauer um: Quasi an die Kalkkögel anschließend, fasst man die Gipfelzüge rund um das Oberbergtal traditionell unter dem Sammelbegriff »Alpeiner Berge« zusammen: das Tourenrevier der bekannten Franz-Senn-Hütte. Die ausladende Ruderhofspitze, 3474 m, ist der höchste Berg in diesem Bereich – ihre

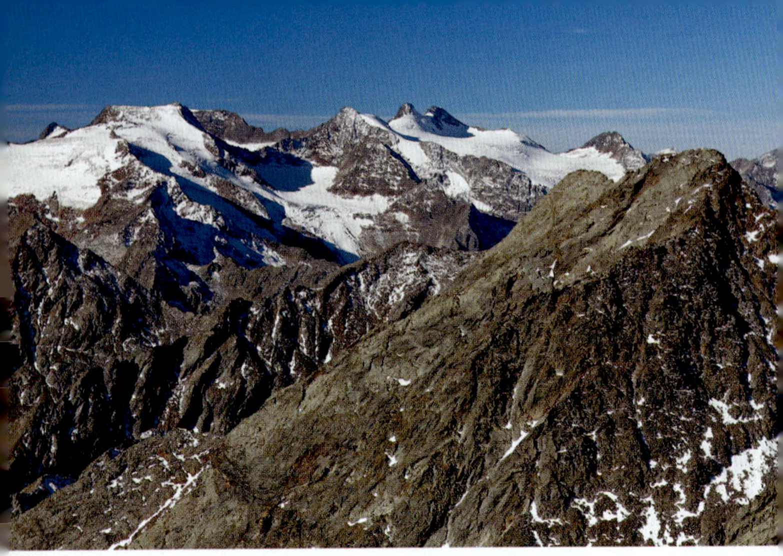

Hochstubai-Panorama während der Habicht-Besteigung.

Südseite fällt zum Stubaier Talschluss bei der Mutterbergalm ab. Südlich gegenüber erstreckt sich ein Stück des Stubaier Hauptkamms (mit dem Zuckerhütl, 3507 m, als absolutem Hauptgipfel), von dem sich an den Feuersteinen der Habichtkamm nordostwärts abtrennt. Dieser hängt wiederum mit der kleinen Elfergruppe und dem Serleskamm zusammen (zwischen beiden liegt das unbesiedelte Pinnistal eingeschnitten), womit sich der große Bogen rund ums Stubai schließt. Einmal ringsum finden wir auch eine prächtige, mehrtägige Höhenwegkette von Hütte zu Hütte, die als »Stubaier Höhenweg« sehr populär geworden ist – ausführlich beschrieben im ergänzenden gleichnamigen Rother Wanderführer.

Gschnitztal und Obernbergtal

Südlich des Stubai haben noch zwei weitere Nordtiroler Bergtäler ihren Ursprung in den Stubaier Alpen: Gschnitz und Obernberg. Sie sind zauberhaft! Gerade das Gschnitztal – mittlerweile Mitglied der Alpenvereinsinitiative »Bergsteigerdörfer«, die sich einen sanften, naturnahen Tourismus auf die Fahnen geschrieben hat – erfreut sich einer alpinen Kulisse, die dem bekannteren Stubaital kaum nachsteht. Vom Serleskamm über den Habicht bis zu den Feuersteinen am Hauptkamm handelt es sich ja auch um die gleichen Gipfel. Den östlichen Stubaier Hauptkamm bildet zudem die charismatische, trutzburgartige Tribulaungruppe mit ihren sanften Anhängseln, zwei meist grasigen Kammausläufern, die beidseitig das Obernbergtal einrahmen. Bis auf den kristallinen Gschnitzer Talschluss gehören weite Bereiche geologisch zum dolomitischen Brenner-Mesozoikum. An den erwähnten »sanften« Bergen wird dieses allerdings von Quarzphylliten der Steinacher Decke überlagert – ganz entscheidend für die Formgebung.

Gschnitz und Obernberg ist noch eine auffällige Ursprünglichkeit zu eigen. Zwar zieht es ebenfalls zahlreiche Wanderer hierher (etwa zu den Zielen der Gschnitzer Hüttenrunde oder ganz gemütlich zum Obernberger See), doch eine touristische Entwicklung auf dem quantitativen Niveau des Stubaitals ist bisher ausgeblieben. Wer vor allem Ruhe schätzt und mit einem bescheideneren Angebot zufrieden ist, fühlt sich hier womöglich sogar besser aufgehoben. Alte Bauernhöfe und niedliche Kapellen, idyllische Lärchenwiesen und kaum verbaute

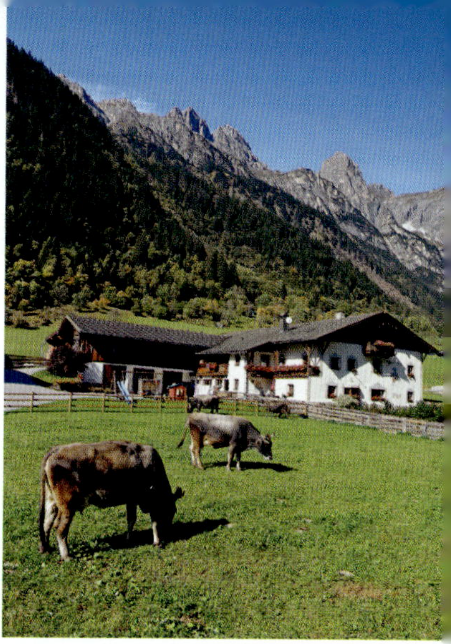

Gschnitz strahlt noch traditionellen Tiroler Charme aus.

Eine der schönsten Kirchen der Gegend: St. Nikolaus in Obernberg.

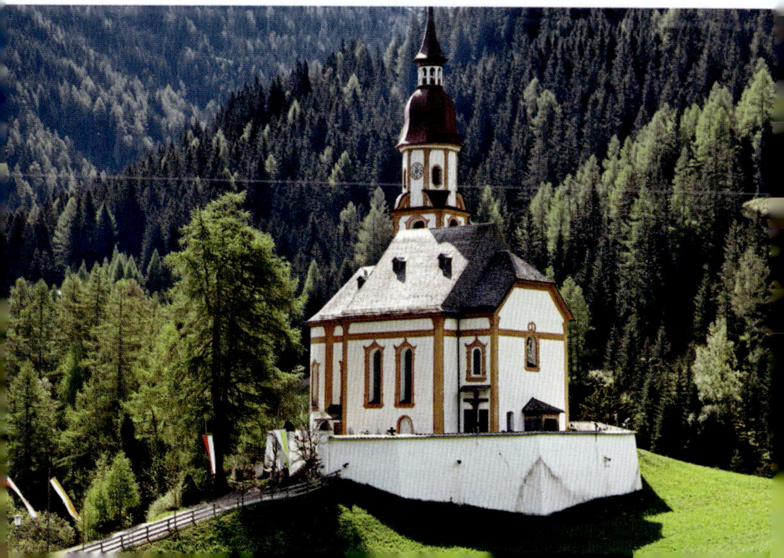

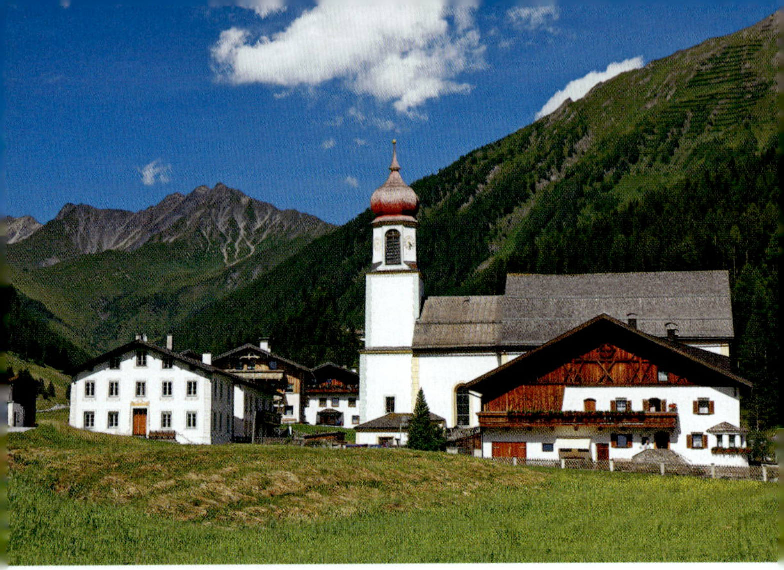

Fotogenes Dorfensemble in Schmirn.

Kulissen verströmen unweigerlich ihren Charme. Die Kirchdörfer Trins und Gschnitz sowie das eher etwas verstreute Obernberg strahlen Heimeligkeit aus. Seilbahnen gibt es keine, ein vielseitiges und attraktives Wegenetz sehr wohl ...

Valsertal, Schmirntal und Navistal

Östlich des Wipptals erstrecken sich alpingeografisch die Tuxer und Zillertaler Alpen, wobei deren Abgrenzung üblicherweise durchs Schmirntal und über das Tuxer Joch hinweg gezogen wird. Aus unserer Perspektive betrachtet, finden wir dort drei besiedelte sowie dreieinhalb nennenswerte unbesiedelte Taleinschnitte. Gehen wir systematisch vor, diesmal gemäß dem nachfolgenden Toureninhalt von Süd nach Nord: Nahe dem Brenner schließt zunächst das kurze Venntal zum Hauptkamm auf. Valser- und Schmirntal besitzen eine gemeinsame Mündung (bei St. Jodok respektive Stafflach ins Wipptal), aber getrennte Ursprünge unterhalb des mächtigen Olperer und dessen Trabanten. Was ihren Charakter betrifft, so sei auf die Ausführungen zu Gschnitz und Obernberg verwiesen. Das bäuerliche Ambiente bei geringer Siedlungsdichte ist auch hier prägend, vergleichbar die Höhenlage, die von 1100 Metern am Talausgang auf gut 1300 oder sogar 1500 Meter in den Talschlüssen ansteigt. Hier lässt es sich sommers selbst während Hitzeperioden recht gut aushalten; Richtung Herbst muss freilich bald mit den ersten Nachtfrösten gerechnet werden.

Mit dem »halben« unbesiedelten Einschnitt ist jener des Padasterbachs bei Steinach gemeint – bedeutsamer ist wiederum das bei Matrei abzweigende Navistal, das sich zuhinterst in zwei typische Almkessel aufspaltet. Weiter nördlich, im Bereich der Gemeinde Ellbögen, liegen noch das Arztal und schließlich das vom Patscherkofel flankierte Viggartal, beide ausschließlich almwirtschaftlich genutzt. Über das gesamte Areal betrachtet, offenbart sich eine relativ verschachtelte topografische Struktur mit kurzen und längeren Kämmen. Wo diese nur geringe Geländehürden aufwerfen – was durchaus häufiger der Fall ist –, finden wir immer wieder mal markierte Pfade und damit attraktive Ergänzungen zu den allgemein vorherrschenden Almwegen weiter unten. Die durchschnittlichen Gipfelhöhen bewegen sich im mittleren 2000er-Niveau; nur zum Tuxer Hauptkamm hin wird es merklich höher und bergsteigerisch natürlich auch anspruchsvoller. Der überragende Olperer, 3476 m, konkurriert immerhin mit Zuckerhütl und Co. drüben in den Stubaier Alpen. Geringer als dort ist der Erschließungsgrad mit Berghütten.

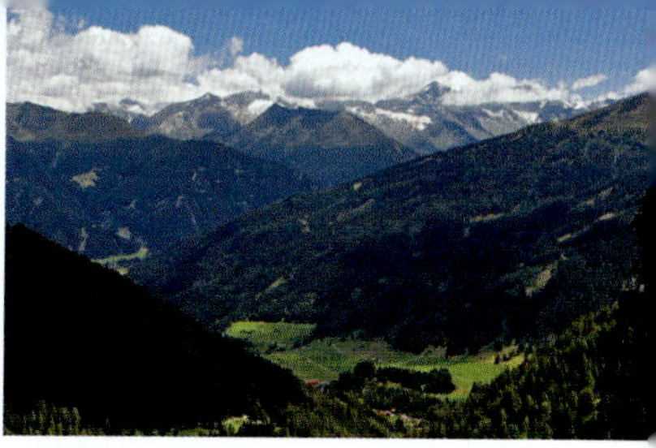

Blick übers Gschnitztal (mit der Ortschaft Trins) zum Tuxer Hauptkamm.

Der Pflerscher Tribulaun am Alpenhauptkamm gleicht beinahe den Bergprofilen der Dolomiten in der Ferne.

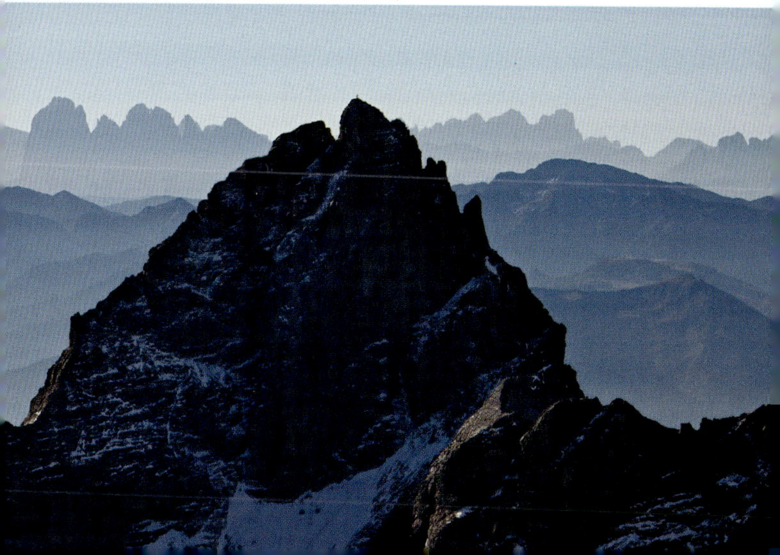

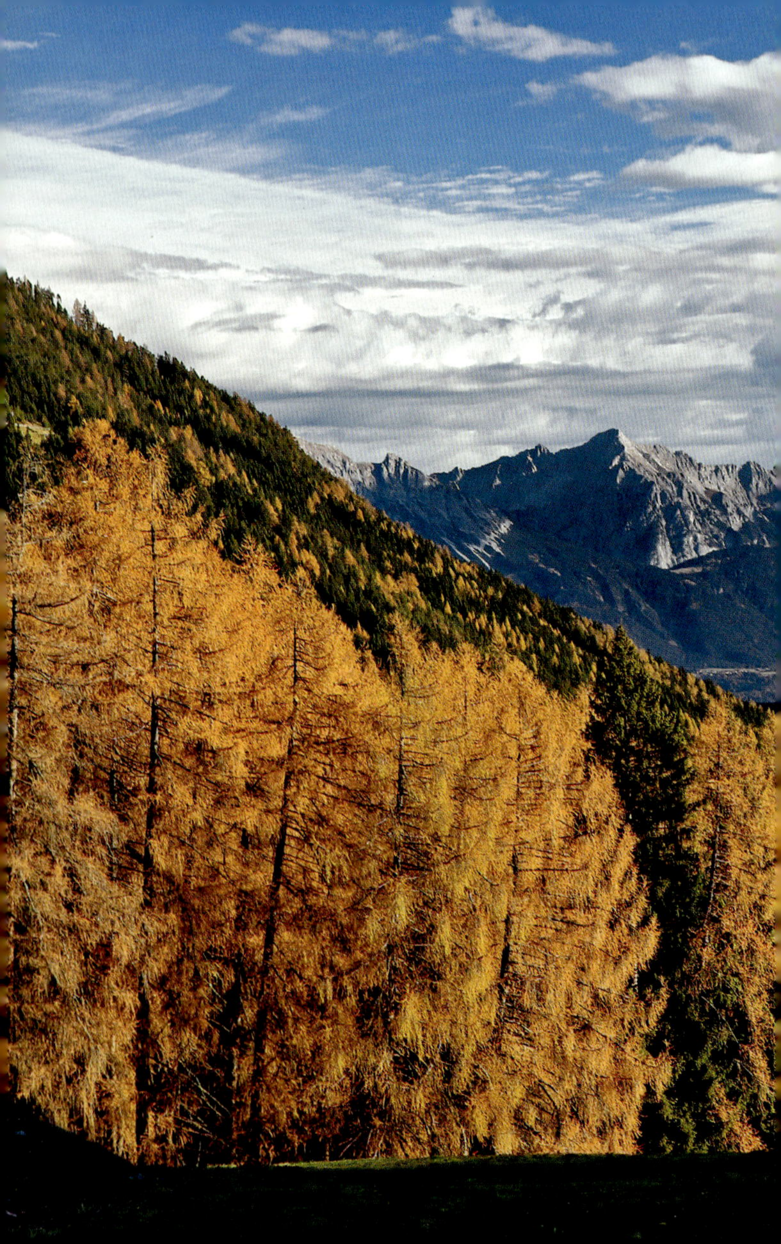

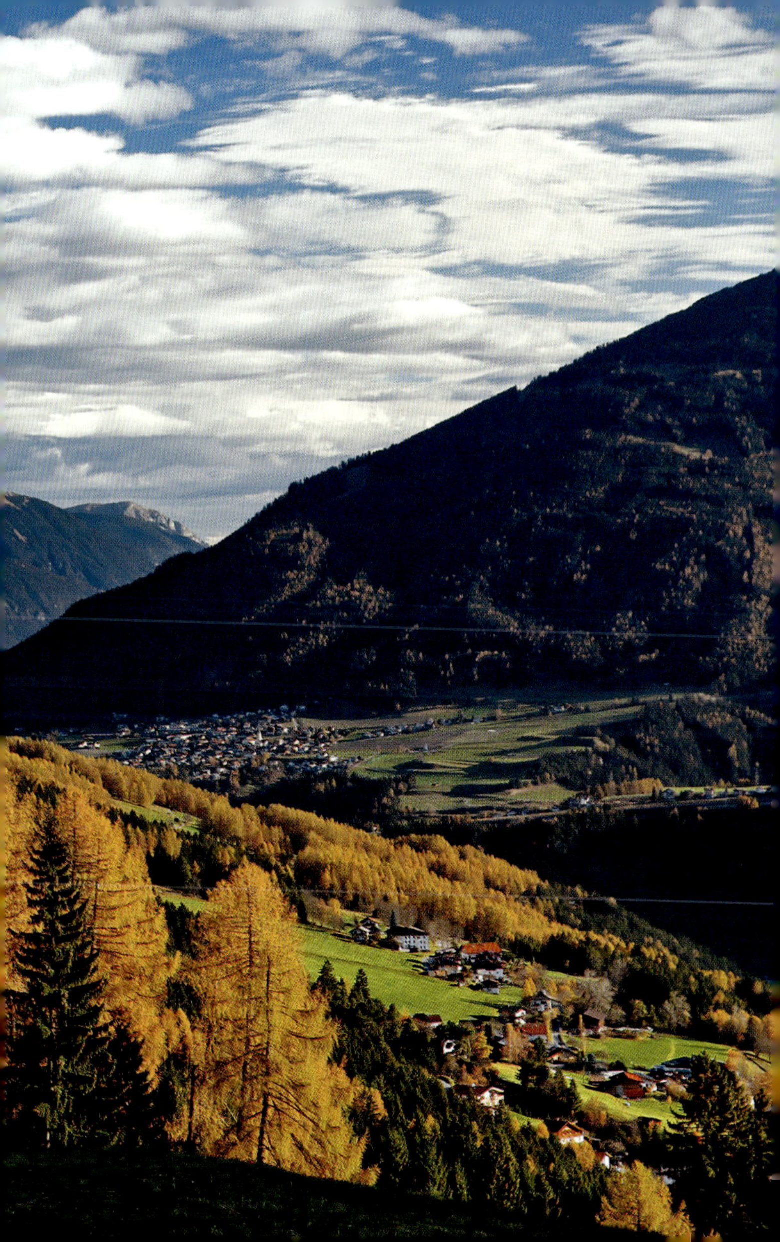

↗ 500 m | ↘ 330 m | 10.1 km

1 Von Mutters nach Telfes

3.00 h

Zu den idyllischen Telfer Wiesen

Wenn die Lärchen im Herbst ihren goldgelben Glanz versprühen, ist sicher die schönste Zeit, um auf den liebreizenden Telfer Wiesen am Eingang ins Stubaital unterwegs zu sein. Wir lernen eine typische Kulturlandschaft der unteren Hanglagen kennen und nähern uns – damit eine richtige Wanderung dabei herausspringt – schon von Mutters über Kreith an. Die Stubaitalbahn bietet individuellen Gestaltungsspielraum.

Ausgangspunkt: Mutters, 819 m, Station der Stubaitalbahn von Innsbruck.
Endpunkt: Telfes, 994 m, ebenfalls Haltepunkt an der Stubaitalbahn.
Anforderungen: T1. Leichte talnahe Wanderung auf meist breiten Wegen bzw. Straßenabschnitten. Nur die Steigung zum Stockerhof ist recht kernig, aber ebenfalls unproblematisch. Halbtagestour für fast jede Jahreszeit.
Einkehr: Alpengasthof Stockerhof, ganzjährig geöffnet (in der Wintersaison Mo/Di Ruhetag), Tel. +43 664 5328806.
Beste Jahreszeit: Ganzjährig, außer bei viel Schnee.
Variante: Man kann auch die Hänge unterhalb des Stockerhofs Richtung Telfer Wiesen queren.

In **Mutters** ❶ schlagen wir die Straße nach Kreith ein und folgen immer der Beschilderung »Höhenweg« mit der Nr. 2, zunächst noch durch bebautes Gebiet. Nach einem Linksabzweig unterqueren wir einen Viadukt

Blick auf Mieders am gegenüberliegenden Talhang.

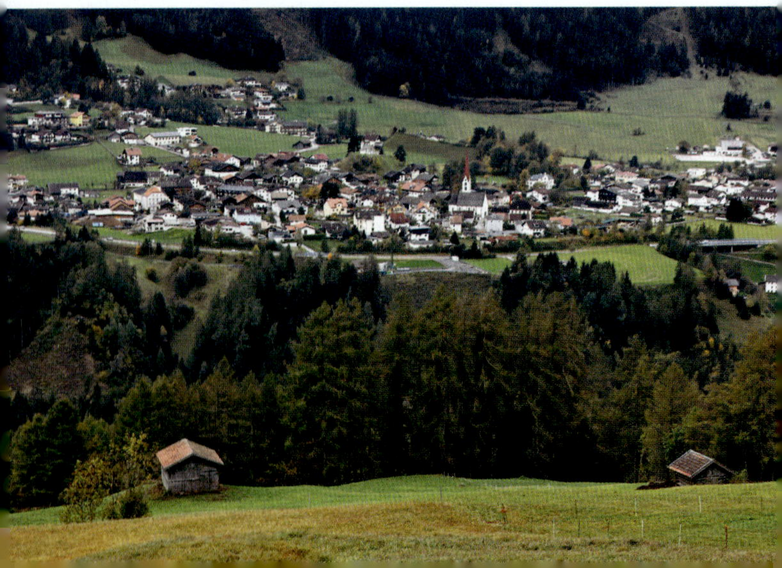

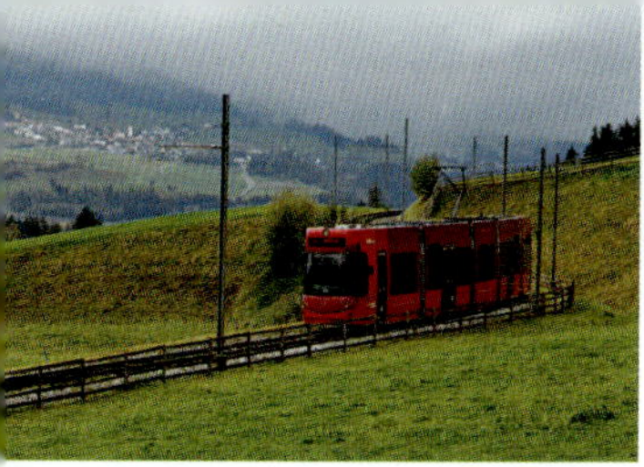

Die Stubaitalbahn verkehrt zwischen Innsbruck und Fulpmes.

der Stubaitalbahn und wenden uns oberhalb von Raitis in den Wald. Bei der Verzweigung zum Scheipenhof achtgeben, dass man links weitergeht und damit kurz abwärts zum Haltepunkt **Feldeler** ❷. Nun lotsen uns die Wegweiser auf die relativ wenig befahrene Straße nach **Kreith** ❸, 991 m. Kurz hinter der Haltestelle links abzweigen und im weiteren Verlauf entweder auf dem unteren Weg via Brandegg Richtung Telfer Wiesen oder beim Bach rechter Hand auf relativ steilem Weg hinauf zum **Stockerhof** ❹, 1156 m, der als Gasthaus betrieben wird. Hier folgen wir dem Hinweis »Telfes« und steigen auf einem breiten Waldweg bis **Brandfeichten** ❺, ca. 1200 m, noch etwas an, ehe sich die Route Richtung Telfer Wiesen absenkt. Schließlich auf einer Straße ins obere Ortsgebiet von **Telfes** und leicht abwärts zur Haltestelle der Stubaitalbahn ❻.

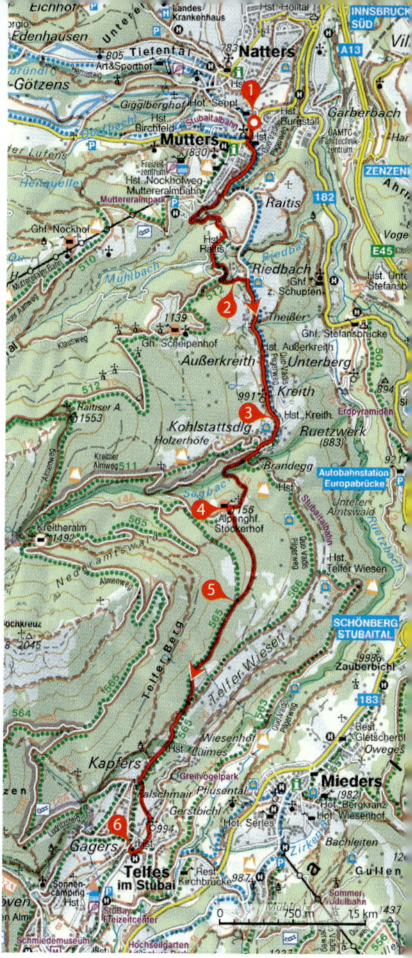

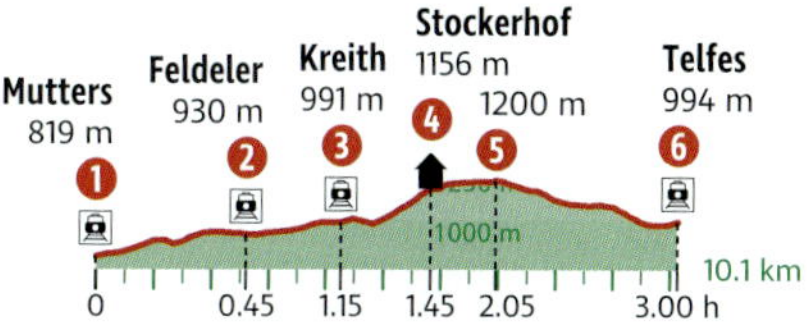

TOP

↗ 930 m | ↘ 930 m | 16.4 km

2 Innsbrucker Almenweg

5.45 h

Kulinarische Höhenwanderung rund um die Saile

Um die im äußersten Nordosten der Stubaier Alpen vorspringende Saile (in Innsbruck kennt man sie auch als Nockspitze) liegen schön verteilt diverse Almgebiete, die sich auf einer tollen, geschlossenen Rundwanderung der Reihe nach ablaufen lassen. Man ist dabei stets auf halber Höhe unterwegs und erhascht Blicke in ganz verschiedene Winkel wie das mittlere Inntal, das Wipptal und Stubaital in ihren vorderen Bereichen sowie die Axamer Lizum. Abwechslung ist also garantiert, was nicht zuletzt für die Einkehrmöglichkeiten gilt: Mit Mutterer, Kreither und Pfarrachalm, Birgitzköpflhaus, Birgitzer und Götzner Alm sind es ein halbes Dutzend!

Ausgangspunkt: Talstation der Mutterer Almbahn, 953 m, oberhalb des Dorfes Mutters südlich von Innsbruck (auch Busanbindung). Mit der Seilbahn zur Mutterer Alm, 1608 m. Betriebszeiten zwischen Ende Mai und Ende Oktober von 9 bis 17 Uhr (Vor- und Nachsaison nur am Wochenende).
Anforderungen: T2. Wechsel zwischen normalen Bergwegen und breiteren Fahrtrassen, dabei keine besonderen Schwierigkeiten. In Summe allerdings tagfüllende Tour, ohne Zwischennächtigung Ausdauer erforderlich.
Einkehr: Mutterer Alm, 1608 m, Tel. +43 512 54833075. Kreither Alm, 1492 m, Vor- und Nachsaison Di Ruhetag, Tel. +43 677 61669613 oder +43 677 61666018.

Als nordöstliches Bollwerk der Kalkkögel setzt sich über dem Halsl der Ampferstein in Szene.

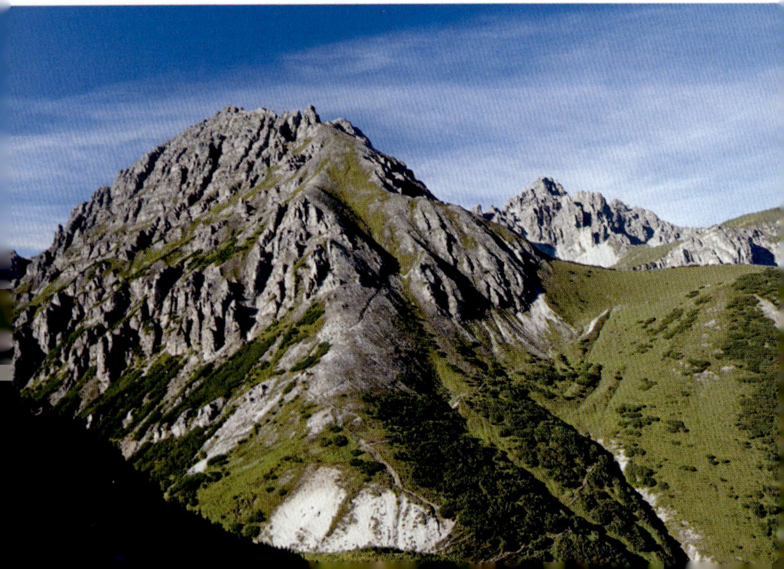

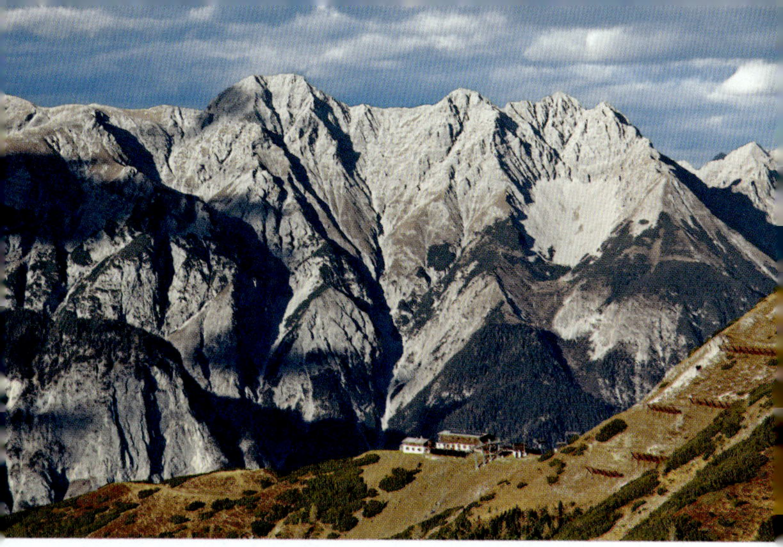

Das Birggitzköpflhaus vor der gewaltigen Nordkette des Karwendel.

Pfarrachalm, 1736 m, Tel. +43 664 3555811. Birgitzköpflhaus, 2035 m, Mitte Juni bis Anfang Oktober (Mo Ruhetag und ab Mitte September nur am Wochenende), Übernachtungsmöglichkeit, Tel. +43 5234 68100 oder +43 664 3336561. Birgitzer Alm, 1808 m, Tel. +43 664 5970026. Götzner Alm, 1542 m, Tel. +43 664 4303842.
Beste Jahreszeit: Juni bis Oktober.

Der ideale Einstieg in den Innsbrucker Almenweg erfolgt mit der Seilbahn zur **Mutterer Alm** ❶, 1608 m. Nahezu horizontal, breit ausgebaut und sehr bequem verläuft der erste Abschnitt hinüber zur unbewirtschafteten **Raitiser Alm** ❷, 1553 m. Dahinter noch ein Stück auf dem Forstweg weiter, bis man alternativ einen kleinen Steig einschlagen kann, der knapp oberhalb quer durch den Hang am Oberberg leitet. Wir gelangen in den Sagbach-Einschnitt und in Kürze zur **Kreither Alm** ❸, 1492 m. Etwas höher nehmen

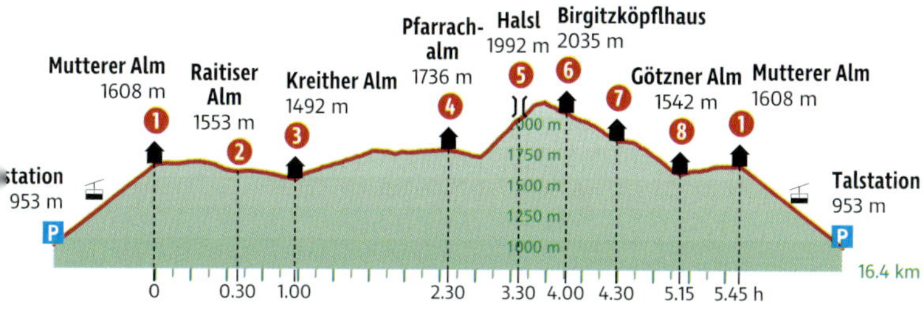

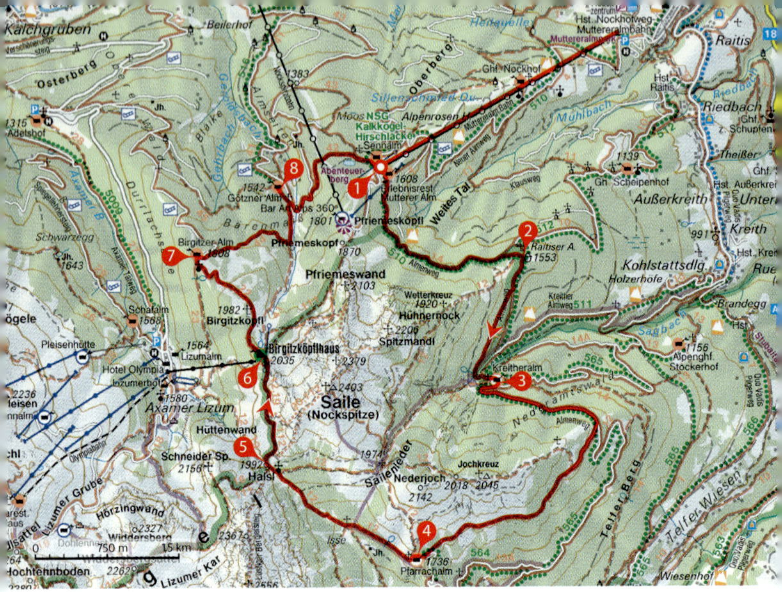

wir die Forststraße auf, die durch den Nederamtswald um den Ostrücken herumzieht. Nach einer Steigung verzweigt sich am Mahdl der Weg. Wir setzen die Hangtraverse am Pfarrachsteig fort und genießen aus den steilen Südflanken herrliche Ausblicke über das Stubaital. Mit etwas Auf und Ab bringt uns dieser vielleicht schönste Abschnitt zur **Pfarrachalm** ❹, 1736 m. Richtung Halsl werden jetzt zwei Varianten ausgewiesen: länger über die Sailenieder und einen anschließenden Querweg, ansonsten zunächst auf einem Fahrweg ein Stück in die Hangmulde hinab und dann mehr oder weniger gerade durch diese aufwärts. Bei einem gemauerten Bildstock vereinigen sich die Routen und gewinnen kurz darauf den Übergang am **Halsl** ❺, 1992 m, wo die Saile mit dem Hauptmassiv der Kalkkögel zusammenhängt. Etwas höher setzen wir in ihrer Westflanke zur nächsten Traverse an und erreichen damit das **Birgitzköpflhaus** ❻, 2035 m, als höchstgelegene Einkehrstation der gesamten Runde. Am Nordwesthang geht es anschließend mit schönem Karwendelblick bergab zu einer licht bewaldeten Verflachung, dem Standort der **Birgitzer Alm** ❼, 1808 m. Dort nach rechts auf einen Waldpfad, der die Bärenmaiß schräg abwärts durchquert. Im Tälchen des Geroldsbachs dann gerade hinunter zur Forststraße und eventuell noch zur **Götzner Alm** ❽, 1542 m, ein paar Gehminuten weiter links. Die eigentliche Fortsetzung führt indes nach rechts, kreuzt den Graben und läuft um einen Hangausläufer herum zurück zur **Mutterer Alm** ❶, wo sich der Kreis schließt.

↗ 1420 m | ↘ 1420 m | 13.1 km

6.45 h

Saile (Nockspitze), 2403 m

3

Altbewährter Aussichtsberg im Innsbrucker Südwesten

Die Saile – auch als Nockspitze geläufig, doch der Name »Saile« besitzt ältere Tradition – gehört zu den bekannten Innsbrucker Haus- und Kulissenbergen. Tatsächlich erfasst man auf ihrem Gipfel ein sehr schönes Panorama des mittleren Inntals samt der umrahmenden Gebirgsgruppen. Diverse Routen sorgen für regen Zulauf, wobei man am leichtesten über die Westseite hinaufkommt, mit den wenigsten Mühen ab Axamer Lizum. Viele nutzen auch die Mutterer Almbahn (siehe dazu den Wanderführer »Rund um Innsbruck«). In diesem Band sei hingegen der Start drunten bei Fulpmes im Stubaital vorgeschlagen, womit wir dem Berg gleichsam seine volle Größe verleihen. 1400 Aufstiegsmeter sind gewiss kein Pappenstil, doch nicht zu bereuen, wenn man an die Erlebniswerte denkt ...

Ausgangspunkt: Großparkplatz bei der Talstation der Schlicker Bergbahnen (Kreuzjochbahn) in Fulpmes, ca. 990 m (auch Busanbindung). Eigentlicher Startpunkt im Telfer Ortsteil Plöven, dort aber nur wenig Parkraum.
Anforderungen: T2–3. Im Aufstieg durchwegs problemlose Bergwege, vom Gelände her eher leicht und ohne Absturzgefahr. Der etwas anspruchsvollere Abstieg führt oben über weitläufige Wiesen (Markierungspflöcke), erst später setzt ein richtiger Pfad ein. Elementare Trittsicherheit in mittelsteilem Gelände und gute Kondition für eine volle Tagestour angezeigt.
Einkehr: Pfarrachalm, 1736 m, Tel. +43 664 3555811.
Beste Jahreszeit: Juni bis Oktober.

Vor dem Karwendel hebt sich die Saile ab; dazwischen liegt das Inntal.

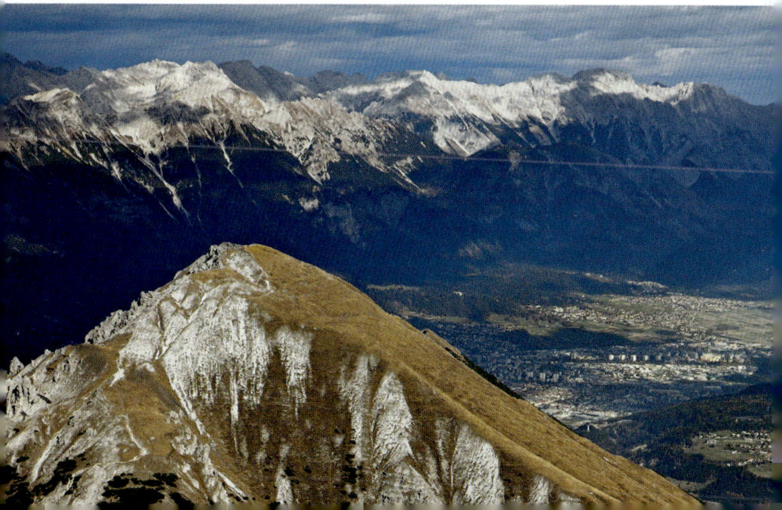

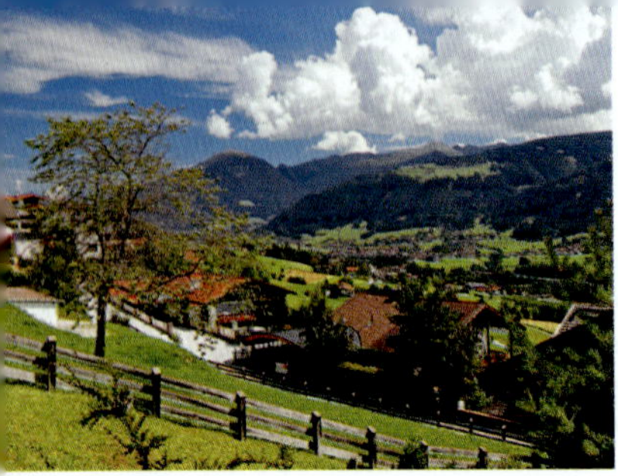

Bei Plöven beginnt unsere Tour auf die Saile.

Von der Talstation in **Fulpmes** ❶ gelangen wir durch den Huiratweg nach **Plöven**, wo wir am oberen Rand der Siedlung ein Kapellchen passieren und wenige Schritte weiter linker Hand in den Wald einsteigen (am abkürzenden Pfadbeginn fehlt der Wegweiser). Etwa eine halbe Stunde später berühren wir kurz die Forststraße; beim zweiten Mal etwas höher gabelt sich die Route ❷, ca. 1290 m. Wer nun am Hirtensteig bleibt, kommt direkt zur Pfarrachalm, doch wollen wir uns die Einkehr für den Rückweg aufsparen und wählen daher den geschotterten Fahrweg Richtung Isse. Im Einschnitt des Halslbachs wurden zuletzt Wildbachverbauungen errichtet. Im Bereich der Isse nehmen wir den von der Pfarrachalm kommenden Zugang auf (vgl. dazu den Innsbrucker Almenweg, Tour 2) und wandern durch die licht bestockte Hangmulde – überwiegend auf einem Wiesenstreifen – aufwärts. Kurz vor dem **Halsl** ❸, 1992 m, passiert man einen gemauerten Bildstock und orientiert sich bei der Kreuzung am Sattel nach rechts. Etwas höher in der Flanke trennen wir uns vom Almenweg, der Richtung Birgitzköpflhaus zieht, und folgen den Schleifen der Gipfelroute teils durch etwas steileres Gelände, aber doch hindernislos. Zuoberst flacht das Gelände sogar deutlich ab und bildet auf der **Saile** ❹, 2403 m, quasi ein Wiesenplateau aus.

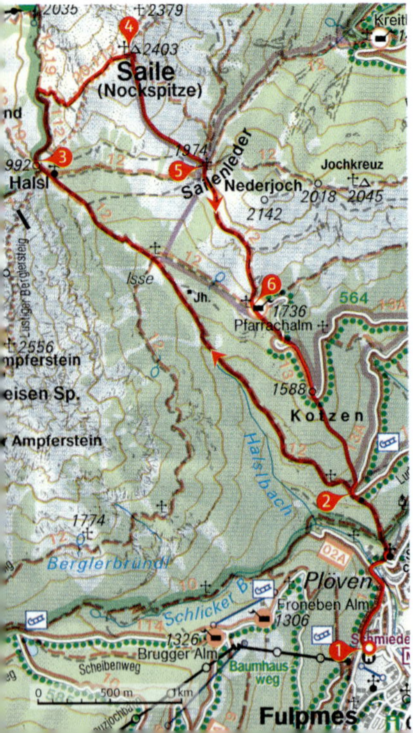

Für den Abstieg beachten wir den Hinweis Richtung Pfarrachalm, Fulpmes bzw. Telfes und die Markierungspflöcke an der südseitigen Wiesenabdachung. Erst allmählich setzen Steigspuren ein. Der Hang wird etwas steiler, bleibt aber übersichtlich und senkt sich zur **Sailenieder** ❺, 1974 m, ab. In diesem Sattel

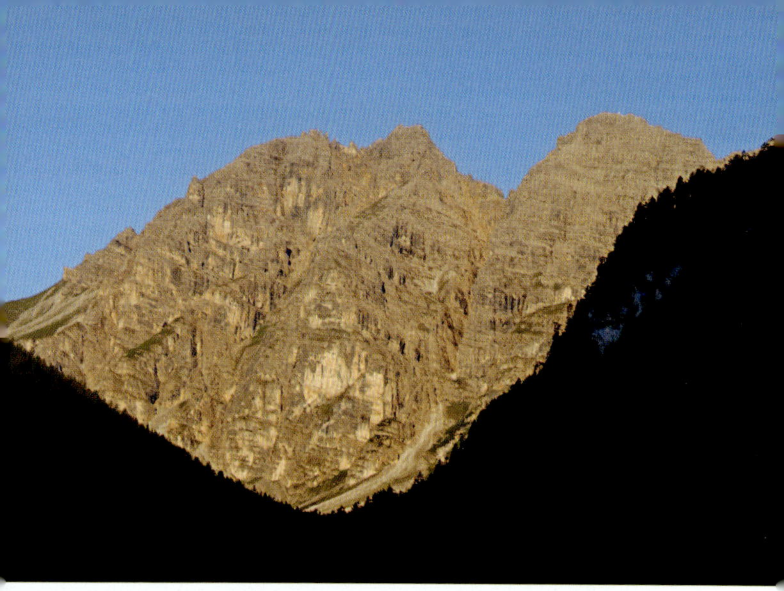

Kurz nach Sonnenaufgang sind die Kalkkögelwände in warmes Licht getaucht.

kommen ein halbes Dutzend Wege zusammen. Wir wählen nun jenen, der zunächst quer durch die Flanke des Nederjochs und jenseits einer Schwelle in Kehren bergab zur **Pfarrachalm** 6, 1736 m, führt. Nach allfälliger Einkehr können wir die Forststraße unmittelbar über den Hirtensteig abkürzen. Später wird ein Stück auf der Fahrbahn vollzogen, bis zur Fortsetzung des Steiges am südseitigen Waldhang. Man kommt wieder zu jenem Punkt, wo am Morgen der Hirtensteig verlassen wurde 2 und kehrt nach Plöven bzw. **Fulpmes** 1 zurück.

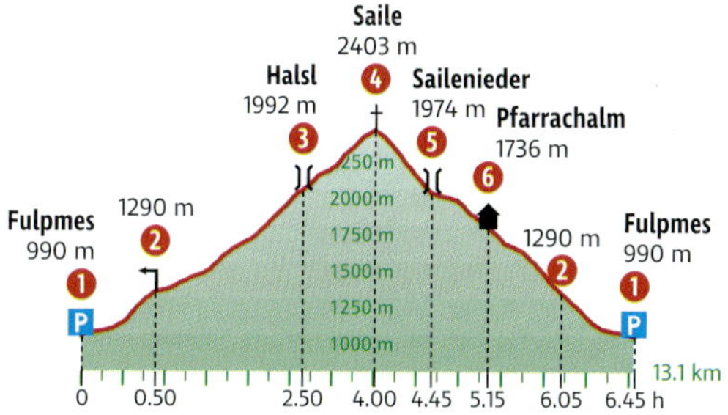

↗ 1820 m | ↘ 1820 m | 17.8 km

4 Ampferstein und Marchreisenspitze, 2620 m

9.15 h

Kernige Kalkkögeltour über den Lustige-Bergler-Steig in die Schlick

Über dem vorderen Stubaital formieren die Kalkkögel einen wuchtigen, mitreißenden Blickfang. Tatsächlich ist es vornehmlich Dolomit, der diese schroffe Gipfelphalanx aufbaut, weshalb die zuweilen gebrauchte Titulierung »Nordtiroler Dolomiten« durchaus ihre Berechtigung besitzt. Klar, dass es eine Portion alpiner Erfahrung braucht, will man derartige Felsszenerien nicht nur aus der Distanz bewundern, sondern unmittelbar mit ihnen auf Tuchfühlung gehen. Das geschieht am Lustige-Bergler-Steig recht eindringlich, windet sich diese originelle Route doch geschickt durch ein Terrain, das für den normalen Bergwanderer vorderhand schwer zugänglich erscheint. Pfiffige Durchschlupfe und eine Reihe eiserner Hilfen an entscheidenden Stellen machen's möglich. Über den Ampferstein erreichen wir die Marchreisenspitze und damit den höchsten Gipfel im Nordostteil der Kalkkögel. Besonders abwechslungsreich wird die Tour mit der Überschreitung auf die Sonnenseite und in den Kessel der Schlicker Alm. Es handelt sich freilich um eine richtig große Tour!

Ausgangspunkt: Großparkplatz bei der Talstation der Schlicker Bergbahnen (Kreuzjochbahn) in Fulpmes, ca. 990 m (auch Busanbindung). Eigentlicher Startpunkt im Telfer Ortsteil Plöven, dort aber nur wenig Parkraum.

Die Skyline der Kalkkögel von Süden.

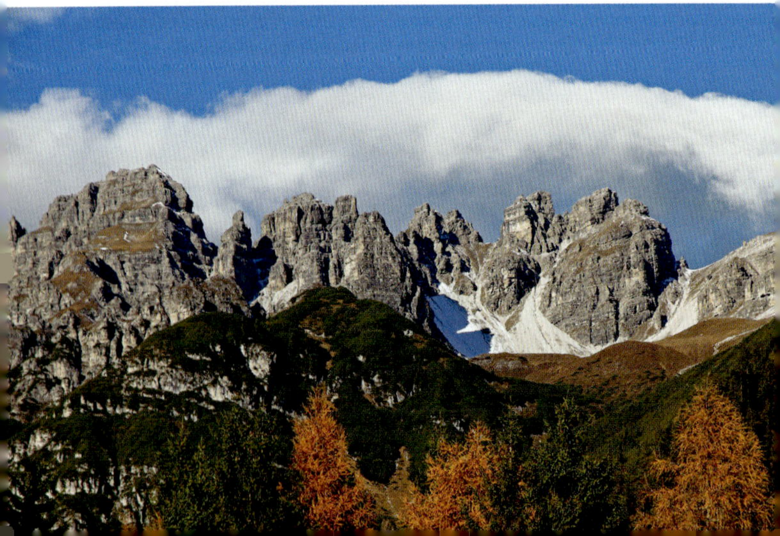

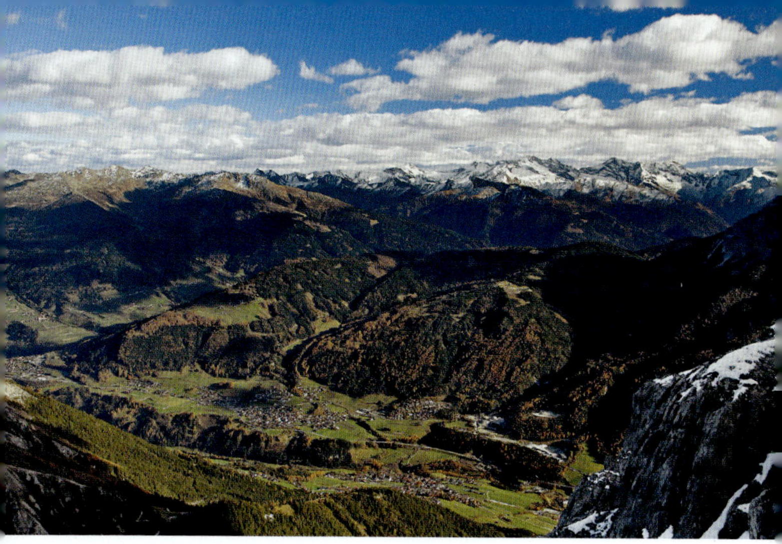

Fernschau über das vordere Stubaital Richtung Tuxer und Zillertaler Alpen.

Anforderungen: T4+ (Lustige-Bergler-Steig), Abstieg T3–4. Über weite Strecken anspruchsvoller Verlauf in abschüssigem Schutt- und Felsgelände, am Lustige-Bergler-Steig teilweise klettersteigartig ausgebaut (Schwierigkeitsgrad A bis B) und auch jenseits der Marchreisenspitze noch gesicherte Stellen sowie evtl. heikle Stellen an Rutschhängen. In einigen Bereichen Steinschlaggefahr beachten! Trittsicherheit und Schwindelfreiheit unbedingt nötig, zudem sehr gute Kondition.
Einkehr: Schlicker Alm, 1643 m, Übernachtungsmöglichkeit, Tel. +43 5225 62409. Brugger Alm, 1362 m, Tel. +43 5225 64644. Fronebenalm, 1306 m, Tel. +43 5225 62211.
Beste Jahreszeit: Ende Juni bis Mitte Oktober, falls schneefrei.
Variante: 1. Aus der Malgrube Verlängerung über den Gsallersteig Richtung Alpenklubscharte und erst von dort zur Schlicker Alm hinab.
2. Möchte man die Seilbahn nutzen (bis zur Mittelstation), empfiehlt sich ggf. die umgekehrte Richtung. Es springt aber höchstens eine Stunde Ersparnis dabei heraus und angesichts des späten Betriebsbeginns überhaupt kein echter Vorteil.

Von der Talstation in **Fulpmes** ❶ durch den Huiratweg nach **Plöven**, rechts hinauf zu einer Kapelle und wenige Schritte weiter linker Hand mit einem abkürzenden Pfad in den Wald hinein (hier fehlt ein Wegweiser). Etwa eine halbe Stunde später berühren wir kurz die Forststraße; beim zweiten Mal etwas höher ❷, ca. 1290 m, folgen wir ihr nach links Richtung Isse. Wo man an den Halslbach heranrückt, passieren wir neue Wildbachverbauungen, ehe es im Bereich der Isse auf einem Pfad weitergeht. Durch die Hangmulde meist auf einem Wiesenstreifen aufwärts, an einem gemauerten Bildstock vorbei und kurz darauf zum wichtigen Kreuzungspunkt am **Halsl** ❸, 1992 m.

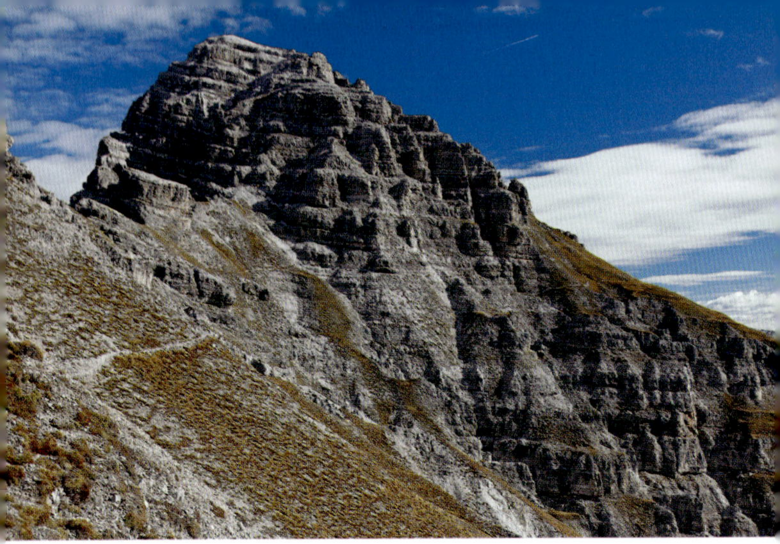

Wuchtig baut sich die Marchreisenspitze vor uns auf.

Hier beginnt links hinauf der **Lustige-Bergler-Steig** zunächst im Zickzackkurs über einen stumpfen, hindernisarmen Rücken. Mit Passieren eines markanten Turms wird es langsam ernst: Ein Kamin sowie eine Bügelreihe an senkrechter Wandstufe verlangen beherzten Einsatz. Die Route orientiert sich am zerklüfteten Ampferstein-Nordgrat, verläuft aber meist in den Steilflanken zur Linken, immer wieder über kleine Bänder. Der **Ampferstein** 4, 2556 m, wird nun überschritten. Wir gelangen über die südseitigen Schrofen hinunter in einen engen Spalt, über einen Absatz hinweg und unter einer Barriere entlang in eine schmale Rinne. Darin aufwärts und zu einem Band, das zunächst wieder ein Stück weit Richtung Ampferstein hinzulaufen scheint, ehe um ein Eck herum eine stark gegliederte Folge von Rinnen und Stufen auf die **Marchreisenspitze** 5, 2620 m, führt.
Der Abstieg wird im Bereich des Westgrates eingeleitet. Man rückt dann mit einigen Kehren deutlicher in die schrofige Südseite ab, um kurvenreich an grimmigen Felsaufbauten vorbeizukommen (stellenweise ebenfalls mit Sicherungen). Wir tangieren die **Malgrubenscharte** 6, 2401 m, gelangen wieder etwas tiefer und setzen die Querung fort. Dazwischen befinden sich einige Schotterreißen, in denen die Trasse auch mal unterbrochen sein kann. Unterhalb der Malgrubenscharte zweigt eine Route aufwärts zur Hochtennspitze ab; kurz darauf klinken wir uns aus dem Gsallersteig aus und steigen gegen die Malgrube hinunter. Dort eher rechts haltend in die Nähe des Hühnerspiel (P. 2144) und durch eine seichte, latschengesäumte Rinne allmählich in den Wald am Auslauf der Roßgrube. Gemeinsam mit

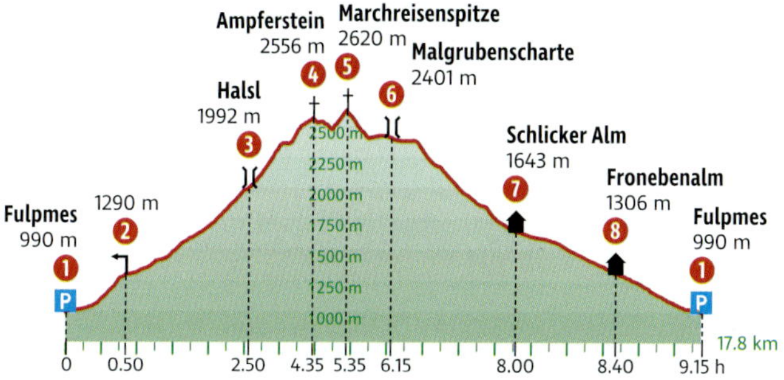

dem Gsallerweg (Nr. 113) von der Alpenklubscharte hinunter zum Fahrweg und nach links zur nahen **Schlicker Alm** ⑦, 1643 m. Weitere Einkehrmöglichkeiten ergeben sich im Bereich der Mittelstation: zuerst die **Brugger Alm** und nicht weit entfernt die **Fronebenalm** ⑧, 1306 m. Für den finalen Abstieg können wir wählen zwischen einer Route am ostseitigen Waldhang, die südlich der Talstation herauskommt, und dem Forstweg durch den Einschnitt des Schlickerbachs, der Richtung Plöven führt.

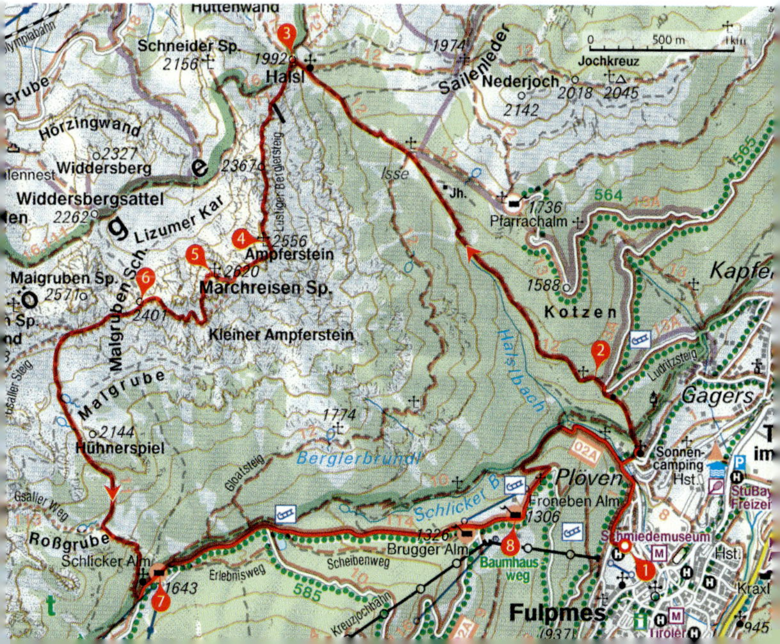

↗ 630 m | ↘ 980 m | 12.5 km

5 Kaserstattalm, 1890 m

4.20 h

Sonnseitenwanderung unterm Kreuzjoch

Eine ganze Anzahl Jausenstationen werden im Rahmen dieser Tour auf halber Höhe verbunden. Sukzessive entfernen wir uns aus dem lebhaften Seilbahngebiet und finden mit der Kaserstattalm einen urigen Zielpunkt, wo man lange ins Stubaier Panorama versinken kann. Gegenüber spannt sich der ganze Serleskamm auf, aus dem Talschluss leuchten die Ferner herüber.

Ausgangspunkt: Talstation der Schlicker Bergbahnen (Kreuzjochbahn) in Fulpmes, ca. 1000 m. Großer Parkplatz und Busanbindung. Bergfahrt bis zur Mittelstation, 1351 m. Betriebszeiten zwischen Anfang Juni und Ende September, von 9 bis 17 Uhr.

Tiefblick auf die Ortschaft Kampl am Fuße des Serleskamms.

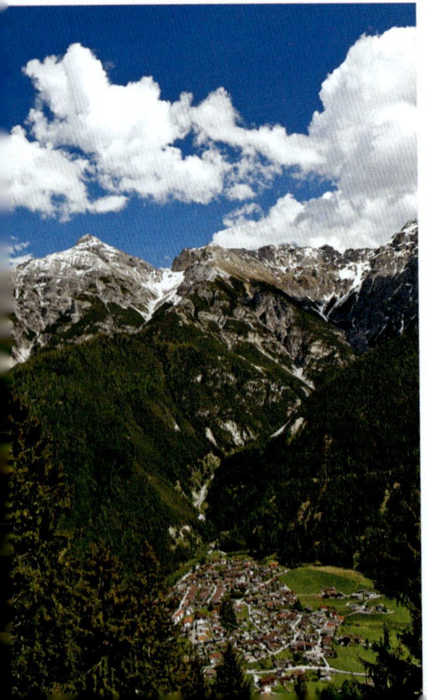

Anforderungen: T2+. Über längere Strecken leichte, breite Wege, im Abstieg nach Pfurtschell mittelsteiler Waldsteig, dafür elementare Trittsicherheit vorteilhaft. Moderates Tagespensum.
Einkehr: Brugger Alm, 1362 m, Tel. +43 5225 64644. Galtalm, 1634 m, Mitte Mai bis Mitte Oktober, Übernachtungsmöglichkeit, Tel. +43 5225 62266. Kaserstattalm, 1890 m, Anfang Juni bis Mitte Oktober, Tel. +43 664 1343244. Alpengasthof Vergör, 1266 m, Tel. +43 5225 62253.
Beste Jahreszeit: Juni bis Anfang Oktober.
Varianten: 1. Zu Fuß binnen 1.00 Std. von der Talstation zur Mittelstation, zwischendurch auf steilerem Waldsteig.
2. Abstieg ab Pfurtschell Richtung Neder, dem nächstgelegenen Talort, ca. 45 Min.

Von der **Mittelstation** ❶ folgen wir der Forststraße schräg links aufwärts, vollziehen zwischendurch zwei Kehren und kommen zur **Galtalm** ❷, 1634 m, wo einige Wanderer womöglich schon hängen bleiben. Dahinter geht es – immer noch auf breiter Trasse, jedoch nicht mehr für Fahrzeuge geeignet – quer durch die licht bewaldeten, später latschenbewachsenen Hänge. Mit schönen Ausblicken gewinnt man noch einige Höhenmeter und passiert die früher ebenfalls bewirtschaftete **Knappenhütte** ❸, 1830 m,

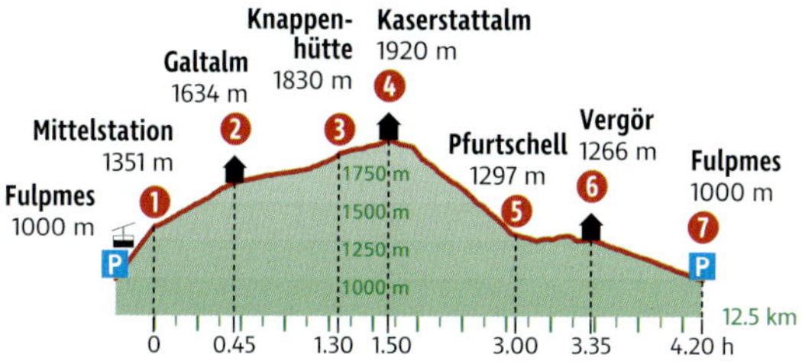

die mittlerweile ziemlich heruntergekommen wirkt. Wir gehen den Einschnitt des Omesberger Bachs aus und nähern uns jetzt allmählich der **Kaserstattalm** ❹, deren Höhe offiziell mit 1890 m angegeben wird, tatsächlich aber etwas oberhalb der 1900-Meter-Linie liegen dürfte.

Vom Umkehrpunkt ein paar Minuten zurück, dann rechts abzweigend auf einem vergleichsweise steilen Waldsteig bergab. 500 Höhenmeter müssen bis zum schön gelegenen Weiler **Pfurtschell** ❺, 1297 m, »vernichtet« werden. Es gibt hier einen Hofladen, allerdings keine Einkehrmöglichkeit mehr. Mit der Straße noch kurz abwärts, dann links haltend auf den Verbindungsweg nach Vergör. Dieser quert eine halbe Stunde sehr reizvoll in leichtem Auf und Ab einige Gräben. Von **Vergör** ❻, 1266 m, schlussendlich auf der Forststraße abwärts und damit zurück zur Talstation bei **Fulpmes** ❼.

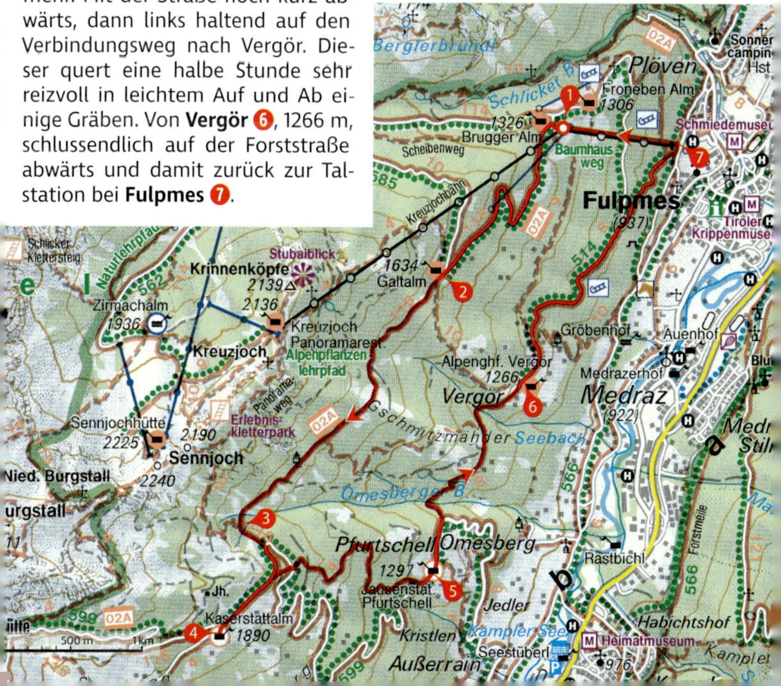

TOP

6

Hoher Burgstall, 2611 m

↗ 730 m | ↘ 730 m | 9.2 km

4.15 h

Seilbahntour auf einen bekannten Aussichtsberg

Neben Zuckerhütl, Wildem Freiger und Habicht, Rinnenspitze, Serles und Elfer gehört der Hohe Burgstall zu den »Seven Summits Stubai«, von der Tourismusbranche propagiert als jene Gipfel der Region, die Landschaft und Bergsteigen besonders prägen. Ob es eine Lobhudelei im Sinne einer solchen Auslese unbedingt braucht, sei einmal dahingestellt – unzweifelhaft ist, dass alle Genannten starke Anziehungskraft entfalten und in ihrer Popularität eigentlich kaum noch zusätzliche »Werbung« benötigen. Wer aufmerksam den Inhalt dieses Bandes studiert, wird fünf der sieben Kandidaten freilich wiederfinden, nämlich jene Ziele, die als »wanderbar« einzustufen sind und selbstverständlich auch tolle Erlebnisse versprechen, selbst wenn man dort selten Bergeinsamkeit finden wird. Im Falle des Hohen Burgstall macht es einerseits die Position direkt über dem mittleren Stubaital und zum anderen der vergleichsweise kurze Aufstieg von der Kreuzjochbahn. Beim Rückweg wird gern noch die auf der freien Südschulter gelegene Starkenburger Hütte einbezogen.

Ausgangspunkt: Talstation der Schlicker Bergbahnen (Kreuzjochbahn) in Fulpmes, ca. 1000 m. Großer Parkplatz und Busanbindung, Bergstation auf 2108 m. Betriebszeiten zwischen Anfang Juni und Ende September, von 9 bis 17 Uhr.
Anforderungen: T3. Stets gute Bergwege, im Gipfelbereich felsiges Gelände mit einzelnen Sicherungen, sonst auch öfters Schotter. In abschüssigen Passagen Trittsicherheit notwendig, für Geübte aber nicht schwierig und mit Seilbahnhilfe eine konditionell moderate Tour.
Einkehr/Unterkunft: Panoramarestaurant Kreuzjoch, 2108 m. Sennjochhütte, 2240 m, Tel. +43 676 5207243. Starkenburger Hütte, 2237 m, Anfang Juni bis Anfang Oktober, Tel. +43 664 5035420, alpenverein-darmstadt.de.
Beste Jahreszeit: Mitte oder Ende Juni bis Anfang Oktober.
Varianten: Kürzer wird die Tour, wenn man in der Südflanke des Gipfels gleich nach links abdreht, also die Starkenburger Hütte auslässt. Genusswanderer haben mit dem Höhenweg zur Hütte eine leichte Tour (T2, hin und zurück 3.30 Std.).

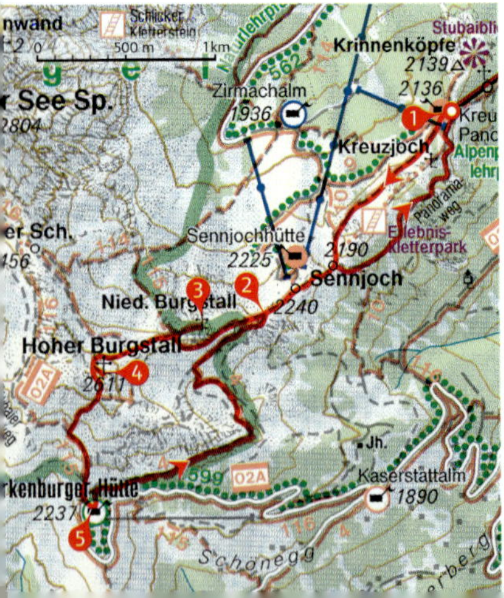

Von der **Bergstation** ❶ geht es – mit den Kalkkögeln voll im Blickfeld – auf dem viel begangenen Panoramaweg nordseitig am Kreuzjoch

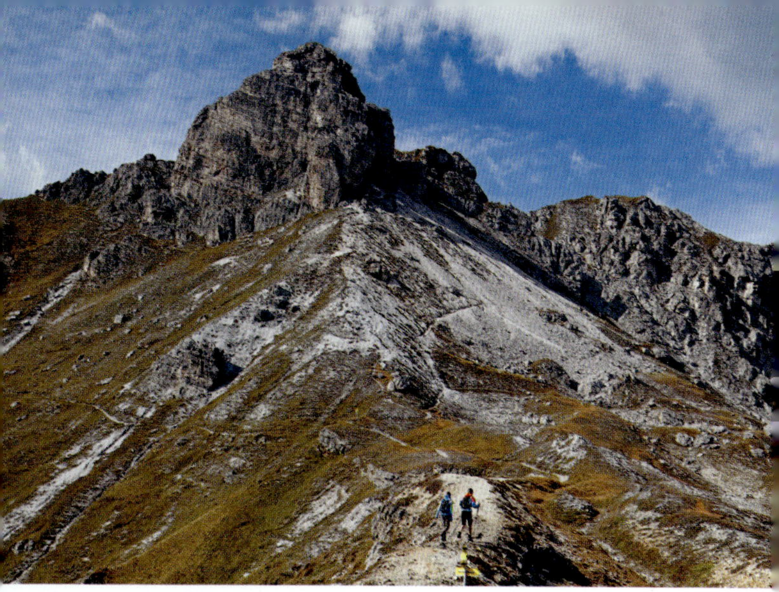

Vom Niederen Burgstall nähern wir uns dem Hohen Burgstall.

entlang Richtung Sennjoch und an der **Sennjochhütte** vorbei höher. Auf einem kleinen Absatz ❷, ca. 2300 m, trennt sich die Gipfelroute vom Höhenweg zur Starkenburger Hütte. Unter dem Niederen Burgstall bewegt man sich zunächst in der Südflanke, gewinnt dann die Kammlinie und hat dort die Möglichkeit zu einem kurzen, unschwierigen Abstecher auf den **Niederen Burgstall** ❸, 2436 m. Danach weiter zum nahen Burgstalljoch, wo zwei Varianten Richtung Hauptziel angeboten werden. Der direkte

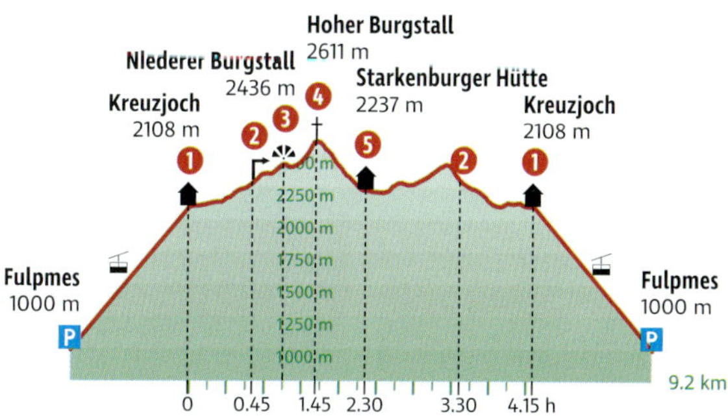

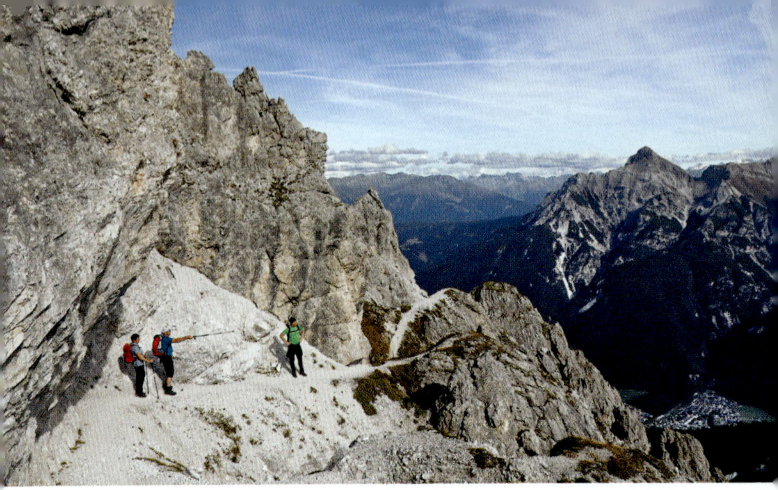

Diese spannende Bänderpassage begehen wir beim Rückweg zur Seilbahn.

Weg zieht über den Schutthang im Zickzack gegen den Felssockel hinauf, nähert sich einer schattseitigen Rinne, die mithilfe einiger Drahtseile durchstiegen wird, und erreicht zuletzt von hinten den Gipfel des **Hohen Burgstall** 4, 2611 m.

Wir können anschließend über die an kurzen Stellen ebenfalls gesicherte Südseite absteigen. Bei der Verzweigung rechts und mit zahlreichen Kehren hinunter zum Flankensteig, der Richtung **Starkenburger Hütte** 5, 2237 m, noch ein Stück abfällt. Beim Rückweg traversieren wir nun mit leichtem Auf und Ab die Südflanke unseres Berges, wenden uns in einer Wiesenhangmulde aufwärts und kommen über interessante Bänderpassagen zum bekannten Verzweigungspunkt 2 voran. Am Sennjoch kann man abwechslungshalber südseitig ausbiegen und nach kurzem Abstieg den geschlängelten Flankenweg hoch über dem Stubaital begehen. Um das Kreuzjoch herum gelangt man damit in nur wenig längerer Zeit ebenfalls zur **Bergstation** 1 zurück.

Logenplatz über dem Stubaital: die Starkenburger Hütte.

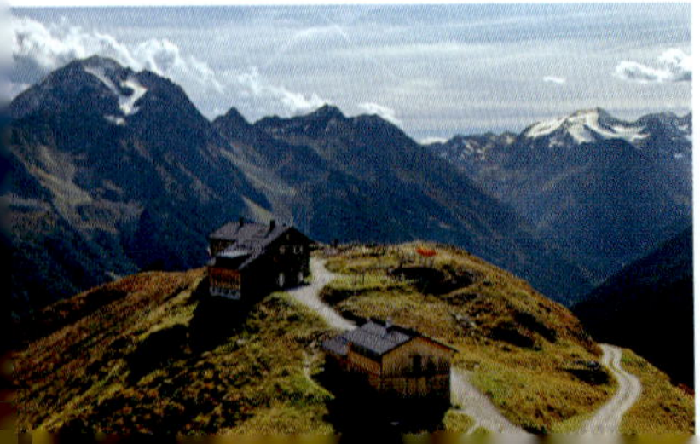

Die Kalkkögel bilden eine der eindrücklichsten Felskulissen im Stubai.

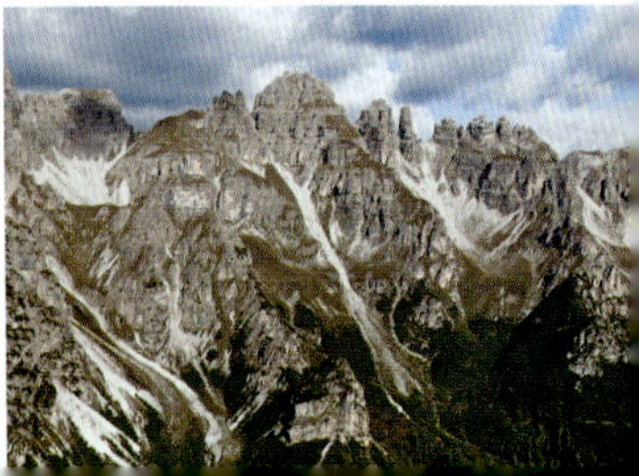

↗ 680 m | ↘ 1800 m | 14.0 km

6.00 h

Gamskogel, 2659 m

7

Wo Dolomit auf Urgestein trifft

Wer von der Kreuzjochbahn aus ein stilleres Gipfelziel ansteuern möchte, dem sei der Gamskogel ans Herz gelegt. Durch das Seejöchl von den Kalkkögeln getrennt, zeigt sich dort eine interessante geologische Situation: Es handelt sich um den Übergang vom Dolomit des Brenner-Mesozoikums zum Kristallingestein, wie es im Großteil der Stubaier Alpen vorherrscht. Im Gelände selbst wird dies anhand der Struktur und Gesteinsfärbung auch für den Laien sofort offenkundig.

Ausgangspunkt: Talstation der Schlicker Bergbahnen (Kreuzjochbahn) in Fulpmes, ca. 1000 m. Großer Parkplatz und Busanbindung, Bergstation auf 2108 m. Betriebszeiten zwischen Anfang Juni und Ende September, von 9 bis 17 Uhr.
Endpunkt: Neustift im Stubaital, 993 m. Busverbindung mit Fulpmes.
Anforderungen: T2–3. Überwiegend gut ausgebaute Bergwege in streckenweise etwas abschüssigem Schutt- und Schrofengelände, deshalb elementare Trittsicherheit nötig. Am Gamskogel selbst markierte Pfadspur über einen breiten Rücken. Längerer Talabstieg, insgesamt voll ausgefüllte Tagestour.
Einkehr/Unterkunft: Panoramarestaurant Kreuzjoch, 2108 m. Sennjochhütte, 2240 m, Tel. +43 676 5207243. Starkenburger Hütte, 2237 m, Anfang Juni bis Anfang Oktober, Tel. +43 664 5035420, alpenverein-darmstadt.de.

Die Kartnallhöfe am Sonnenhang oberhalb von Neustift.

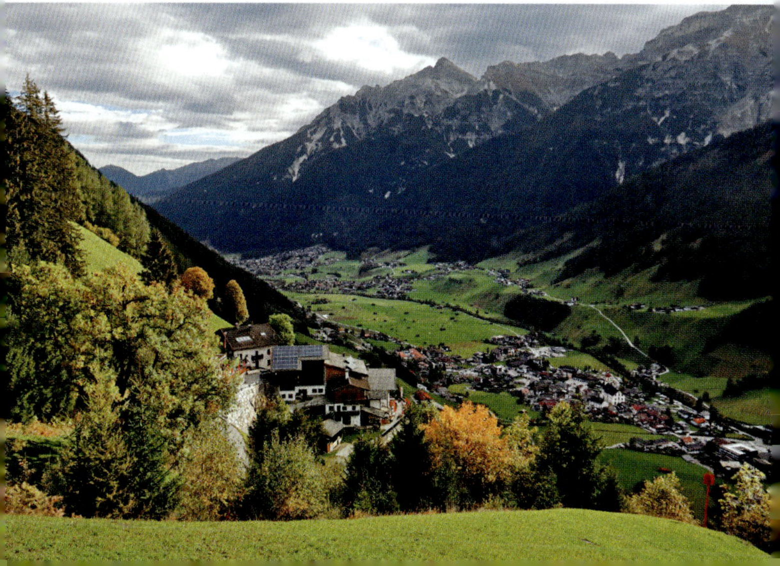

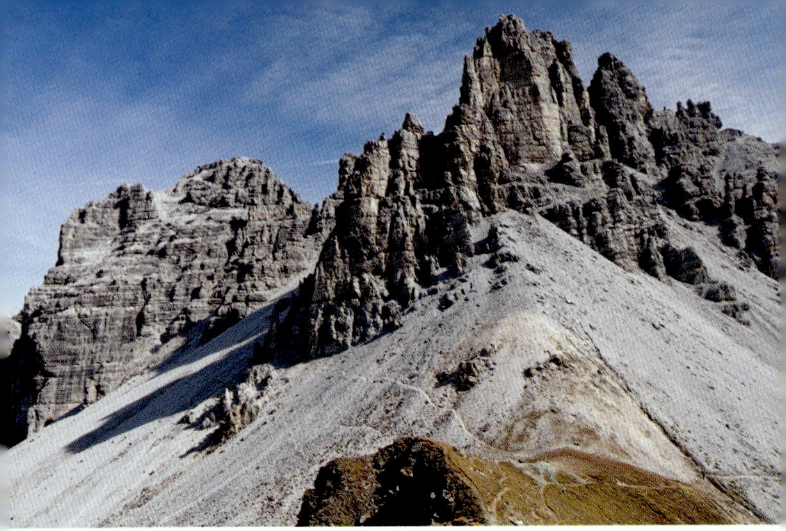

Das Seejöchl trennt den kristallinen Gamskogel (Standpunkt) von den schroffen, dolomitisch anmutenden Kalkkögeln. Dominant über dem Sattel die Schlicker Seespitze.

Beste Jahreszeit: Ende Juni bis Anfang Oktober.
Varianten: 1. Von der Starkenburger Hütte zurück zur Kreuzjochbahn (siehe Tour 6). Burgstall und Gamskogel lassen sich auch bestens kombinieren.
2. Talwärts wandert man bequemer, jedoch ca. 30 Min. länger, auf dem breiten Güterweg. Dabei kommt man nach einigen weiten Schleifen zu den Kartnallhöfen, 1284 m (zwei Jausenstationen), und von dort hinab nach Neustift.

Wie bei Tour 6 folgen wir von der **Bergstation** ❶ dem komfortablen Panoramaweg nordseitig am Kreuzjoch entlang Richtung Sennjoch und an der **Sennjochhütte** vorbei höher. Auf einem kleinen Absatz ❷, ca. 2300 m, wenden wir uns rechts empor Richtung Burgstall, gelangen auf den Kammrücken und in Kürze zur Verzweigung am Burgstalljoch, 2442 m. Hier wiederum nach rechts und mit etwas Auf und Ab relativ rasch weiter bis ins **Schlicker Schartl** ❸, 2456 m. Etwas unterhalb trifft man auf den Stubaier Höhenweg (AV-Nr. 116) und steigt auf guter Trasse durch die hellen Schutthalden schräg hinauf zum **Seejöchl** ❹, 2518 m, eingeschnitten zwischen unserem Gamskogel und der schroffen Schlicker Seespitze. Bei nur wenigen Blockpassagen legt uns der breite Ostrücken bis zum **Gamskogel** ❺, 2659 m, keine besonderen Hürden in den Weg.
Beim Abstieg bleiben wir vom Seejöchl her am Stubaier Höhenweg, der unter dem Schlicker Schartl vorbeizieht und anschließend das Massiv des Hohen Burgstall umkurven muss. Dabei wird manche kleine Rinne gequert und mit etwas Gegensteigung ein markantes Eck ausgegangen. In

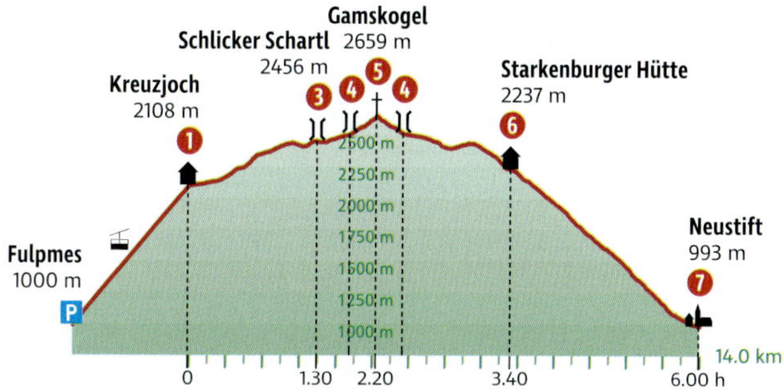

den Südwesthängen laufen wir dann der **Starkenburger Hütte** 6, 2237 m, entgegen und begeben uns nach einer Einkehr auf den Hüttenweg Nr. 115 talwärts. Über die Schöneggwiesen wird eine weit ausholende Schleife des Versorgungssträßchens abgekürzt und das Bergab in den steilen Hanglagen am Mahderberg fortgesetzt. Nach langem Kehrenkurs wenden wir uns später zum Bachertal hin, kreuzen zweimal den Bachgraben und treffen schließlich in **Neustift** 7 ein.

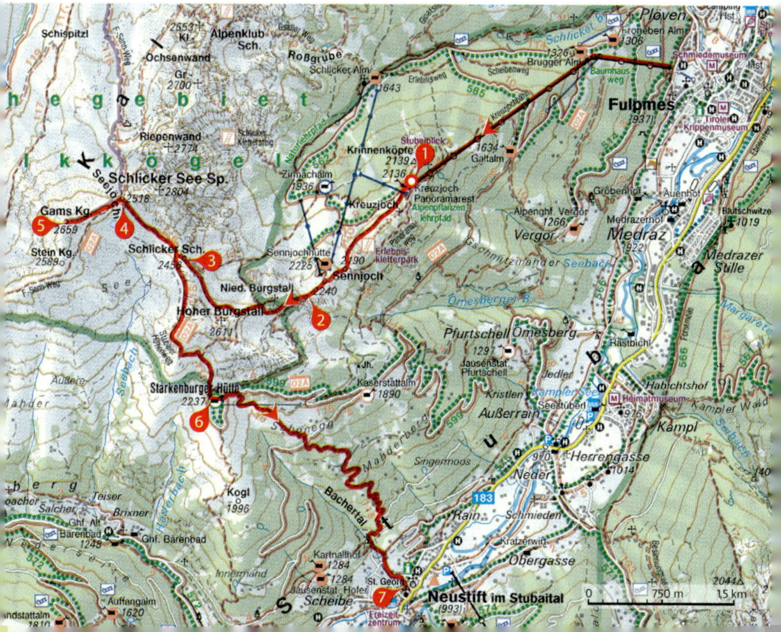

↗ 950 m | ↘ 950 m | 14.7 km

8 Maria Waldrast und Waldraster Jöchl, 1878 m

5.30 h

Kontemplativer Pilgerweg und naturnaher Gleinsersteig

Maria Waldrast entwickelte sich seit dem 15. Jahrhundert zu einem bekannten Wallfahrtsort. Zunächst eine kleine Pilgerkapelle, entstand hier ab 1621 ein Servitenkloster. In unseren Zeiten ist natürlich eine starke touristische Bedeutung hinzugekommen, wobei die idyllische Lage auf Mittelgebirgshöhen vor allem auch Wanderer anspricht. Wer ausdauernd ist, kann schon drunten in Mieders den Pilgerweg aufnehmen und retour mit dem Gleinsersteig eine schöne Runde absolvieren, die neben dem starken kulturellen Aspekt auch viel Natur bietet, etwa auf den Gleinser Mähdern. Dabei wird mit dem Waldraster Jöchl sogar eine Gipfelkuppe überschritten.

Ausgangspunkt: Mieders, 982 m, im vorderen Stubaital. Nächste Bushaltestelle Gemeindeamt.
Anforderungen: T1. Leichte und ungefährliche Wanderwege bzw. abschnittsweise auch Forststraße, meist durch Wald, im Bereich der Gleinser Mähder bei Nässe stellenweise unerquicklich. Hauptanforderung konditionell.
Einkehr: Maria Waldrast Natur Resort, 1638 m, Mo Ruhetag, Tel. +43 05273 6219. Gleinserhof, 1412 m, Mo Ruhetag, Tel. +43 5225 62100 (beide mit Übernachtungsmöglichkeit).
Beste Jahreszeit: Mai bis Oktober.
Varianten: 1. Mit der Serlesbahn zum Koppeneck und dann nur den obersten Teil des Kapellenweges begehen.
2. Abstieg über den Zirkenhof, dafür schert man links ins Wassertal aus.

Im Ortskern von **Mieders** ❶ zweigen wir aus der Schmelzgasse in die Bachleite ab, überschreiten etwas höher den Zirkenbach und folgen zunächst einer Forststraße, um in Kürze bei der ersten der insgesamt 15 Rosenkranzstationen auf den Kapellenweg abzuzweigen. Dieser zieht im Bergwald schräg aufwärts, kreuzt immer mal wieder andere Wege, später auch die Seilbahntrasse zum Koppeneck. Am Mariastein vorbei stoßen wir bei der 7. Kapelle auf eine Forststraße, die nun die Fortsetzung trägt. Bei der 10. Kapelle ❷, 1551 m, kommt der kurze Zugang von der Serlesbahn dazu. Unser Pilgerweg überschreitet einen Waldsattel (P. 1692) und endet ein Stück weit dahinter beim Kloster **Maria Waldrast** ❸, 1638 m.

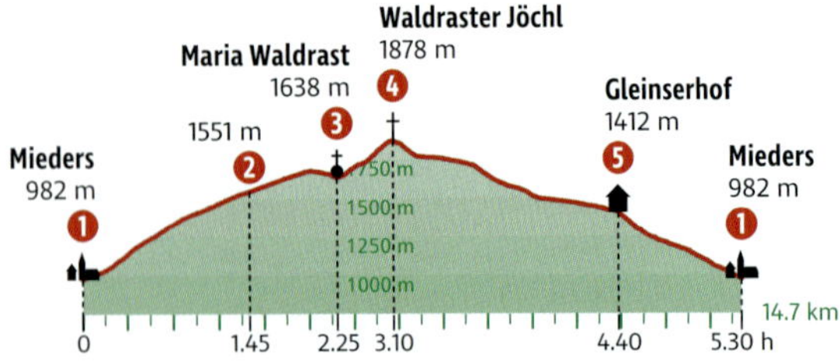

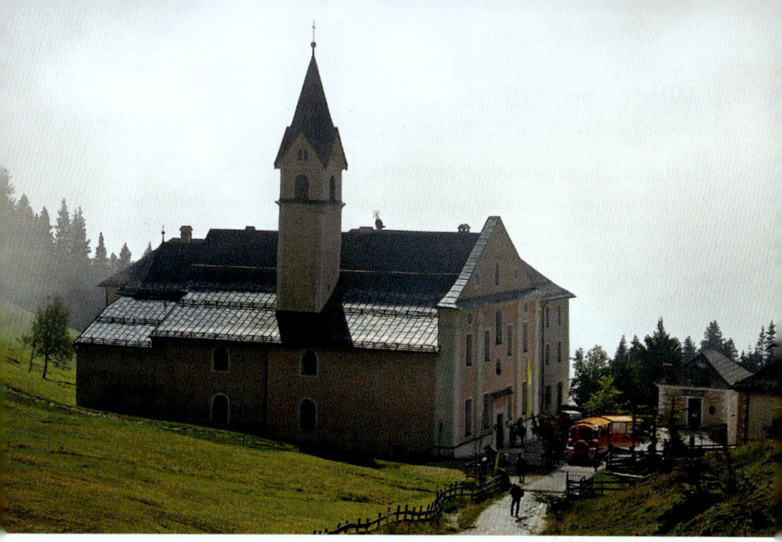

Maria Waldrast – bekanntes Ausflugs- und Pilgerziel.

Von dort gehen wir kurz zurück und schlagen dann rechts den Kreuzweg zur Auffindungskapelle ein. Sie verbirgt sich am dicht bewaldeten Südhang des **Waldraster Jöchls** 4, 1878 m, zu dessen Gipfel wir allmählich vordringen. Knapp nördlich drehen wir nach rechts auf den Gleinsersteig ab (ansonsten besteht auch die Möglichkeit zum Koppeneck zu wandern). Man verliert etwas an Höhe und durchquert anschließend die flachen **Gleinser Mähder**. Im Wald fällt der Steig wieder merklich ab. Wir treffen auf eine Forststraße und nach einer Abkürzung auf eine weitere, die Richtung Gleins führt. Beim aussichtsreichen **Gleinserhof** 5, 1412 m, nehmen wir den Weg talwärts nach Mieders, aus dem Wiesengelände nochmals in den Wald eintauchend und schließlich rechts vom Zirkenbach zurück ins Dorf.

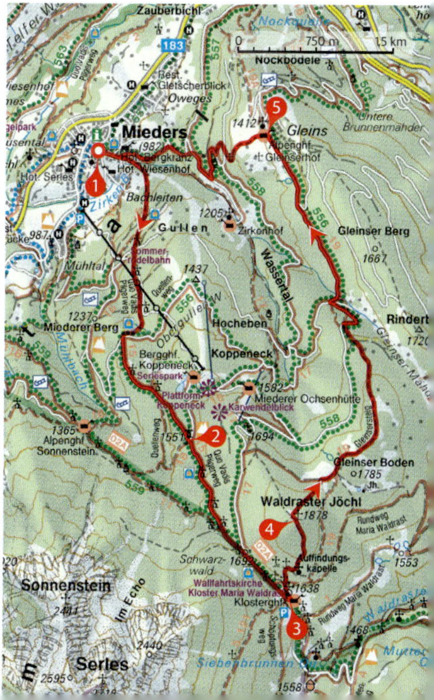

↗ 750 m | ↘ 750 m | 5.5 km

9 Wildeben, 1781 m

3.30 h

Im Naturschutzgebiet an der Serles

Am grimmigen Westhang der Serles, der über eine Vertikaldistanz von fast 2000 Höhenmetern gegen das vordere Stubaital hinabschießt, befindet sich nur ein einziger nennenswerter Absatz. Der Name Wildeben erscheint dafür ganz treffend. Früher ließen die Hirten dort ihr Vieh weiden und errichteten für diese Zwecke auch eine kleine Behausung. Heutzutage lädt auf Wildeben ein schnuckeliges Berggasthaus zu einer verhältnismäßig stillen Tour mit gediegener Einkehr. Für Romantiker ein Fleck zum Entschleunigen, nicht zuletzt auch ideal für einen kleinen Familienurlaub! Vom Talort Kampl aus lassen sich zwei Routen kombinieren – besonders interessant erscheint die längere durch den wild anmutenden Einschnitt des Seibachs.

Ausgangspunkt: Kampl, Parkplatz am oberen Ende der Höhlebachstraße, ca. 1050 m. Bushalt unten an der Durchgangsstraße (10 Min. Zustieg zusätzlich).

Blick taleinwärts, zum Stubaier Hauptort Neustift.

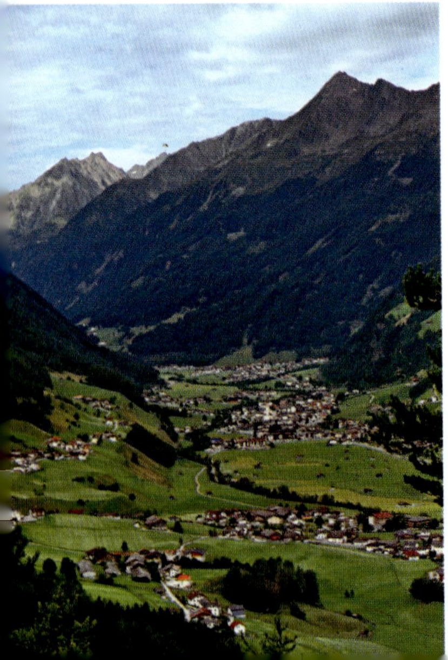

Anforderungen: Maximal T3. Phasenweise recht steil verlaufende Bergwege. Die Aufstiegsroute ist erstaunlich alpin angehaucht, nur im ersten Teil durch Wald, im Abstieg vollständig. Trittsicherheit vorteilhaft, konditionell nicht sonderlich ausufernd.

Einkehr/Unterkunft: Alpengasthof Wildeben, 1781 m, Tel. +43 5225 64688 oder +43 664 3640164, www.wildeben.info.

Beste Jahreszeit: Juni bis September.

Variante: Gelegenheitswanderer kommen auch problemlos über die Forststraße von der Medrazer Stille hinauf.

In **Kampl** geht es in der langen Höhlebachstraße aufwärts bis zum Fahrverbot ❶. Wir entscheiden uns für die halbrechts auf kleinem Waldpfad kräftig ansteigende Route, die sich später der Flanke über dem mächtigen Einschnitt des Seibachs anschmiegt. Hier queren wir teilweise durch Latschengelände mit einzelnen Geröllzungen dazwischen. Eine Abzweigung Richtung Kesselspitze und Padasterjochhaus bleibt unbeachtet ❷. Wir orientieren uns weiter in den Kessel, überschreiten dort den Bachgraben sowie nach ei-

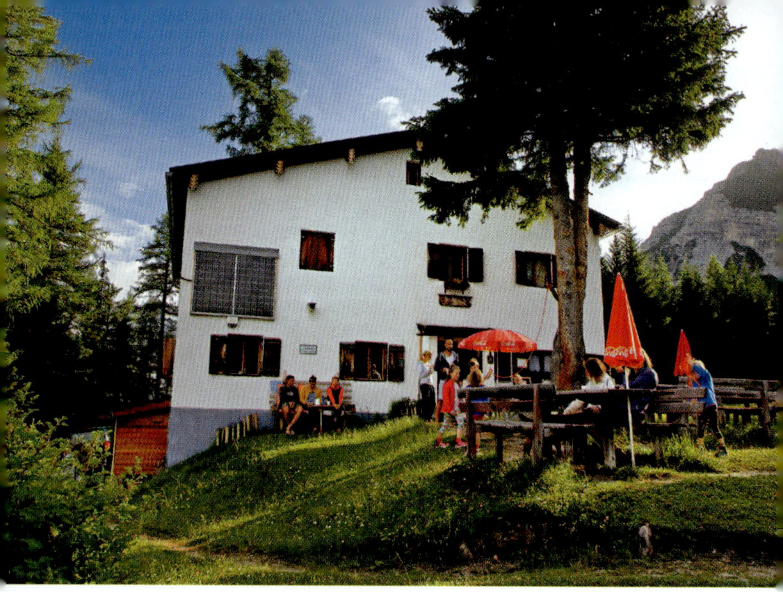

Wildeben ist ein feines Ziel für die ganze Familie.

nigen steilen Kehren auch noch eine Nebenrinne. Bald geht das Bergauf in eine Linkstraverse über, wobei abschüssige Passagen meist gut stabilisiert sind. Aus dem Latschenterrain tauchen wir in Waldareale ein, gewinnen noch ein paar Höhenmeter und erreichen schließlich das Gasthaus auf **Wildeben** 3, 1781 m.

Der Zufahrt folgt man im Abstieg nur kurz. Linker Hand schlagen wir den Waldsteig nach Kampl ein, der sich an der westexponierten Flanke beständig relativ steil tiefer schraubt. Die Forststraße wird derweil noch zweimal tangiert, doch bleiben wir bis hinunter zum Seibach dem Steig treu. Gleich jenseits der Brücke befindet sich der Ausgangspunkt 1.

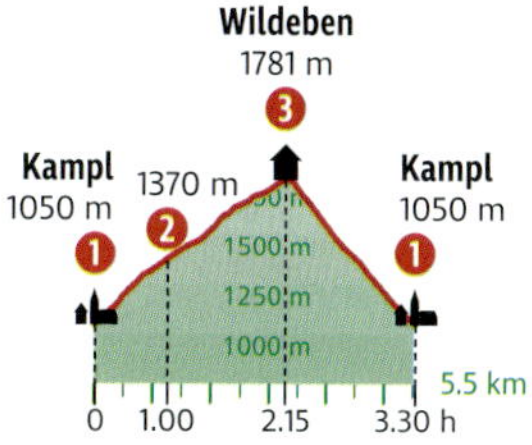

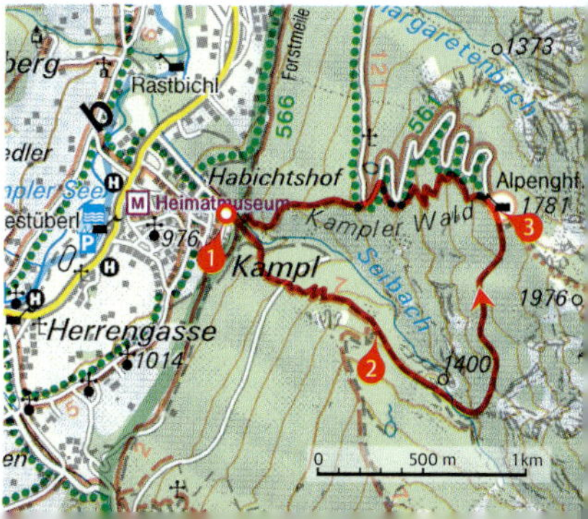

↗ 550 m | ↘ 550 m | 8.2 km

10 Besinnungsweg im Pinnistal

2.50 h

Genusswanderung zur Issenangeralm

In der Stubaier Bergwelt bildet das Pinnistal eine landschaftlich besonders reizvolle Seitenkammer. Mit dem Besinnungsweg bleiben wir im vorderen Bereich und absolvieren eine Tour, bei der der Name Programm ist. An den (vielen) Rastbänken regen stets Sinnsprüche zum Nachdenken an. Man darf den Erbauern nur gratulieren – hier wird eine echte Genusstour geboten, ohne dass man auf ein hochalpines Ambiente verzichten müsste. Auch die Einkehr auf der Issenangeralm (oder wahlweise beim Herzebner Almwirt) trägt natürlich dazu bei.

Ausgangspunkt: Neder, 970 m, Ortsteil von Neustift. Gebührenpflichtiger Parkplatz und Bushaltestelle an der Durchgangsstraße.
Anforderungen: T2. Sehr gut angelegter, teils kehrenreicher Bergwanderweg, streckenweise in steileren Hanglagen. Zurück durchgängiger Fahrweg. Überschaubares Halbtagesprogramm.
Einkehr: Issenangeralm, 1372 m, Tel. +43 676 4503064 oder +43 664 9657023. Herzebner Almwirt, 1338 m, Tel. +43 5226 30801.
Beste Jahreszeit: Mitte Mai bis Ende Oktober.
Tipp: Fortsetzung ins Pinnistal (vgl. Tour 11).

In **Neder** ❶ folgen wir dem Pinnisweg aufwärts, wechseln hinter dem Fahrverbot auf die linke Bachseite und stoßen in dem sich verengenden Taleinschnitt bald auf den Beginn des Besinnungsweges. In zahllosen, ziemlich flach und komfortabel angelegten Kehren zieht dieser an der linksseitigen Waldlehne aufwärts. Man erreicht eine Höhe von fast 1400 Metern und quert ein Stück weit durch die nun offenen Hänge, ehe sich die Route wieder absenkt. Trotz der steilen Umgebung ist der Weg hier nirgends problematisch,

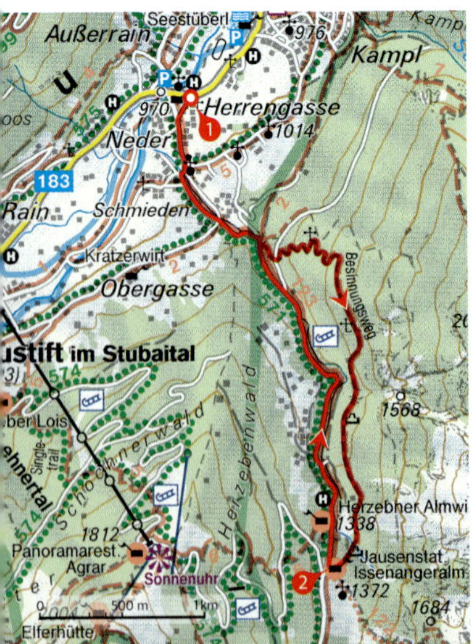

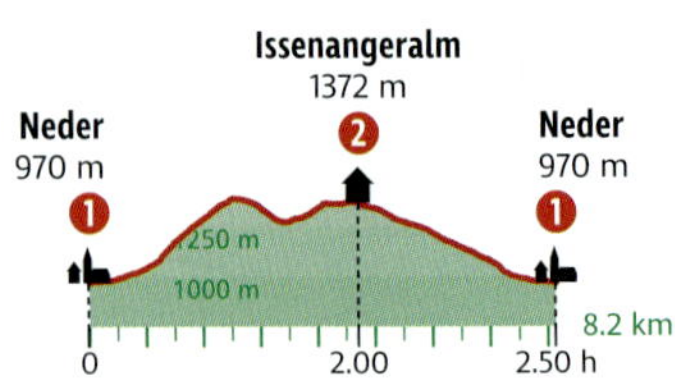

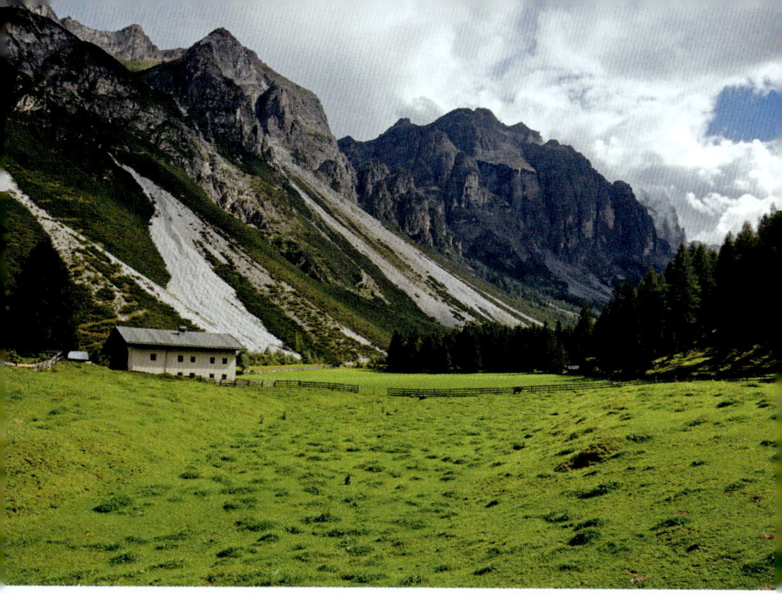

Der Weidegrund des Issenanger im Pinnistal, hinten die Kirchdachspitze.

nötigenfalls auch mal mit Geländer abgesichert. Es finden sich insgesamt etliche Rastbänke. Vorsichtig durchschreiten wir die Nische einer Rinne und steigen teils im Latschen-Schotter-Terrain, teils durch Wald allmählich wieder an. Schließlich über einen Graben hinweg direkt zum Gastgarten der **Issenangeralm** ❷, 1372 m. Nebenan erstreckt sich ein ausgedehnter Wiesenboden.

Auf der Zufahrt kommen wir im Bergab bald am **Herzebner Almwirt** vorbei. Ohne Besonderheiten geht es durch den ziemlich engen nördlichen Abschnitt des Pinnistals hinaus und damit wieder zurück nach **Neder** ❶.

Skulptur am Besinnungsweg.

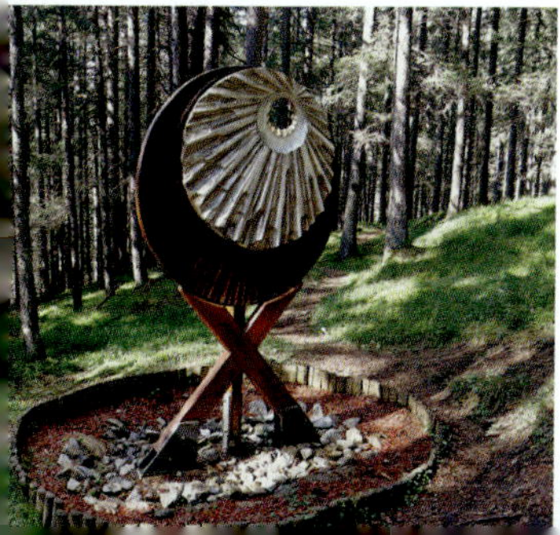

Ziel der Wanderung ist die Issenangeralm.

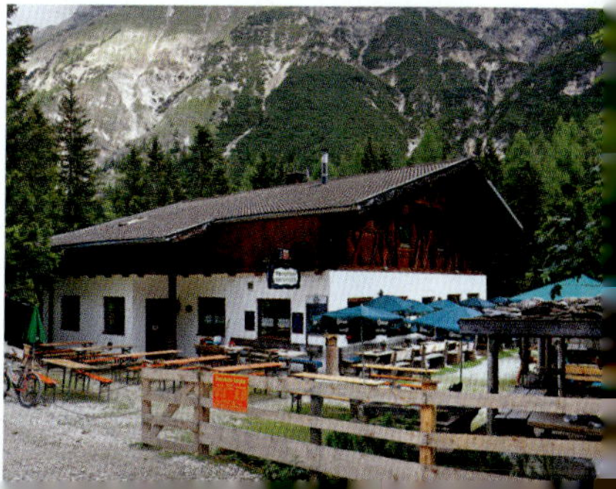

↗ 1900 m | ↘ 1900 m | 19.1 km

9.30 h

11 Kirchdachspitze, 2840 m

Aus dem Pinnistal via Jubiläumssteig und Rohrauersteig

Die dolomitenhafte Kirchdachspitze ist nicht nur eine der auffälligsten Gipfelgestalten am Serleskamm zwischen Stubai und Gschnitz, es handelt sich auch um ein besonders zünftiges Ziel unter den Wegebergen. Die schwierigsten Stellen befinden sich am Gipfelaufbau, wo die Zugänge aus dem Pinnistal einerseits und vom Padasterjochhaus andererseits zusammenkommen. Vorgestellt wird hier der geschickt ins Steilgelände trassierte Jubiläumssteig in Kombination mit dem Rohrauersteig – eine Tour, die stundenlang inmitten einer eindrücklichen Szenerie verläuft und gestandene Bergfexe vollauf begeistern wird. Konditionelle Schwächen werden allerdings ziemlich deutlich aufgezeigt, deshalb: nur für wirklich Geübte!

Ausgangspunkt: Neder, 970 m, Ortsteil von Neustift. Gebührenpflichtiger Parkplatz und Bushaltestelle an der Durchgangsstraße. Bis zur Pinnisalm kann man ein Wandertaxi nutzen (Tel. +43 664 2877000), allerdings mit dem Nachteil eines sehr (eigentlich: zu) späten Aufbruchs.

Anforderungen: T4-. Gut und raffiniert angelegte Bergsteige in häufig abschüssigem Gelände, vereinzelt mit gesicherten Passagen. Der Rohrauersteig ist vergleichsweise etwas leichter (T3). Trittsicherheit und Schwindelfreiheit wichtig, zudem Kondition für einen beachtlichen Höhenunterschied – insgesamt eine große Tour!

Einkehr: Herzebner Almwirt, 1338 m, Tel.

Die Furche des Pinnistals mit der Kirchdachspitze als dominantem Gipfel.

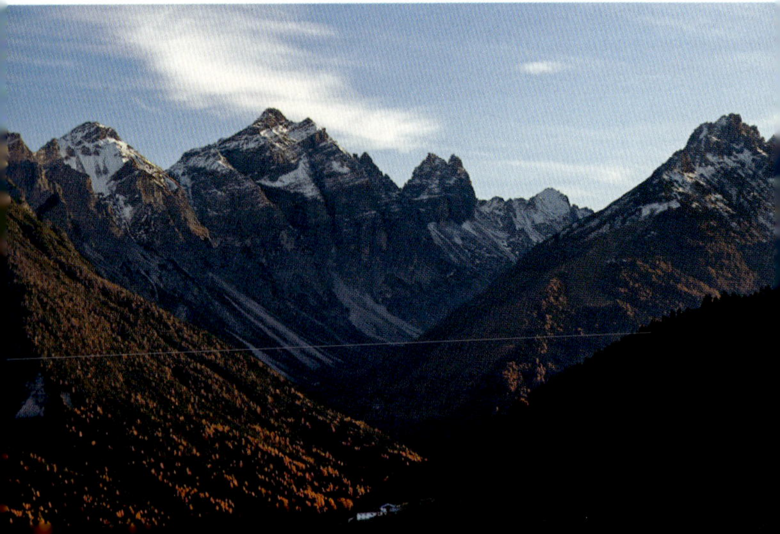

+43 5226 30801. Issenangeralm, 1372 m, Tel. +43 676 4503064 oder +43 664 9657023. Pinnisalm, 1560 m, Tel. +43 664 6082864.
Beste Jahreszeit: Juli bis September.
Variante: Vom Padasterjochhaus, 2232 m (Zustieg siehe Tour 31), über das Padasterjoch und durch die Südflanke der Hammerspitze schräg ansteigend zu P. 2428. Der weitere Gipfelaufstieg entspricht dem oberen Teil der ausführlich beschriebenen Abstiegsroute. Gehzeit vom Talort Trins bis auf die Kirchdachspitze ca. 5.00 Std.

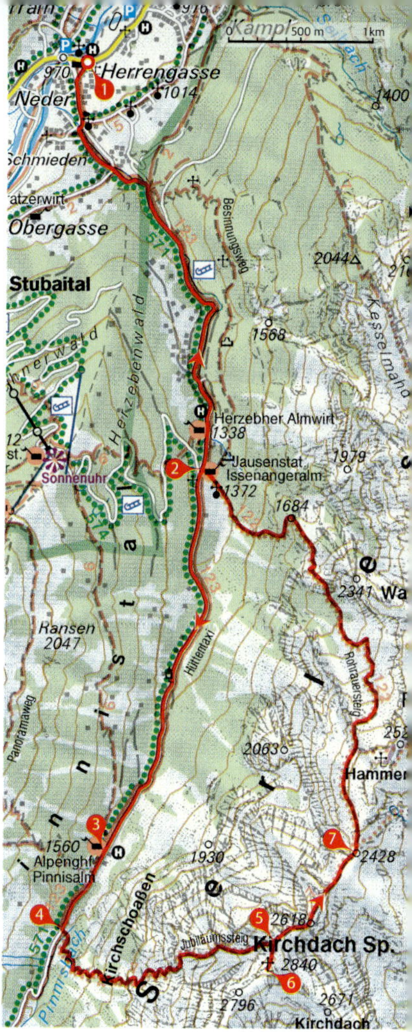

In **Neder** ❶ begeben wir uns im Pinnisweg aufwärts zur Ausmündung des Pinnistals und wandern auf dem anfangs relativ steilen Fahrweg hinein. Später flacht dieser ab und bringt uns am **Herzebner Almwirt** vorbei zur **Issenangeralm** ❷, 1372 m, wo sich ausgedehnte Weideflächen öffnen. Gute drei Kilometer bleiben wir noch auf dem sachte ansteigenden Sträßchen, ehe wir ein Stück weit hinter der **Pinnisalm** ❸, 1560 m, nach links auf den Jubiläumssteig ausscheren ❹. Dieser zieht gegenüber zunächst mit guten Kehren an einem Latschenhang bergwärts. Rund 200 Meter höher wird das Gelände steiler und felsdurchsetzt; es tauchen erste Drahtseile und Metallgriffe auf. Windungsreich gewinnt der Jubiläumssteig über die Kirchschoaßen an Höhe und kommt in Abständen an drei Rastbänken vorbei. Eher problemloses Gelände wechselt dabei mit schrofigen Hangpartien, mitunter setzt man auch die Hände unterstützend ein. Nach der dritten Bank auf einer Rippe verliert die Umgebung ihr letztes Grün. Nun also über Erde und Blockgestein noch weit hinauf zum **Silbersattel** ❺, 2750 m, womit endlich die Kammlinie erreicht ist. Der Gipfelabstecher auf die **Kirchdachspitze** ❻, 2840 m, leitet über teils plattiges,

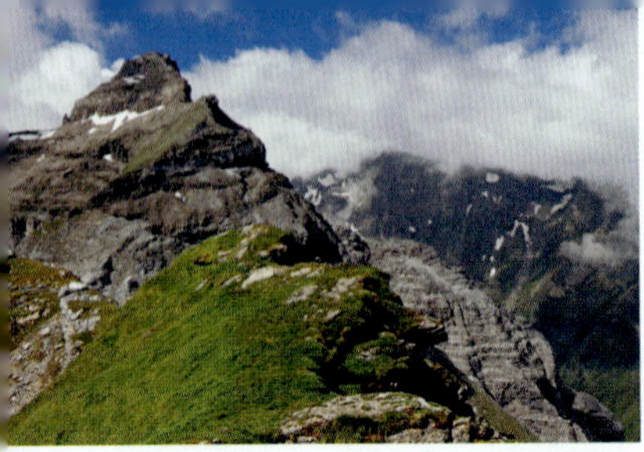

Der Gipfelaufbau der Kirchdachspitze von Nordosten.

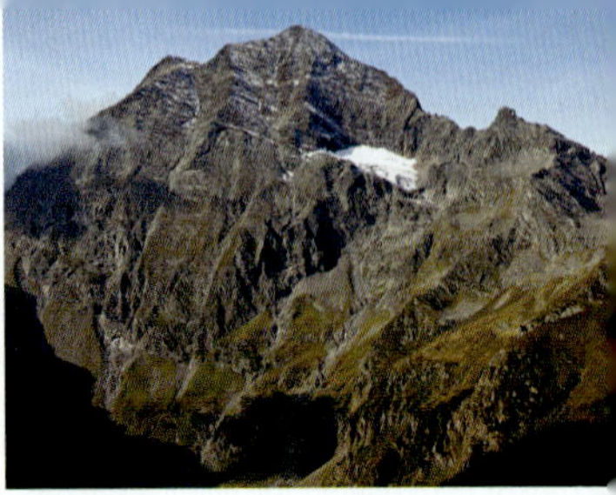

So präsentiert sich der mächtige Habicht am Jubiläumssteig.

teils gestuftes Felsterrain, ab und zu auch über Bänder, und ist mittels Sicherungen sowie einer Leiter entschärft.
Zurück am Silbersattel wenden wir uns auf die Gschnitzer Seite und verlieren auf ordentlichem Steig über Schutt und Schrofen schräg an Höhe. Zwischendurch tritt nochmals eine gesicherte Felsstelle auf. Nach den Windungen bei P. 2618 läuft unsere Route allmählich in grasiges Gelände hinein und zur Verzweigung P. 2428 bei einem Kammsattel ⑦. Jetzt folgen wir dem Rohrauersteig links kurz empor und anschließend westseitig unter der Hammerspitze entlang. Die Route nimmt einen Übergang vom Padasterjochhaus auf, führt ein Stück an einem Rücken abwärts und dann in den Geländetrichter zur Rechten, der vorerst Schotter trägt, später aber grasiger wird. Nach vielen Windungen auf die rechte Seite und durch erste Latschen zu einer Rastbank, ca. 2000 m. Gleich danach steigen wir in sandige Gräben ein, queren mit etwas Auf und Ab (Sicherungen in unsolidem Gelände) und verlieren schließlich deutlich an Höhe. In der Krummholzzone folgen weitere Serpentinen, ehe der Rohrauersteig zum **Issenanger** ausläuft. Bei der Jausenstation ② nimmt man den Fahrweg auf, der uns zurück nach **Neder** ① bringt.

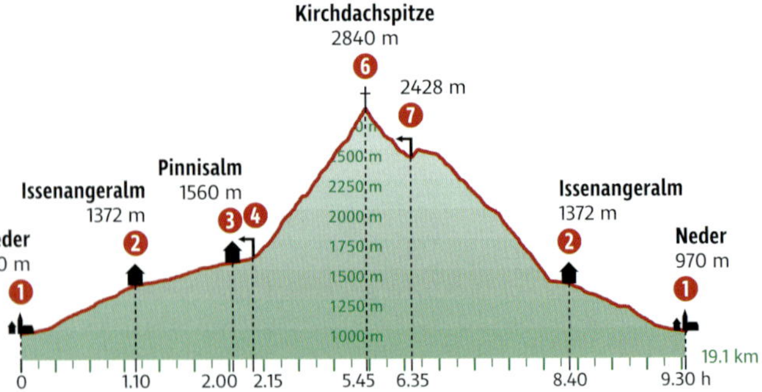

↗ 840 m | ↘ 840 m | 8.8 km

4.20 h

Innsbrucker Hütte, 2370 m, und Kalkwand, 2564 m

12

Zur beliebten Berghütte am Pinnisjoch

Bei der 1884 eröffneten Innsbrucker Hütte kommen gleich mehrere Vorzüge zusammen, die für starken Zulauf sorgen. Zum einen lockt die Lage am Pinnisjoch zwischen Stubai- und Gschnitztal Wanderfreunde von beiden Seiten herauf. Zweitens ist die Hütte einem wahren Primus von Berg quasi auf den Leib geschrieben und dient somit als Sprungbrett für nahezu hundert Prozent aller Habicht-Besteigungen. Drittens macht auch der populäre Stubaier Höhenweg (ebenso wie die weniger bekannte Gschnitzer Runde) hier Station. Und ein weiterer, etwas subtilerer Grund ist geologischer Natur: Am Pinnisjoch zeigt sich nämlich ein abrupter Wechsel zwischen Kalk und Urgestein. So verläuft die Tour zum Habicht beispielsweise vollständig über typisches Gneisgelände, während man sich gegenüber am anspruchsvollen Ilmspitz-Klettersteig sowie der vorgelagerten Kalkwand gleichsam in die Dolomiten versetzt fühlt. In diesem Kapitel wird der Zustieg aus dem Stubaital vorgestellt – die Gschnitzer Alternative lese man im Kapitel 32 nach. Als tolles Extra sollten wir die Kalkwand, das schnellste und relativ gesehen leichteste Gipfelziel im Umkreis der Innsbrucker Hütte, nicht versäumen.

Die Innsbrucker Hütte schmiegt sich an die Hänge des Habicht.

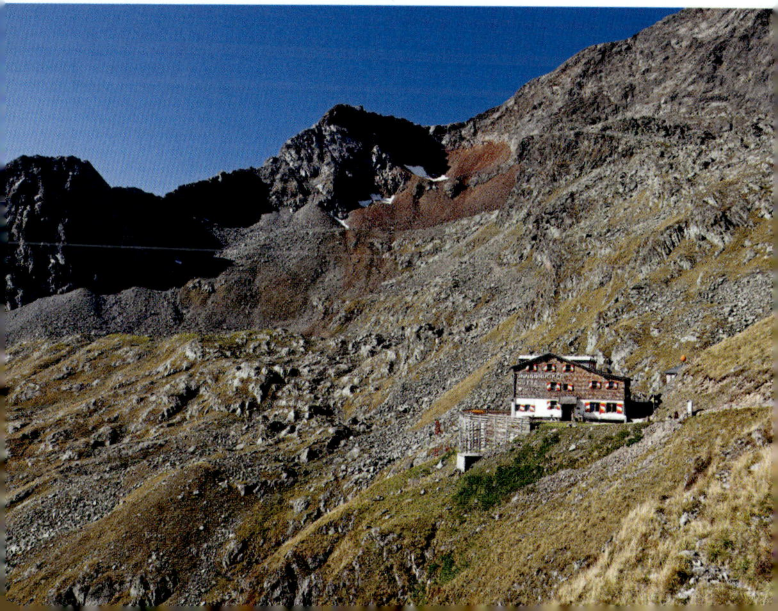

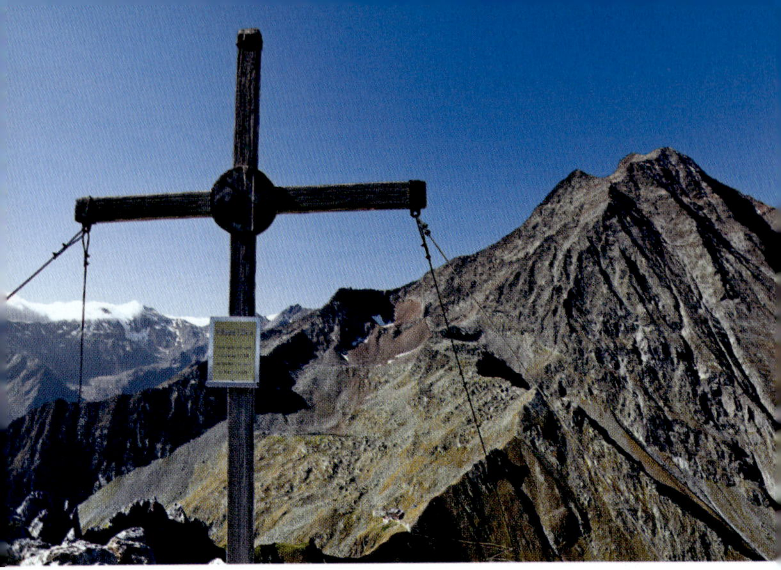

Auf der Kalkwand hat man einen perfekten Blick zum Habicht. Unten am Pinnisjoch ist die Innsbrucker Hütte zu erkennen.

Ausgangspunkt: Karalm, 1747 m, im Pinnistal, erreichbar mit dem Shuttle-Bus von Neustift (verkehrt um 9 Uhr ab TVB-Haus taleinwärts, um 16 Uhr retour), Tel. +43 664 2877000.
Anforderungen: T3–4 (Kalkwand), T2 bis Hütte. Gut angelegter Hüttenweg in mittelsteilem Gelände, ohne besondere Schwierigkeiten. Zur Kalkwand Schotterpfad und einige (teils gesicherte) Felspassagen, dabei etwas Händeunterstützung nötig, aber noch nicht schwierig. Je nach Tourenziel kleines (nur Hütte 3.00 Std.) oder eher durchschnittliches Tagespensum, bei Start im Tal hingegen langwierig.
Einkehr/Unterkunft: Karalm, 1747 m, Tel. +43 664 3599012. Innsbrucker Hütte, 2370 m, Mitte/Ende Juni bis Anfang Oktober, Tel. +43 5276 295, innsbrucker-huette.at.
Beste Jahreszeit: Während der Hüttenöffnungszeit, gipfelwärts im Frühsommer eventuell noch problematisch wegen Altschneefeldern.

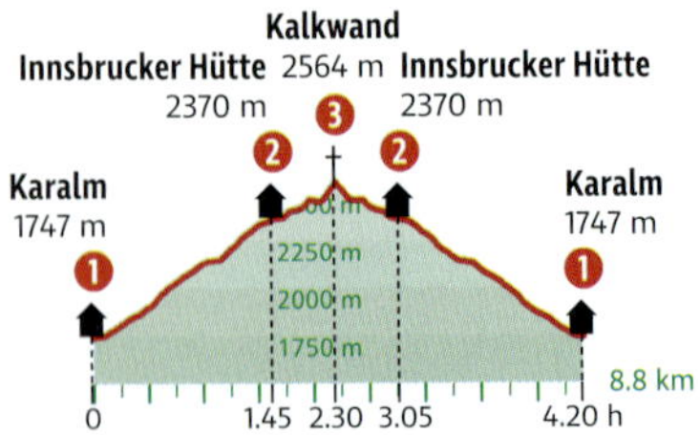

Variante: Wer vom Tal aus zu Fuß aufsteigt, braucht ab Neder via Issenanger- und Pinnisalm ca. 2.30 Std. bis zur Karalm, beim Rückweg ca. 1.50 Std. (siehe dazu Tour 11). Man kann auch gut ein Mountainbike einsetzen.

Bedient man sich des Wandertaxis, startet man bereits im inneren Pinnistal bei der **Karalm** ❶ und begibt sich auf den gut ausgebauten Serpentinenweg durch Latschenfelder Richtung Alfagrube. Über eine Geländeschwelle kommen wir in die Karmulde, wo sich bald zwei Varianten anbieten. Entweder auf der üblichen Linie ganz auf die rechte Seite hinüber und unterhalb eines Geländesporns schräg aufwärts oder mit mehr Zickzack direkter gegen das Pinnisjoch hinan. Die beiden Steige verbinden sich wieder und erreichen schließlich den Sattel selbst. Gleich dahinter empfängt uns rechter Hand die **Innsbrucker Hütte** ❷, 2370 m.

Die Route zur Kalkwand zweigt bereits direkt am Pinnisjoch ab. Von der Kammlinie bald in die schuttbedeckte Nordflanke hinein und nach einer anfänglich leichten Traverse zur ersten gesicherten Felsstelle. Im Zickzack über steilen Schotter gelangen wir in die Scharte hinter einem vorgelagerten, namenlosen Gipfelaufbau, wechseln nun in die sonnseitige Flanke und kommen zu einem felsigen Aufschwung, der wiederum mit Drahtseilhilfe überwunden wird. Oberhalb mit einem scharfen Linksknick bereits in Gipfelnähe und über die letzten Schuttpassagen zum Kreuz auf der **Kalkwand** ❸, 2564 m. Der Rückweg erfolgt auf derselben Route.

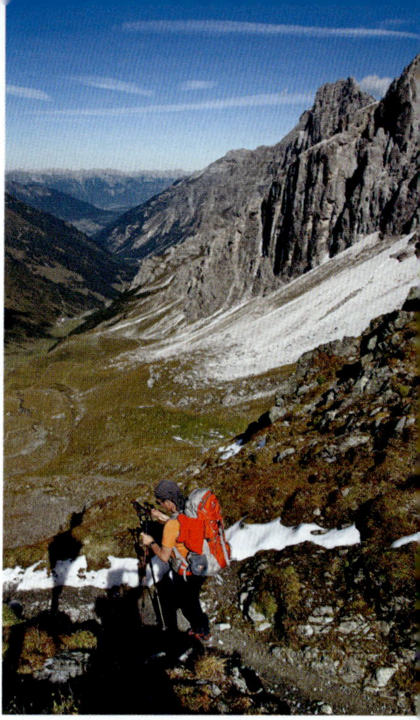

Das Pinnistal vermittelt den Stubaier Zugang zur Innsbrucker Hütte.

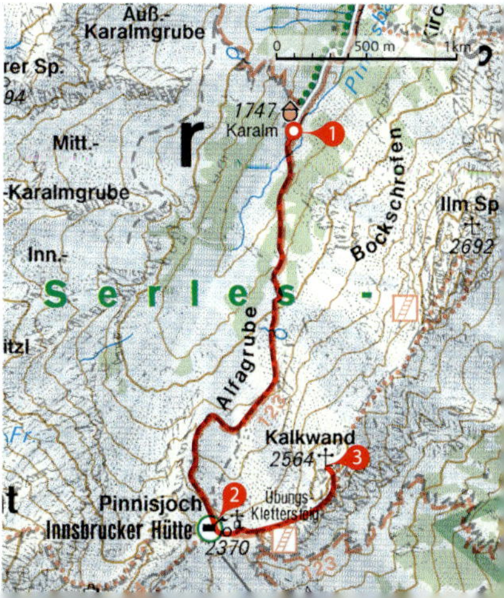

TOP

13 Habicht, 3277 m

↗ 910 m | ↘ 910 m | 5.5 km

5.15 h

Ein Top-Ziel in der vielgipfligen Stubaier Dreitausenderriege

Der Habicht ist eines der alpinen Aushängeschilder der Stubaier Alpen, eine stolze Berggestalt, die schon Generationen von Bergsteigern fasziniert und angezogen hat. Einst galt der »Hager« sogar als weitum Höchster, was aus gewissen Perspektiven fast glaubhaft erscheint, durch genaue Vermessungen schließlich aber widerlegt wurde. Die von zwei Seiten erreichbare Innsbrucker Hütte fungiert als ideales Sprungbrett für den Normalweg – oder die Normalroute, wie besser formuliert werden sollte, denn einen richtigen »Weg« darf man trotz Markierung in diesem ausgesetzten, felsigen Gelände nicht erwarten. Dennoch ist das Ziel auch für tüchtige, mit reichlich Hochgebirgserfahrung ausgestattete Bergwanderer realistisch – und sicher eine Krönung ihrer Aktivitäten! Das Gipfelpanorama reicht weit über die Stubaier Alpen hinaus: nordwärts zur breiten kalkalpinen Front an der Grenze zu Bayern, ostwärts bis in die Tauern weit hinter den Zillertaler Alpen und gen Süden über den Hauptkamm in die Südtiroler Bergwelt, wo der eine oder andere markante Dolomitenzacken ins Auge sticht.

Ausgangspunkt: Innsbrucker Hütte, 2370 m. Zugänge wie bei Tour 12 (aus dem Stubaital) oder bei Tour 32 (aus dem Gschnitztal) beschrieben.

Anforderungen: T4–5. Markierter Felssteig, oft steil und teils auch exponiert, mit Stellen I und etlichen gesicherten Passagen. Kompaktere Felsen sind gut gestuft, sonst herrscht Blockschutt mit Pfadspuren vor, im oberen Teil je nach Bedingungen kurz über Firn. Absolute Schwindelfreiheit und Trittsicherheit wichtig, insgesamt bereits Hochtourencharakter.

Einkehr/Unterkunft: Innsbrucker Hütte, 2370 m, Mitte/Ende Juni bis Anfang Oktober, Tel. +43 5276 295, innsbrucker-huette.at.

Beste Jahreszeit: Juli bis September.

Gleich bei der **Innsbrucker Hütte** ❶ lotst uns der Wegweiser auf einen guten Steig, der teils über Schliffe zu einem nach links steil abbrechenden Geländerücken hinaufzieht. Über Blockschutt nähert man sich der mächtigen

In Felspassagen helfen immer wieder Sicherungen.

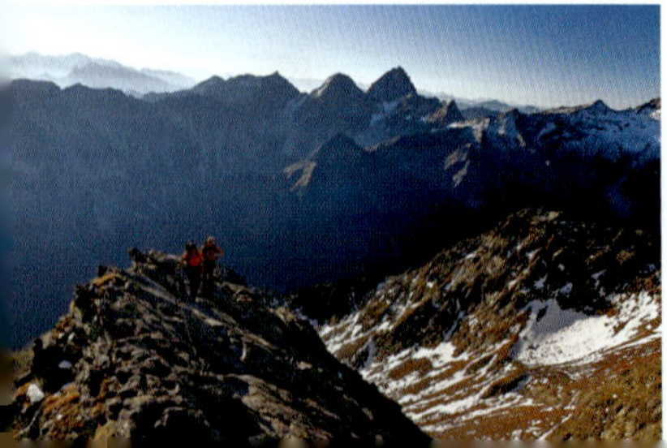

Vor der großen Schneemulde unterhalb des Gipfelaufbaus.

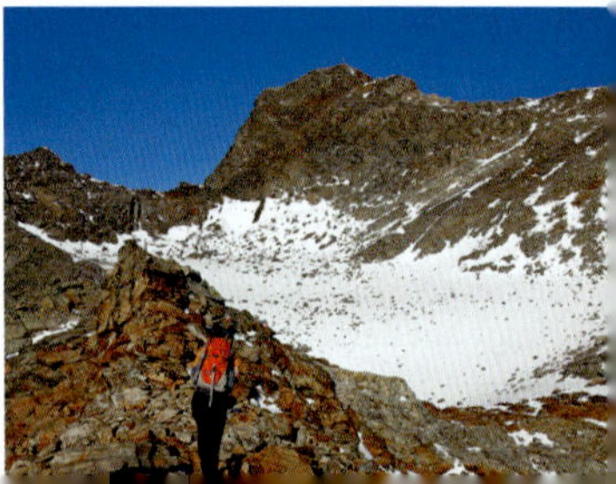

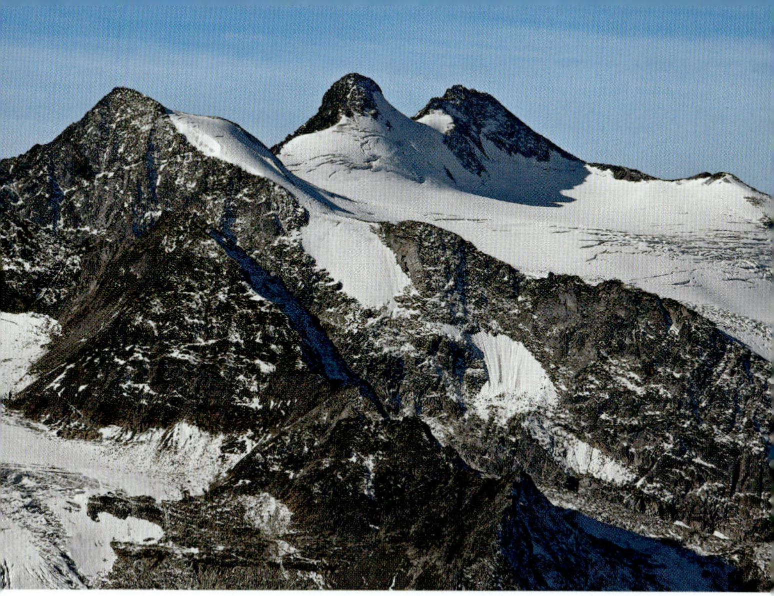

Gipfel-Highlight: Im Hochstubai zeigen sich Wilder Pfaff, Zuckerhütl und Pfaffenschneide auf Augenhöhe.

Steilflanke, wo die leichte Felskletterei beginnt. In reich gestuftem Terrain den Markierungen folgend höher, immer wieder auch mit Drahtseilhilfe. Nach einer Passage im Schotter gelangen wir in eine erdige rinnenartige Verschneidung, begehen aber im weiteren Verlauf die steilen Platten unmittelbar rechts davon (wiederum Drahtseile). Vorsicht auf Steinschlag, falls sich oberhalb Bergsteiger befinden. Wir gewinnen eine luftige Gratrippe, die rasch Anschluss zur nächsten Blockschuttflanke vermittelt. Diese ist mehr zum Pinnistal hin ausgerichtet. Der folgende Zickzackkurs birgt nur wenige Kraxelstellen. Später wird die linke Begrenzung einer Firnbucht erklommen (manchmal führen auch Spuren durch die Mulde, doch ist

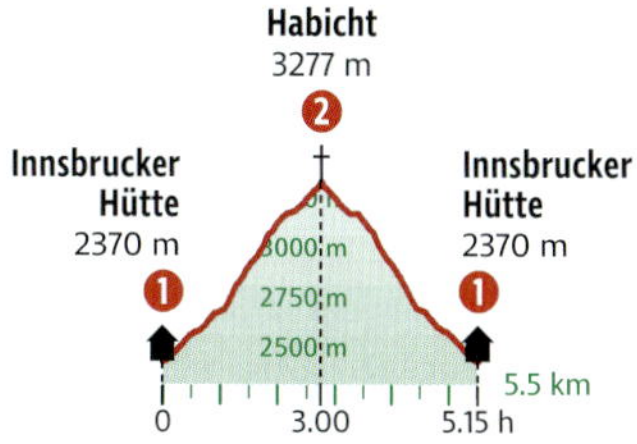

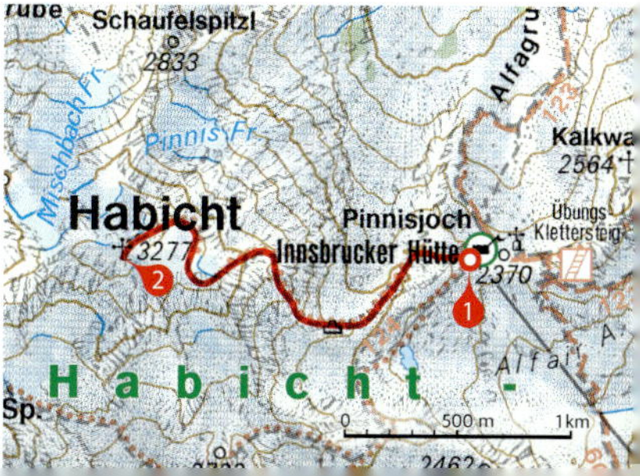

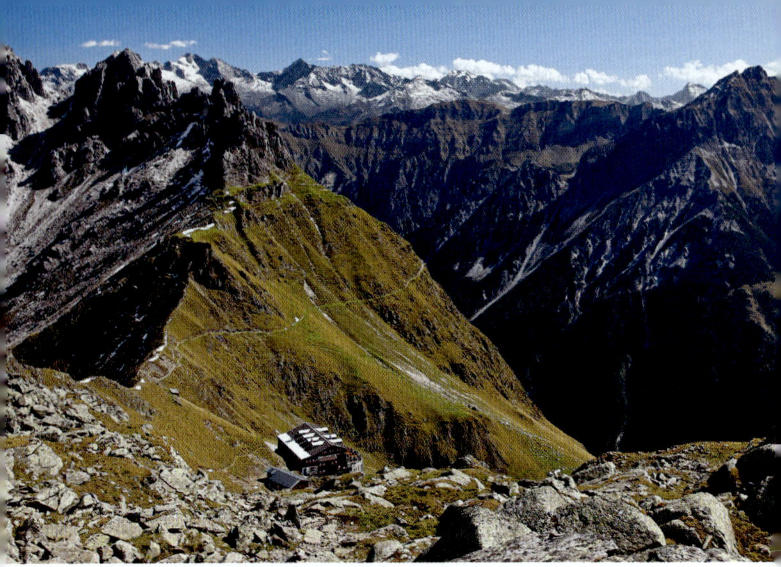

Rückblick zur Innsbrucker Hütte, unserem Basislager am Habicht.

Anspruchsvolle Blockkletterei im oberen Teil der Route.

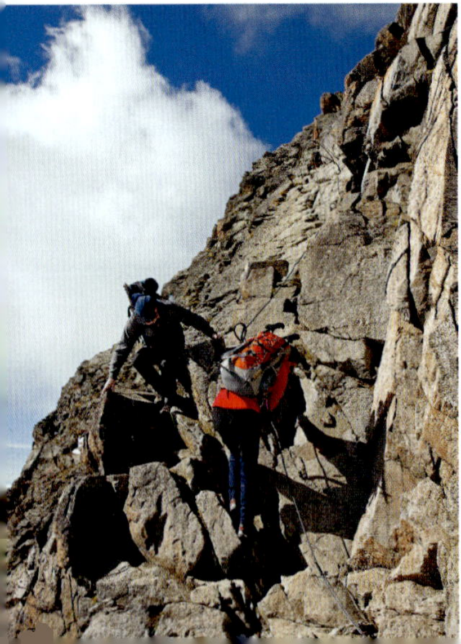

der Blockrücken sicherer und nur wenig weiter). Auf der Höhe öffnet sich ein schöner Blick auf den zentralen Stubaier Hauptkamm. Rechts eindrehend wird eine schwache Senke durchschritten (die Schwelle zwischen der erwähnten kleinen Schneemulde und der größeren unter dem Gipfelaufbau). Wir orientieren uns ganz rechts am flachen Bergrücken, der schließlich links umbiegt und als schärferer Grat gipfelwärts aufschließt. Dort wird allerdings auf bandartige Absätze knapp unterhalb ausgewichen und somit die Kletterschwierigkeit minimiert. Über einige Stufen und glatte Platten helfen nochmals Drahtseile, ehe das Gipfelkreuz auf dem **Habicht** 2, 3277 m, erreicht ist. Für den Abstieg zur Innsbrucker Hütte nehmen wir exakt dieselbe Route.

↗ 980 m | ↘ 980 m | 9.4 km

5.30 h

Elferspitze und Zwölferspitze, 2562 m

14

Nachbarberge mit starken geologischen Kontrasten

Durchstreift man die im Zwickel zwischen Stubaital und Pinnistal gelegene Elfergruppe, so wähnt man sich beinahe in den Dolomiten. Felsstrukturen ähneln verblüffend in Form und Aufbau, werden allerdings an der Zwölfernieder abrupt vom Kristallingestein – wie man es in den Zentralalpen üblicherweise zu erwarten hat – abgelöst. Nicht zuletzt dieser Kontrast macht unsere Tour auf Elfer- und Zwölferspitze besonders spannend. Hinzu kommt eine gewisse bergsteigerische Herausforderung, denn zumindest die beiden Gipfelpunkte sind nicht mit den Händen in der Hosentasche zu erreichen. Randbemerkung: Im Bereich der verschachtelten Elfergruppe stiftet schon die Namengebung manchmal Verwirrung. Der in Karten verzeichnete Hauptgipfel mit der Höhe von 2505 Metern wird oft auch Elferkofel genannt und ist nur auf einem Klettersteig zugänglich, ebenso der Westliche Elferturm mit seiner knackigen Nordwand-Ferrata. Von Normalwanderern wird gewöhnlich der Östliche Elferturm bestiegen, vor Ort jedoch als »Elferspitze« ausgewiesen. Bei dieser Benennung bleiben wir hier.

Ausgangspunkt: Neustift, Talstation der Panoramabahn Elfer. Bushaltestelle an der Stubaitalstraße. Bergstation auf 1790 m. Betriebszeiten in der Hauptsaison von 8.30 bis 17 Uhr, in der Nebensaison von 9 bis 16.30 Uhr.

Stark zerklüftet wirkt der Elferkamm in der Übersicht.

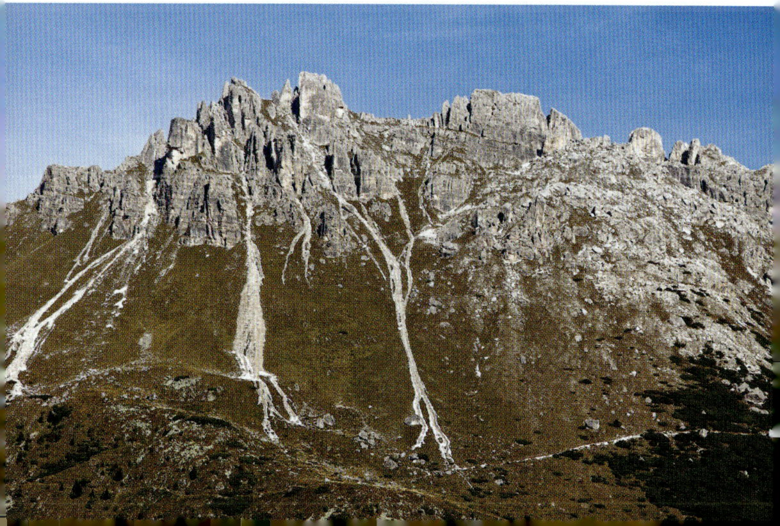

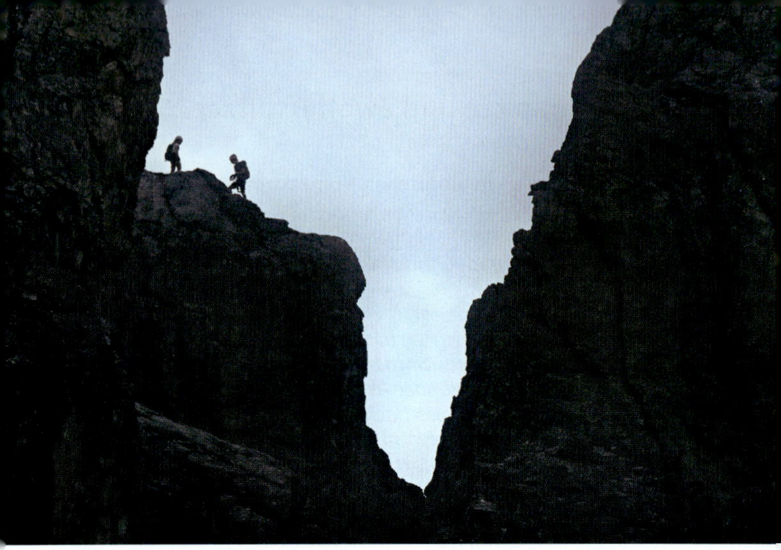

Die Elfertürme üben unwiderstehlichen Reiz auf gute Bergsteiger aus.

Anforderungen: T4 (bei den Gipfelabstechern), sonst maximal T3. Meist gute Bergwege, allerdings in teils abschüssigem Gelände. Am schwierigsten sind die Gipfelabstecher: zur Elferspitze mit ein paar Klettermetern zuoberst (I. Grad inkl. Tritthilfen), zur Zwölferspitze nur steigartig und stellenweise plattiger Fels, der bei Nässe tückisch werden kann (ebenfalls Stellen I). Mit Liftunterstützung normale Tagestour.

Einkehr/Unterkunft: Panoramarestaurant Elfer-Agrar, 1790 m. Elferhütte, 2004 m, Anfang Juni bis Mitte Oktober, Tel. +43 5226 2818, www.elferhuette.at.
Beste Jahreszeit: Ende Juni bis Ende September.
Variante: Man kann auch eine Rundwanderung um das Elfermassiv absolvieren, nordseitig via Autenalm zur Zwölfernieder, südseitig auf dem beschriebenen Panoramaweg.

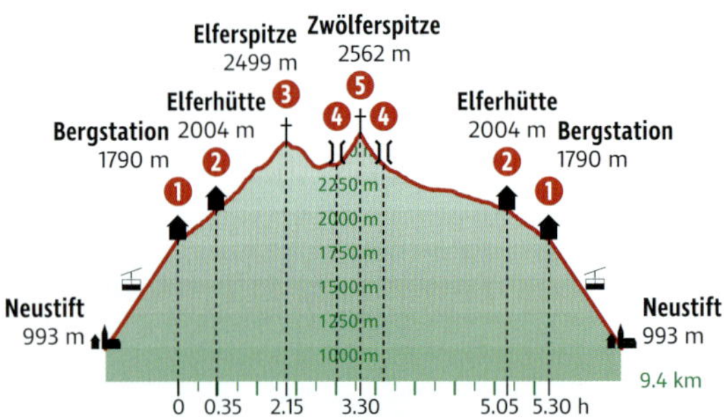

Von der Bergstation der Elferbahn ❶ führt zunächst ein großzügig ausgebauter Kehrenweg hinauf zur **Elferhütte** ❷, 2004 m, die weithin sichtbar auf einer Bergschulter thront. Knapp oberhalb verzweigen sich Gipfelroute und Panoramaweg. Wir orientieren uns zum Kammrücken. Nach Abzweig des Zugangs zum schwierigen Elferturm-Klettersteig tritt eine erste kurze Kraxelstelle auf. Allmählich nähern wir uns einer dolomitisch anmutenden Szenerie. Geschickt laviert unser Steig – häufig eine Schuttspur – um diverse schroffe Hindernisse, ohne selbst besonders anspruchsvoll zu werden. Einzig der Abstecher zur **Elferspitze** ❸, 2499 m, wartet am felsigen Gipfelaufbau mit einigen Kletterzügen auf – die letzte, enge Kaminstelle mit Tritthilfen.

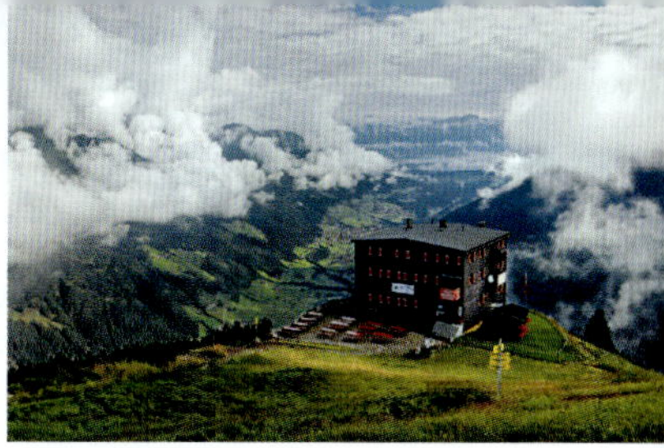

Logenplatz hoch über dem Stubaital: die Elferhütte.

Zurück bei der Abzweigung rücken wir an den Aufschwung des Elferkofels heran, weichen dem Klettersteig aber linksseitig aus, verlieren einiges an Höhe und queren am südseitigen Felssockel entlang. Mit etwas Auf und Ab kommt man vom Schutt ins Gras und in die wichtige Einsattelung der **Zwölfernieder** ❹, 2335 m. Die Zwölferspitze wird von hier anhand roter Punkte und Steigspuren direkt angegangen. Grasig-erdiger Untergrund wechselt mit felsdurchsetzten Passagen, die mitunter plattig aufsteilen und bei Nässe sehr heikel sind (keine Sicherungen!). Wir schleichen und balancieren sukzessive höher, wobei der obere Abschnitt nochmals etwas anspruchsvoller ausfällt. Auf dem Vorgipfel der **Zwölferspitze** ❺ empfängt uns das Kreuz – der Übergang zum nominell höchsten Punkt (P. 2562 m) ist pfadlos und allenfalls Versierten anzuraten.

An der **Zwölfernieder** ❹ nehmen wir den »Panoramaweg« auf, vollziehen zunächst ein paar Kehren und schneiden anschließend auf längerer Strecke die Hänge über dem Pinnistal nordwärts. Ganz allmählich verliert man etwas an Höhe und schwenkt schließlich links Richtung **Elferhütte** ❷ ein. Der Auslauf zur Bergstation ❶ geht dann rasch vonstatten.

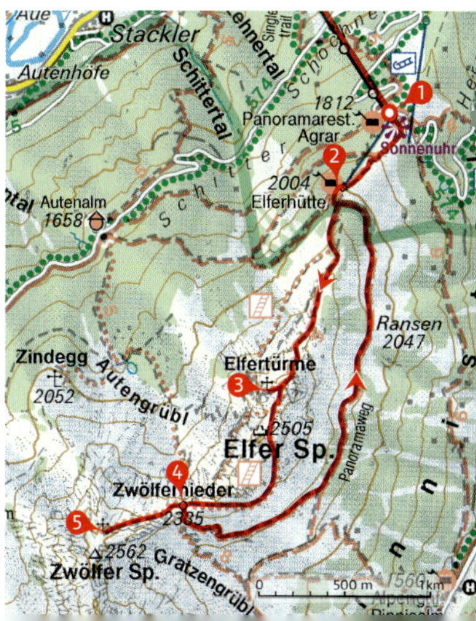

↗ 900 m | ↘ 900 m | 12.5 km

15 Autenalm und Klamperbergalm, 1795 m

5.30 h

Zwei Almlichtungen an der Waldlehne der Elfergruppe

Die nordwestseitig ausgerichtete Bergflanke über dem mittleren Stubaital wirkt ob ihrer dichten, dunklen Wälder auf den ersten Blick nicht übermäßig einladend. Gleichwohl birgt sie einige idyllische Fleckchen, wo man die Natur normalerweise noch in Ruhe genießen kann. Namentlich locken dort die Rodungen der Autenalm und Klamperbergalm, beides liebevoll bewirtschaftete Jausenstationen, die dem Genusswandermotto entsprechen. Freilich braucht man eine Grundfitness für die Überwindung der steilen Waldhänge – oder geht alternativ von der Elferbahn aus …

Ausgangspunkt: Neustift, 993 m. Parkmöglichkeit beim Freizeitzentrum (auch Bushaltestelle).
Anforderungen: Maximal T2–3, zwischen den Almen nur T1. Relativ steile Waldwege, beim Bergab eine Nuance ruppiger, dazwischen eine unproblematische Verbindung auf (meist) breiter Trasse. Insgesamt ziemlich schattige Tour, durchschnittliches Tagesprogramm.

Einkehr: Autenalm, 1658 m, Tel. +43 664 2602681. Klamperbergalm, 1795 m, Tel. +43 699 12621675.
Beste Jahreszeit: Juni bis Anfang Oktober.
Varianten: 1. Abstieg über den Klamperberger Zirbensteig.
2. Endpunkt bei der Bushaltestelle in Krößbach, damit entfällt die 4 km lange Talstrecke.

Die Tour beginnt vom Freizeitzentrum in **Neustift** ❶ auf der gegenüberliegenden Straßenseite etwas taleinwärts versetzt. Wir wenden uns zum Waldrand und folgen stets der Beschilderung »Autenalm« einem gut, aber durchaus recht steil angelegten Steig aufwärts. Zwischendurch kreuzt man die Rinne des Schitterbachs, orientiert sich insgesamt nach rechts, stößt kurz auf einen Forstweg und nimmt schließlich den querenden Steig hinüber zur **Autenalm** ❷, 1658 m. Die Fortsetzung nutzt dann einen breiten Wirtschaftsweg,

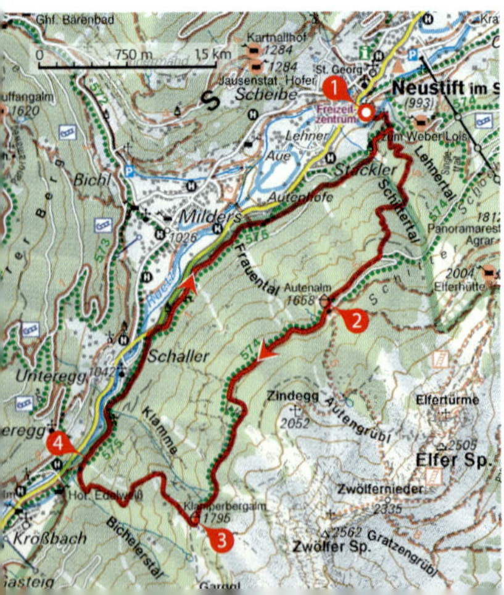

Beim Aufstieg zur Autenalm; gegenüber dominiert der Hohe Burgstall.

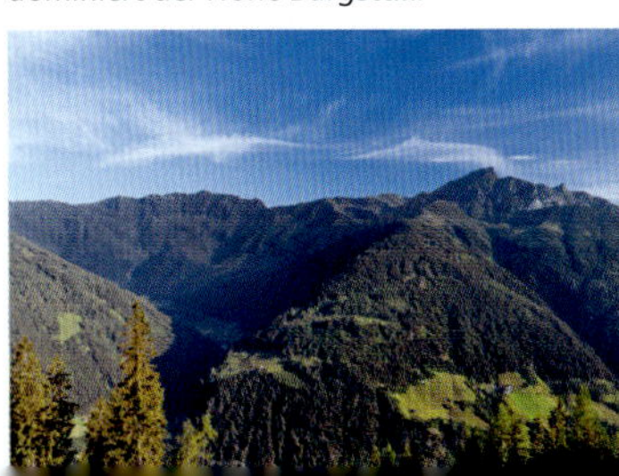

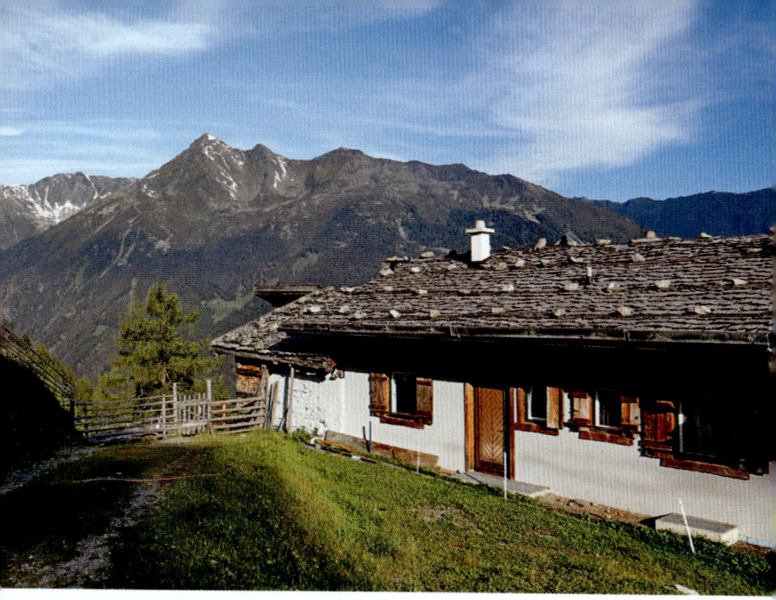

Die Autenalm mit der Brennerspitze im Hintergrund.

der nur vorübergehend mal auf einen abkürzenden Pfad verlassen wird. In überwiegend dichten Waldhanglagen gewinnt man bis zur Lichtung der **Klamperbergalm** ❸, 1795 m, noch ein paar Höhenmeter. Dort werden talwärts nach Krößbach zwei Routen ausgewiesen: links der Zirbensteig und rechts der kürzere Gamssteig. Auf diesem geht es ziemlich steil den kompletten Hang hinunter, nur zwischendurch auch mal über eine offene Lichtung. Später links haltend und vollends in die Talsohle, wo wir in der Nähe des Weilers **Krößbach** ❹, ca. 1080 m, herauskommen. Die Strecke zurück zum Ausgangspunkt kann man durchaus zu Fuß absolvieren – gut 4 Kilometer via Schaller, gegenüber der Ortschaft Milders entlang und zuletzt über Stackler hinein nach **Neustift** ❶.

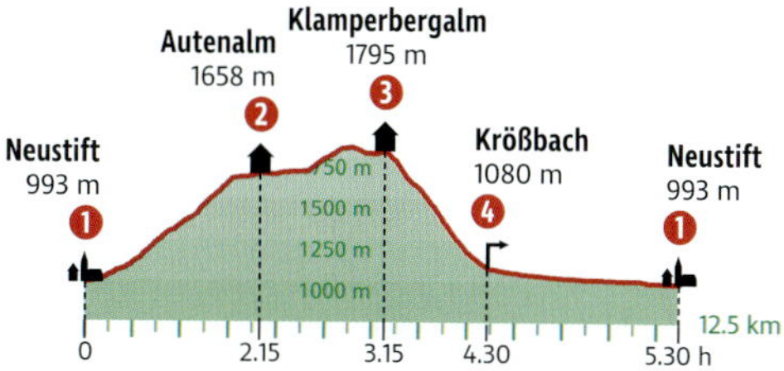

↗ 1600 m | ↘ 1600 m | 14.8 km

16 Brennerspitze, 2877 m

8.30 h

Zünftige Bergtour hoch über der Stubaier Talgabel

Gleichsam im Herzen des Stubai ragt die Brennerspitze direkt im Winkel zwischen den beiden großen Hochtälern, Ober- und Unterbergtal geheißen, auf. Erstaunlich, dass ein Berg in solch genialer Aussichtsposition nicht zu den populären Zielen gehört, sondern sogar recht einsam geblieben ist. Die Ursache dafür steht wohl im nachfolgenden Steckbrief geschrieben: Denn die Tour auf die Brennerspitze ist ganz klar ein Angebot an robuste Bergwanderer, die mit rauerem Alpingelände umzugehen verstehen und auch konditionell gut beieinander sind. Als Normalroute gilt der streckenweise recht exponierte Ostgrat. Es bietet sich aber auch die Möglichkeit einer pfiffigen Überschreitung, die am besten über die Brandstattalm angegangen wird. Bis zum Seblaskreuz, wo sich bereits eine genüssliche Aussicht offenbart, schafft es sicher auch ein gemäßigter Wanderer. Danach wird die Route peu à peu ernster, fordert unsere Standfestigkeit und wandelt uns vom Bergwanderer zum Bergsteiger. Fein, dass während des langen Abstiegs noch zwei Jausenstationen am Weg liegen – das rundet die anspruchsvolle Unternehmung doch angenehm ab ...

Bis zur Brennerspitze sind wir fünf Stunden unterwegs.

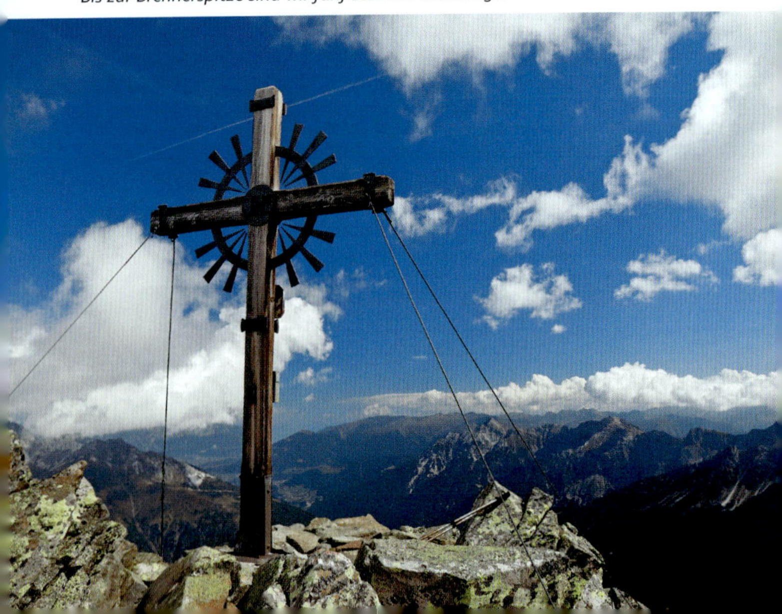

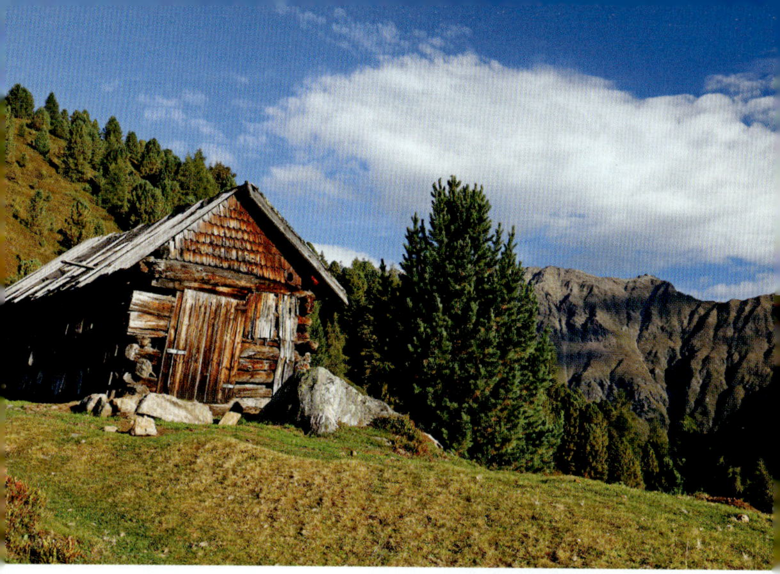

Alter, vom rauen Klima gezeichneter Stadel oberhalb der Brandstattalm.

Ausgangspunkt: Parkplatz für Brandstatt- und Auffangalm im Oberbergtal, ca. 1385 m. Kein Linienbus, aber ggf. mit Wandertaxi erreichbar (Tel. +43 5226 3333).
Anforderungen: T4 (beide Routen). Bergtour auf teils kleinen Pfaden in manchmal ausgesetztem, schrofigem Gelände, im Gipfelbereich steinig (vor allem in der Nordflanke blockreich, am Ostgrat mit gesicherten Passagen). Verblasste Markierung vom Seblaskreuz her, auf der Normalroute deutlicher. Trittsicherheit, Schwindelfreiheit und Ausdauer sind für diese anspruchsvolle Tour wichtig.
Einkehr/Unterkunft: Brandstattalm, 1810 m, Übernachtungsmöglichkeit, Tel. +43 650 8112304. Milderaunalm, 1671 m, Tel. +43 699 10036813. Auffangalm, 1620 m, Mi Ruhetag (außer August), Tel. +43 664 5229889.
Beste Jahreszeit: Juli bis September.
Varianten: 1. Auf rund 2000 Metern zweigt eine Höhenwegverbindung via Kohlgrube und Mahdlesböden Richtung Hühnerspiel ab. Für diesen Hangweg sind ca. 1.30 Std. zu veranschlagen – die Gesamtschwierigkeit reduziert sich auf »rot«, die Gehzeit auf 5.30 Std.
2. Für Normalwanderer empfiehlt sich außerdem das Seblaskreuz mit gleichem Rückweg. Bis dorthin »rot«, 950 Hm, hin und zurück 4.30 Std.

Beim **Parkplatz** ❶ beginnt eine Forststraße, die wir aber schon nach wenigen Minuten auf den abkürzenden Steig verlassen. Dieser zieht im Bergwald teils recht kräftig an, verbindet sich vorübergehend nochmals mit der Zufahrt und erreicht nach einer Rechtsschleife die Lichtung der **Brandstattalm** ❷, 1810 m, mit der Jausenstation (vermutlich ein paar Meter tiefer als offiziell angegeben). Durch aufgelockertes Zirbengelände weiter bergauf, an einer spartanischen Jagdhütte vorbei und nach Abzweig des

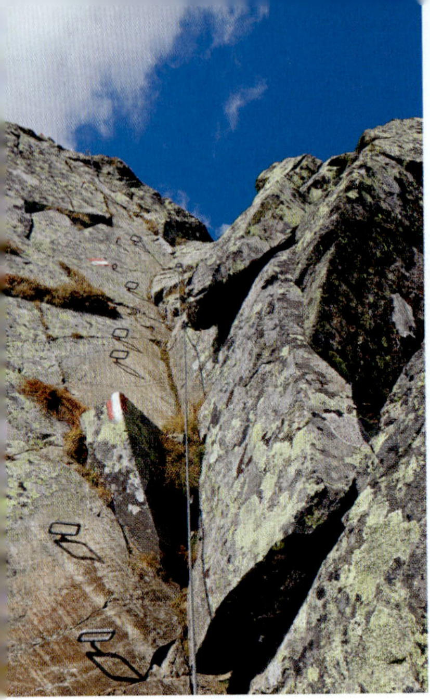

Am Ostgrat treten steile Felspassagen wie diese Verschneidung auf.

Höhenweges ❸ zum Hühnerspiel (siehe Variante 1) auf den stumpfen Nordostrücken. Der Weg beschreibt viele Kehren und gewinnt kurzzeitig felsdurchsetzt das **Seblaskreuz** ❹. Die Höhe ist bei f&b mit 2405 m unzutreffend eingetragen, realistischer dürften etwa 2340 m sein.
Dahinter erfordern einige große Blöcke bereits erhöhte Trittsicherheit. Man kommt jedoch wieder in Grasterrain und hält sich dann weiter an den Grat, der zur **Seblasspitze** ❺, 2502 m, aufschließt. Zuvor nicht der ebenfalls schwach markierten Spur in die Kohlgrube folgen und das Holzschild nicht beachten! Von der Seblasspitze geht es mehr gen Süden eindrehend weiterhin kammnah dahin (mit geringfügigem Ausweichen an Hindernissen). Vor dem Gamsspitzl traversiert unser Pfad dann aber deutlich linksseitig in der Flanke, wobei Grasbewuchs und blockdurchsetztes Gelände wechseln. Man achte stets gut auf die schwache, aber immerhin regelmäßig auftretende Markierung. Nach etwas Zwischenabstieg wird der Nordwestgrat der Mittergratspitze überstiegen, um an diesem exponierten Gipfel seitlich über Blockschutt vorbeizukommen. Damit in die weithin aus unwegsamen Blockgelände bestehende Nordflanke der **Brennerspitze** ❻,

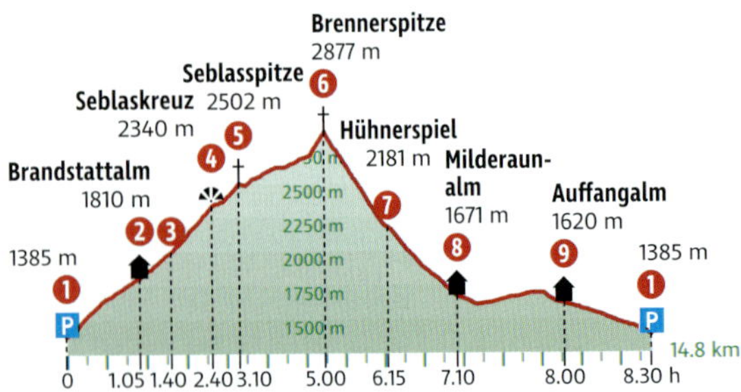

2877 m, und zuletzt recht steil und mühsam zum Gipfelkreuz (das nicht am höchsten Punkt steht).

Der Abstieg leitet über den Ostgrat, der sich nach einer anfänglichen Blockschuttflanke ziemlich exponiert ausprägt. Bald schon tauchen Drahtseile und auch einige Tritthilfen an steilen Platten auf (Schlüsselpassage). Auch danach ist gute Trittsicherheit unerlässlich, windet sich der Steig doch meist sehr abschüssig tiefer, manchmal etwas nach rechts in die Flanke ausweichend, oft aber auch direkt auf der Schneide. Erst weit unten läuft das Gelände gutmütig zur Hirtenhütte am **Hühnerspiel** 7, 2181 m aus. Von dort schraubt sich unsere Route durch eine strauchbewachsene Hangmulde hinab, taucht in lichten Wald ein und wendet sich bei der Gabelung nach links zur **Milderaunalm** 8, 1671 m, wo nun eingekehrt werden kann. Wir nutzen ein Stück weit die Zufahrt, müssen dann aber links auf der Forststraße nochmals rund 100 Höhenmeter leicht ansteigend durch die Flanken queren, um den Anschluss eines kleinen Steiges zur ebenfalls bewirtschafteten **Auffangalm** 9, 1620 m, zu erwischen. Nach einer geschickten Abwärtstraverse folgen wir schlussendlich dem breiten Güterweg und kommen damit direkt wieder beim Parkplatz 1 heraus.

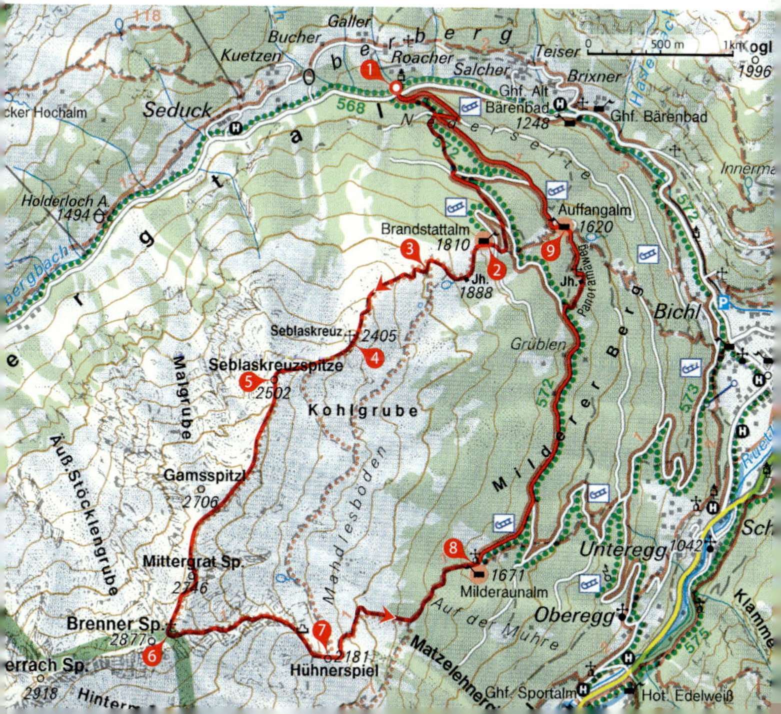

↗ 1000 m | ↘ 1000 m | 16.0 km

17 Seducker Hochalm, 2249 m, und Franz-Senn-Hütte, 2149 m

7.00 h

Am Höhenweg ins Alpeiner Hochtal

Die Franz-Senn-Hütte ist als größtes Schutzhaus in den Stubaier Alpen einer der wichtigsten Anlaufpunkte für Bergaktive aller Couleurs. In den nächsten beiden Kapiteln werden wir uns noch mit zwei attraktiven Gipfeln im umfangreichen Tourengebiet rund um das Alpeiner Hochtal beschäftigen. Hier geht es zunächst um eine Wanderung, die bei der Seducker Hochalm in den Franz-Senn-Weg, einem Teilstück des fantastischen Stubaier Höhenwegs, einmündet und damit Impressionen auf halber Höhe sammelt. Auf den Wegweisern ist dieser übrigens »schwarz« deklariert, nach streng eingehaltener Definition – wie sie in der Einleitung erläutert wird – wohl leicht übertrieben, aber eine Warnung an Unbedarfte, die von der Popularität eines Stubaier Höhenweges immer wieder in dieses per se keinesfalls harmlose Gelände gelockt werden. Tatsächlich ist der Franz-Senn-Weg nichts für Mindergeübte, sondern verlangt gute Trittsicherheit und grundlegende alpine Erfahrung, beinhaltet trotz einiger Drahtseile allerdings keine Kletterstellen und erscheint auch nicht ungewöhnlich heikel. Es handelt sich schlicht um einen gemessen an der Höhenlage durchaus typischen, zentralalpinen Bergweg ...

Eine der größten Bergunterkünfte Tirols und Anlaufpunkt für viele Bergsteiger, auch ganz junge, ist die Franz-Senn-Hütte.

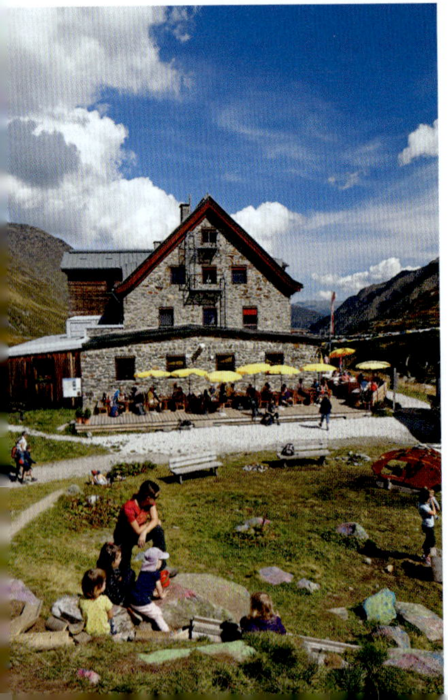

Ausgangspunkt: Beim Weiler Seduck, ca. 1450 m, im Stubaier Oberbergtal. Parkmöglichkeit an der Straße. Kein Linienbusverkehr, eventuell Wandertaxi (Infos unter Tel. +43 5226 3333).
Anforderungen: T3+. Phasenweise ziemlich steiler Steig durch den Waldgürtel und über Mattenhänge zur Hochalm, nicht überall gut in Schuss, aber noch passabel. Der Höhenweg führt häufig quer durch abschüssige Hanglagen und verlangt – obwohl ohne wirklich wandertechnisch schwierige Passagen – solide Trittsicherheit (ganz vereinzelt gesicherte Stellen). Retour gut ausgebauter Bergweg und schließlich Straße oder Wiesenweg. Voll ausgefüllte Tagestour.
Einkehr/Unterkunft: Seducker Hochalm,

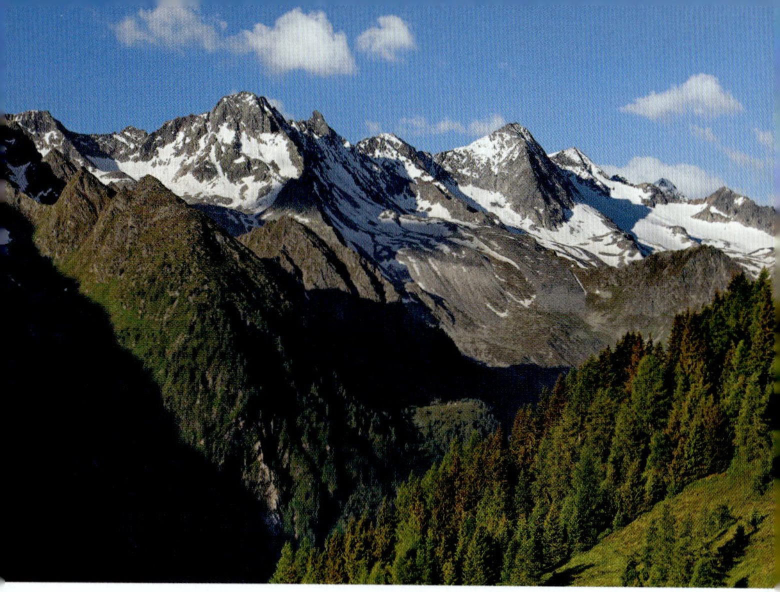

Schon beim Aufstieg zur Seducker Hochalm wird die Aussicht prächtig.

2249 m, Tel. +43 650 9686229. Franz-Senn-Hütte, 2149 m, Mitte Juni bis Anfang Oktober, Tel. +43 5226 2218, www.franzsennhuette.at. Alpeinalm, 2040 m. **Beste Jahreszeit:** Ende Juni bis Ende September.

Von der Talstraße ❶ geht es kurz auf der Zufahrt zum Weiler **Seduck** hinauf, wo der eigentliche Bergweg (Nr. 118) einsetzt. Anfangs noch über Wiesen, taucht man bald in den Wald ein, orientiert sich mehr nach links und kommt zu einer Verzweigung mit zwei Möglichkeiten. Links wäre es etwas kürzer, aber steiler. Rechts setzt sich die Normalroute fort, die allerdings zwischendurch ebenfalls recht kräftig anzieht, sich mit Hinweis auf den »Panoramaweg« nochmals gabelt ❷ und anschließend über Weidegelände schräg hinüberführt zur Vereinigung mit der Abkürzung. In den Matten-

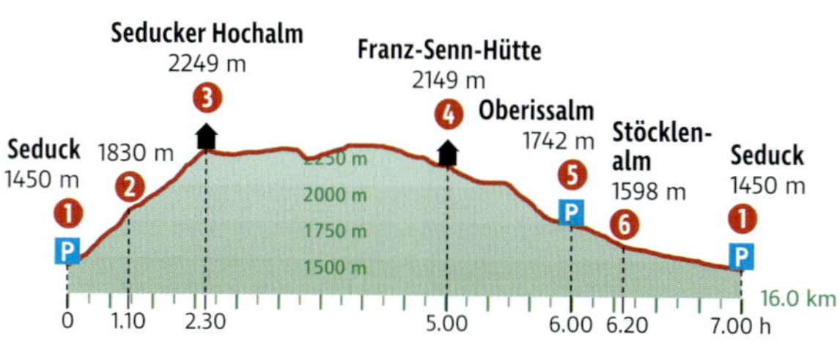

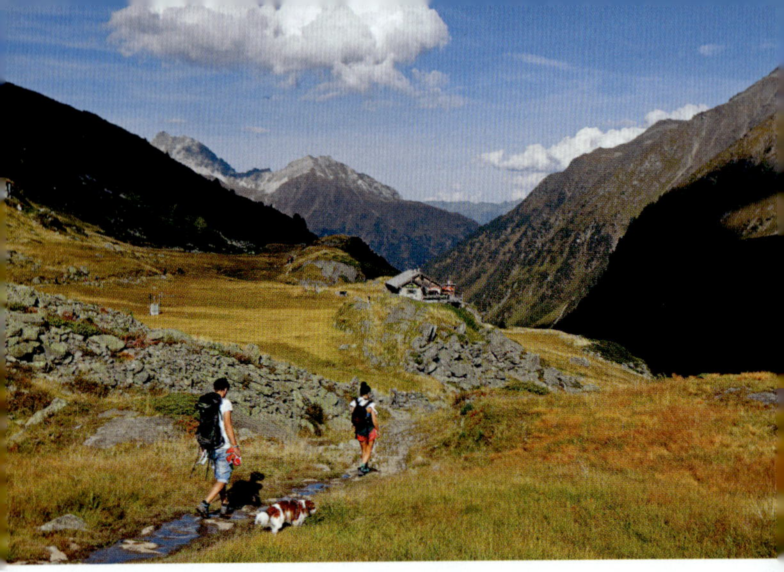

Beim Abstieg kommen wir an der Alpeinalm vorbei.

Die Kerrachspitze aus dem Alpeiner Hochtal gesehen.

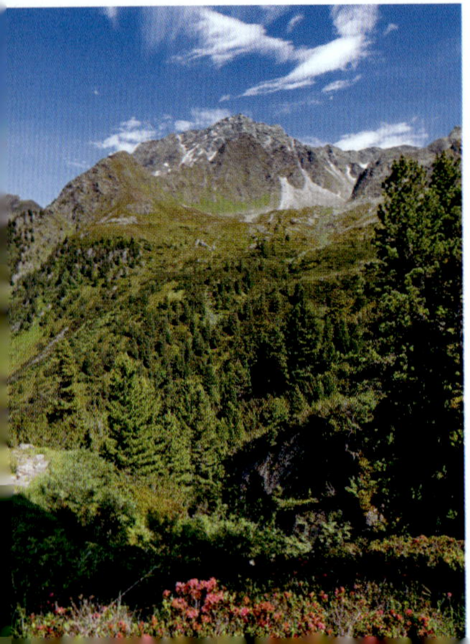

hängen orientiert man sich anhaltend diagonal nach links und trifft nach rund zweieinhalb Stunden bei der **Seducker Hochalm** 3, 2249 m, ein.

Hier fädeln wir in den mit der Nr. 117 markierten **Franz-Senn-Weg** ein, verlieren zunächst wieder ein paar Meter und wandern dann fast horizontal durch die steil abfallenden Hänge. Ein markantes Eck eröffnet uns die Viller Grube, in die wir mit etwas Höhenverlust einschwenken. Nachdem dort ein paar Runsen gekreuzt sind, geht es wieder leicht ansteigend auf die gegenüberliegende Seite hinaus. Die Route hält noch eine Weile die Höhe und senkt sich dann allmählich ab, vorbei an den Abzweigungen zum Schafgrübler und zur Rinnenspitze. Kurzfristig etwas steiler fällt das Bergab bis auf

die Böden bei der **Franz-Senn-Hütte** ❹, 2149 m, aus.
Der Hüttenweg überschreitet die kleine Klamm des Alpeiner Bachs und kommt über Schliffterrain in die Nähe der **Alpeinalm** (Jausenstation). Man begeht die Wiesenterrasse hinüber zu einer Geländeschwelle, wo eine Reihe von Serpentinen einsetzt. Damit trotz des steinigen Untergrunds relativ komfortabel bergab und schließlich flach auslaufend zur **Oberissalm** ❺, 1742 m, beim großen Hüttenparkplatz. Zurück nach **Seduck** ❶ erscheint die Straße am einfachsten und effektivsten (eventuell auch auf Mitfahrgelegenheit spekulieren …) – es gibt aber auch parallele Wege, bis zur Stöcklenalm ❻ auf der rechten Seite, später links.

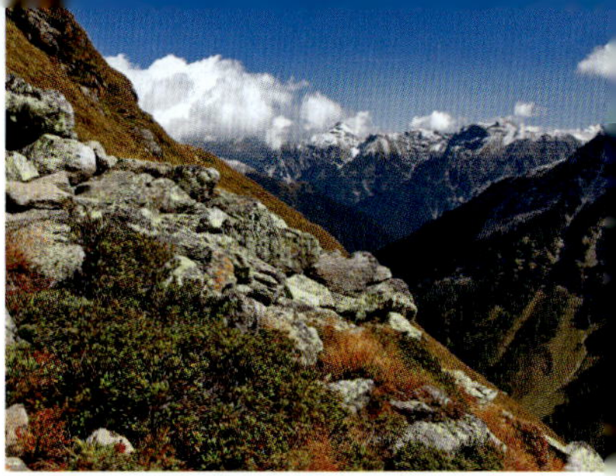

Der Franz-Senn-Weg verläuft in den steilen Hanglagen über dem Oberbergtal.

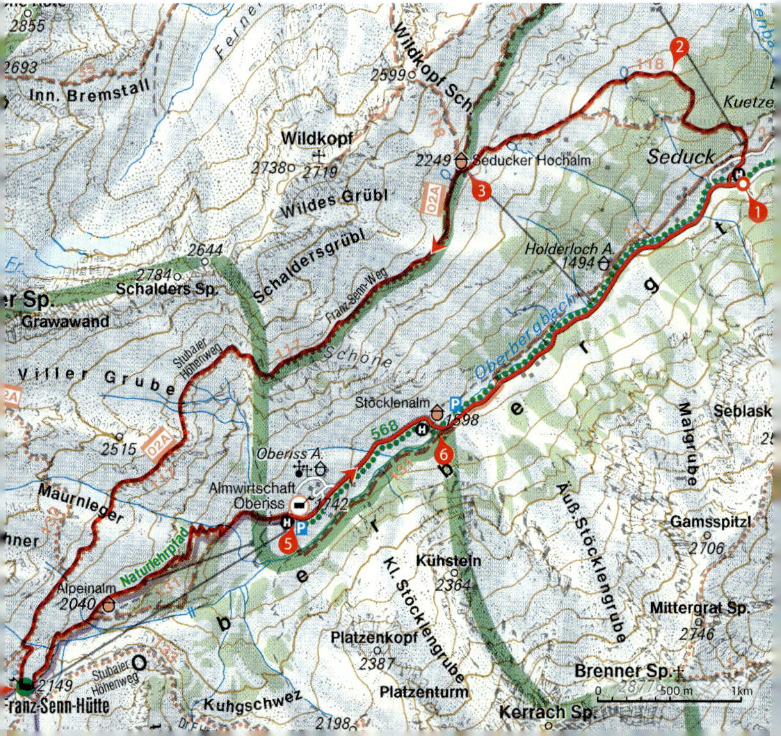

↗ 1280 m | ↘ 1280 m | 12.7 km

18 Rinnenspitze, 3000 m

6.30 h

Attraktiver Dreitausender über der Franz-Senn-Hütte

In Bergwanderkreisen gilt die 3000-Meter-Marke gemeinhin als »magisch«. Und so mancher Gipfelstürmer, der sich im Laufe der Zeit ein gutes Maß alpiner Erfahrung angeeignet hat, hält Ausschau nach potenziellen Zielen in dieser Höhenlage, vorzugsweise mit markierter Route, denn man will sich ja nicht unbedingt in vermeintlich unwägbares Terrain begeben. Kein Wunder, dass die Rinnenspitze seit Langem hoch im Kurs steht, zumal sie sich im Umfeld einer stark frequentierten Hütte befindet und am Gipfelaufbau klettersteigartig entschärft wurde. Zwischen schroffen Gneisgraten und Gletscherfeldern fängt man dort oben starke Impressionen aus einer hochalpinen Welt ein!

Ausgangspunkt: Oberissalm, 1742 m, im Stubaier Oberbergtal. Gebührenpflichtiger Parkplatz. Zufahrt von Milders auf gut ausgebauter Straße, ohne Linienbusanschluss, aber zweimal täglich Taxi-Shuttle (Infos unter Tel. +43 5226 3333).
Anforderungen: T4. Bis weit hinauf normaler Bergsteig, nach oben hin deutlich aufsteilend, aber nur am Gipfelaufbau wirklich anspruchsvoll und ausgesetzt (mit Drahtseilen und Tritthilfen klettersteigartig ausgebaut). Alpine Erfahrung mit Trittsicherheit, Schwindelfreiheit und elementaren Kletterfähigkeiten sind hier nötig – für weniger Geübte lohnend bis zum Rinnensee.

Auf der anderen Seite der Rinnenspitze erstreckt sich der riesige Lüsener Ferner.

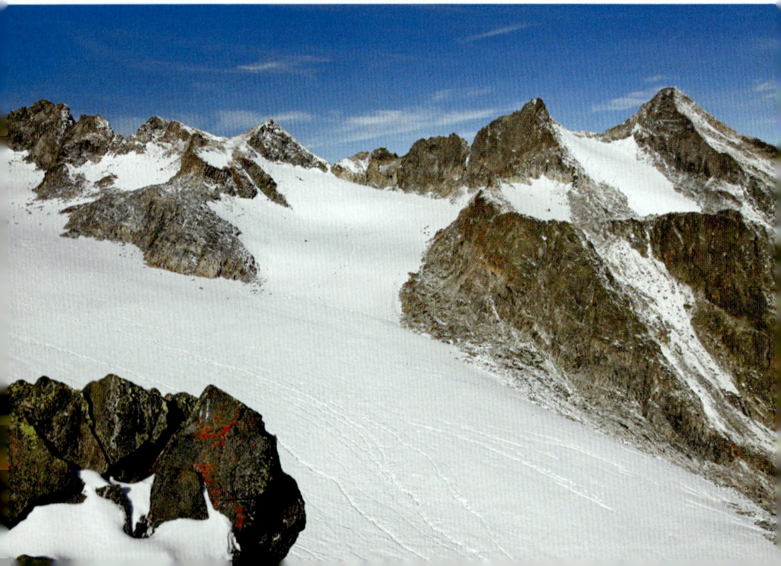

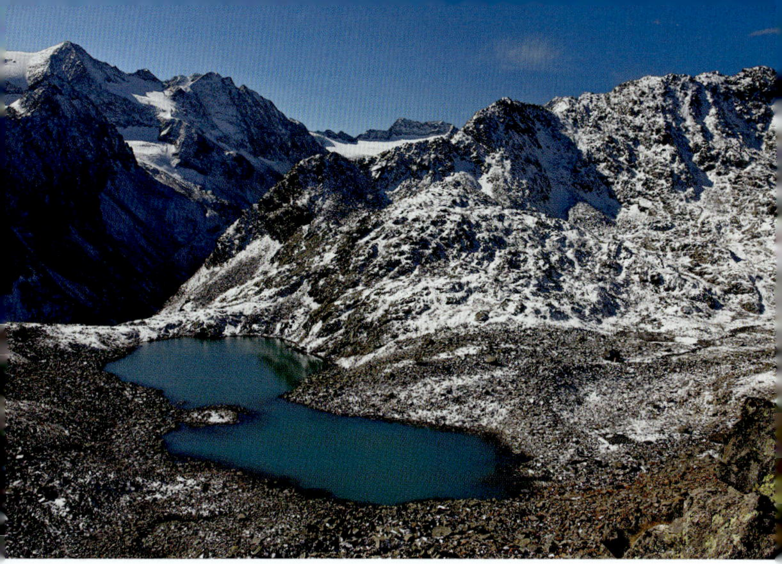

In herber Umgebung liegt auf 2646 Metern Höhe der Rinnensee.

Einkehr/Unterkunft: Alpeinalm, 2040 m. Franz-Senn-Hütte, 2149 m, Mitte Juni bis Anfang Oktober, Tel. +43 5226 2218, www.franzsennhuette.at.
Beste Jahreszeit: Ende Juni bis Ende September.

Vom Parkplatz bei der **Oberissalm** ❶ durch das Gatter und auf breitem Wirtschaftsweg leicht ansteigend Richtung Talschlussbarriere. Wo sich der Weg gabelt, wird man vom Schild nach rechts aufwärts geleitet. Doch auch die offiziell aufgelassene, alte Route erhält noch regelmäßig Begehungen und sollte für Gipfelaspiranten kein Problem darstellen, weshalb sie hier zumindest als Option vorgestellt wird. Nur bei Nässe ist eher davon abzuraten, denn man bewegt sich vielfach über Gletscherschliffe und verlässt

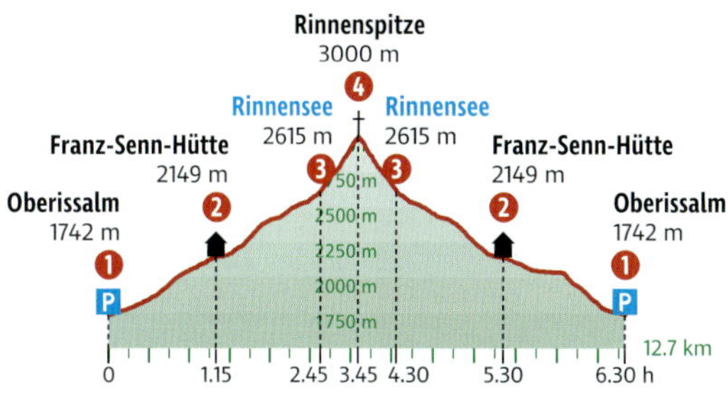

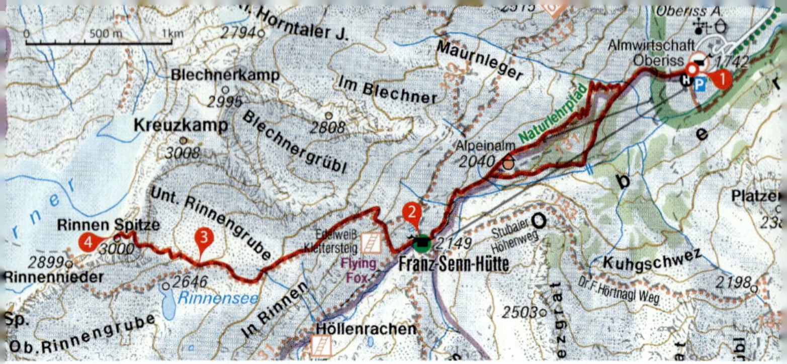

sich dabei auf die Reibung des Schuhwerks. Dazwischen immer wieder Grasflecken. In der Nähe der Alpeinalm stoßen wir auf den Normalweg und wandern auf diesem in nun weniger steilem Schliffterrain, zuletzt über eine kleine Klamm hinweg, zur stattlichen **Franz-Senn-Hütte** ❷, 2149 m.

Gleich hinter dem Haus über die Brücke nach rechts und einige Minuten dem Höhenweg zur Starkenburger Hütte folgend, bis bei einer kleinen Wasserfallrinne die Route zur Rinnenspitze links abdreht. In längerem Schräganstieg durchmisst man jetzt die grasigen Böschungen oberhalb der Abbrüche ins Hochtal. Damit nehmen wir Westkurs Richtung Untere Rinnengrube. Auf rund 2500 Metern passiert man eine kleine Anhöhe (Rastplatz) und erhascht bereits einen grandiosen Ausblick in den Alpeiner Talschluss. Anschließend geht es über den Karboden weiter und gegen die Rinnenspitze hinan. Wo der Hang merklich aufsteilt, taucht der Linksabzweig ❸ zum **Rinnensee**, 2646 m, bzw. zur Inneren Rinnennieder auf. Der verträumte See liegt gleich hinter der Geländeschwelle und wird in Kürze sichtbar. In zunehmend blockreicherem Gelände folgen wir unserem Pfad gegen den Nordostgrat hinauf. Bereits in den Plattenpassagen davor setzt ein Klettersteig mit Drahtseilen und Tritthilfen ein. Durch eine Art Riss gewinnt man den Blockgrat und stößt hier auf weitere gesicherte Stellen – unter anderem eine Platte mit Stiften und eine Steilstufe. Ganz zuletzt wieder auf die Sonnseite des Gipfels wechselnd und nach einer Traverse mit wenigen Kletterzügen (Drahtseil) zum Kreuz auf der **Rinnenspitze** ❹, 3000 m.

Der Abstieg erfolgt bis unterhalb der Hütte auf derselben Route. Dann über die Wiesenebene bei der Alpeinalm zu einer Geländeschwelle und jenseits mit einer Reihe von Serpentinen weiter bergab. Am Ende flach auslaufend zur **Oberissalm** ❶.

Der Hüttenweg verläuft noch ganz bequem.

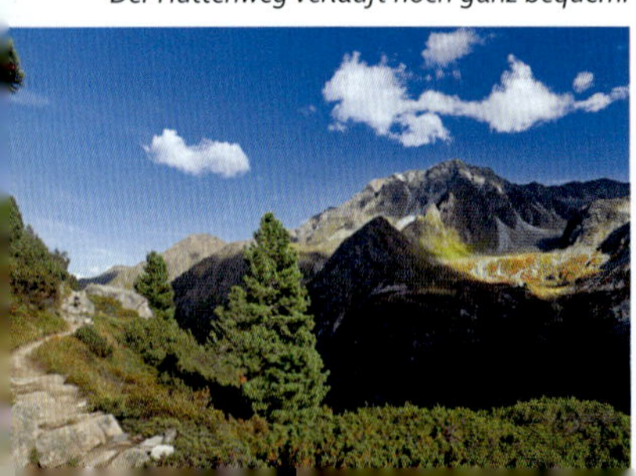

↗ 1350 m | ↘ 1350 m | 19.4 km

TOP

7.45 h

Aperer Turm, 2986 m

19

Tief drinnen im Alpeiner Bergwinkel

Rund um die Franz-Senn-Hütte finden Hochtourengeher und ambitionierte Bergwanderer einen reich gedeckten Tisch. Ein weiteres sehr empfehlenswertes Ziel ist der Apere Turm. Niemand sollte sich daran stören, dass ihm schlappe 14 Meter zum Dreitausender fehlen – es ist ja nur eine Zahl und die Impressionen wären dieser Kategorie allemal würdig! Fantastisch die Perspektive auf die umliegenden Gletscherberge! Dabei geht es am Aperen Turm vergleichsweise ruhig zu, liegt er doch schon ziemlich weit hinten im Alpeiner Hochtal und erzwingt schließlich auch noch einen recht verwinkelten Kurs. Immerhin legen sich dann jedoch erstaunlich wenige Hindernisse in den Weg.

Ausgangspunkt: Oberissalm, 1742 m, im Stubaier Oberbergtal. Gebührenpflichtiger Parkplatz. Zufahrt von Milders auf gut ausgebauter Straße, ohne Linienbusanschluss, aber zweimal täglich Taxi-Shuttle (Infos unter Tel. +43 5226 3333).
Anforderungen: T3. Im Hochtal lange Flachstrecke, später Moränensteige, nach oben hin naturgemäß immer steiniger, aber bis zum Gipfel ohne schwierige Stellen. Mit grundsätzlicher Trittsicherheit gut beherrschbar und vor allem eine Ausdauerleistung (ggf. Übernachtung erwägen).

Ein markantes Profil zeigt der Apere Turm dem Alpeiner Hochtal. Nach der Annäherung holt der Normalweg jedoch weit nach links aus.

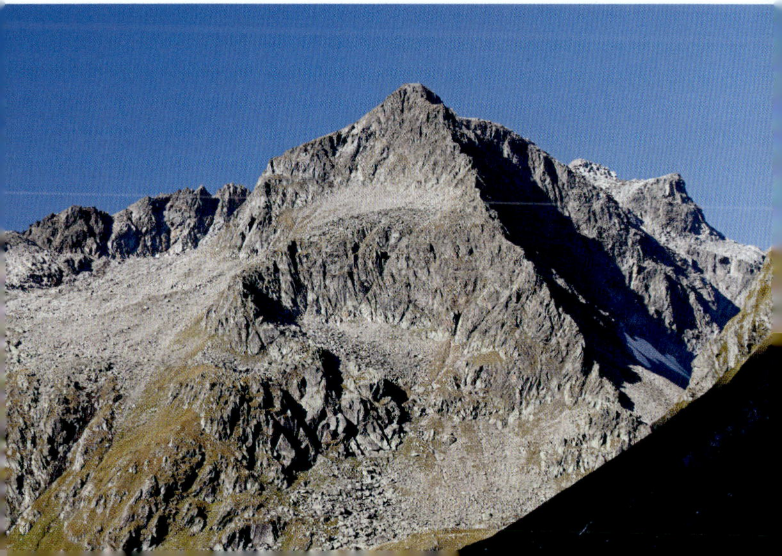

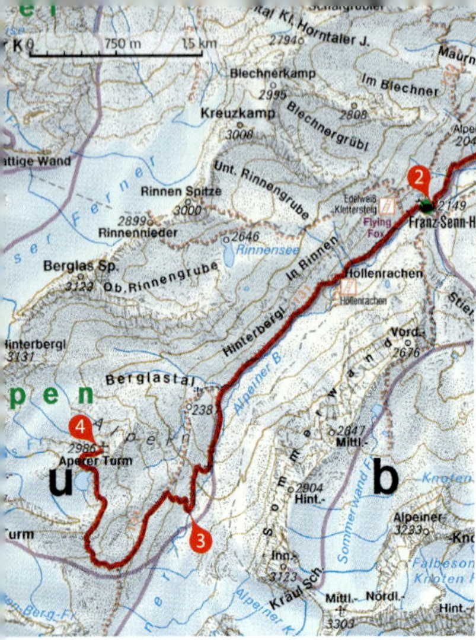

Der ausgedehnte Hochboden hinter der Franz-Senn-Hütte.

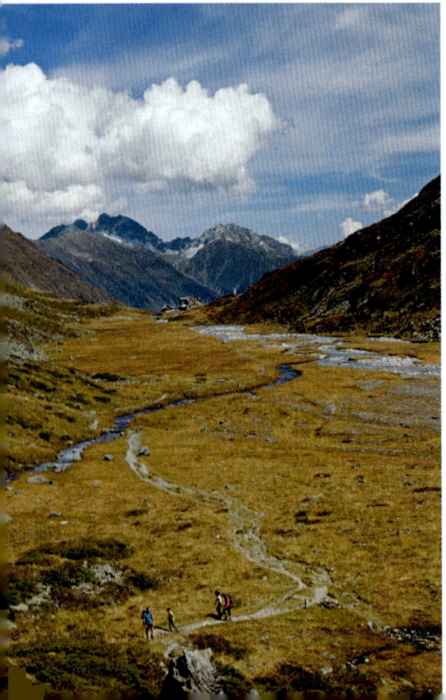

Einkehr/Unterkunft: Alpeinalm, 2040 m. Franz-Senn-Hütte, 2149 m, Mitte Juni bis Anfang Oktober, Tel. +43 5226 2218, www.franzsennhuette.at.
Beste Jahreszeit: Juli bis September.

Für den Zugang von der **Oberissalm** ❶ zur **Franz-Senn-Hütte** ❷ lese man in Kapitel 18 nach. Unmittelbar dahinter geht es über den Bach auf die rechte Seite und ins flache Alpeiner Hochtal hinein. Es zieht sich ordentlich in die Länge und beschreibt weiter hinten einen Linksbogen. In diesem Bereich weist ein Schild die Gletscherroute zum Wilden Hinterbergl aus. Wir bleiben im Trog und nähern uns dem Geländeaufschwung, wo der Alpeiner Bach kaskadenartig herabschießt. Nach etlichen Kehren öffnet sich der nächste Boden mit dem Alpeiner Ferner im Hintergrund. Im Gletschervorfeld kommen wir zur wichtigen Gabelung ❸, ca. 2530 m, wo wir nun rechts die Gipfelroute zum Aperen Turm einschlagen. Sie schließt im Zickzack zu einem schönen Moränenrücken auf, führt an diesem zunächst südwärts weiter und dreht dann rechts aufwärts ins Blockschuttkar unter dem Verborgenen-Berg-Ferner ab. Ein weiterer Rechtsschwenk bringt uns am Gratausläufer des Wilden Turms vorbei sogar in Nordrichtung. Nach

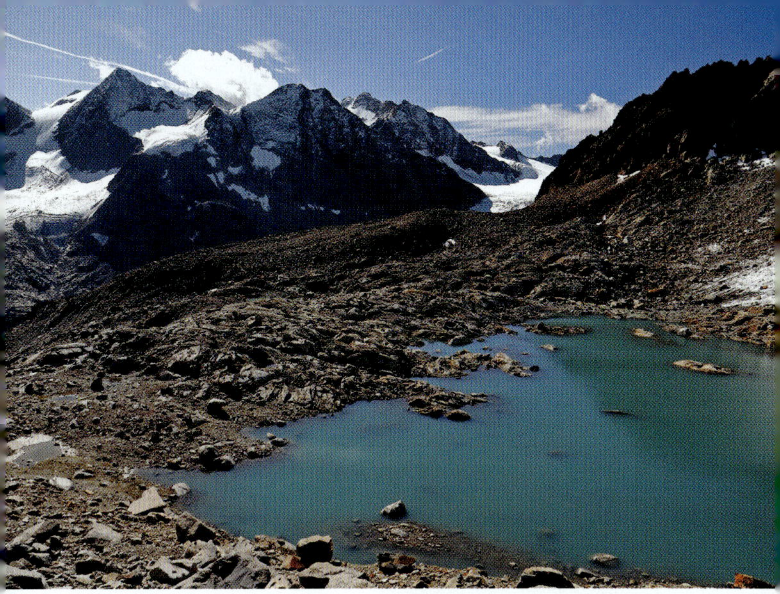

Schmelzwassersee im Angesicht des stark vergletscherten Ruderhofkammes.

einer recht gut ausgebauten Blocktraverse gelangen wir in die Karbucht mit dem Turmferner, verlieren dort ein paar Meter und überschreiten die Gletscherschliffe hinüber auf die andere Seite. Verblüffend der stattliche Moränensee in diesem Kessel! Jetzt liegt nur noch der steilere Gipfelaufbau vor uns. In etwas verwinkeltem Kurs am Blockschutthang empor und zuletzt nach rechts durch eine Minischarte (Drahtseil) zum Kreuz auf dem **Aperen Turm** 4, 2986 m. Für den Rückweg sollte man unbedingt auf der markierten Route bleiben – weglose Experimente zwecks vermeintlicher Abkürzung sind gefährlich.

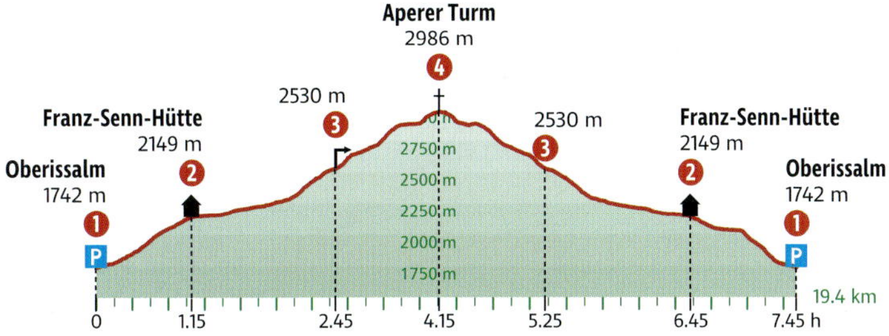

↗ 1080 m | ↘ 1080 m | 9.3 km

20 Neue Regensburger Hütte, 2286 m

5.10 h

Über die Falbesoner Ochsenalm zum Hohen Moos

Die Neue Regensburger Hütte besitzt einen herrlichen Standort auf der Steilstufe des Falbesoner Hochtals. Im Panorama besticht vor allem der Habicht als Blickfang, während sich rückseitig das Hohe Moos erstreckt, ein zauberhafter, von stattlichen Bergen eingerahmter Feuchtboden mit seltener Flora. Wie alle anderen Alpenvereinshütten rund ums Stubaital ist auch die Neue Regensburger in den großen, einwöchigen Stubaier Höhenweg integriert (ausführlichste Infos dazu findet man im gleichnamigen Rother Wanderführer. Hier lernen wir die 1930/31 erbaute und erst kürzlich in avantgardistischem Stil erweiterte Hütte auf ihrem normalen Talzugang kennen – eine Route, deren Eindrücke sich sukzessive steigern.

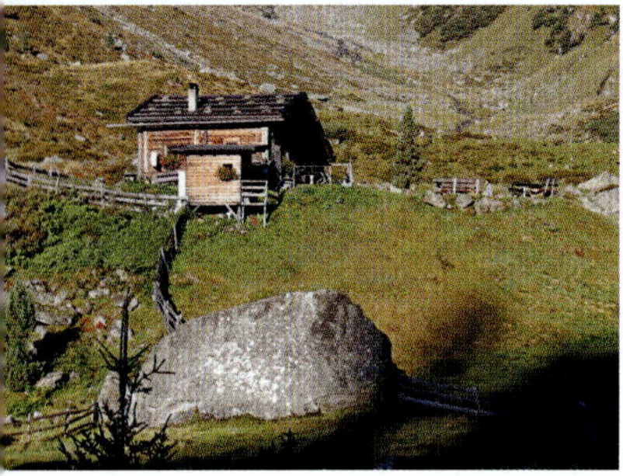

Wer nicht so weit wandern mag, kann auch schon bei der urigen Falbesoner Ochsenalm einkehren.

Ausgangspunkt: Beim Hotel-Restaurant Waldcafé, 1212 m, nahe dem Weiler Falbeson im Stubaier Unterbergtal. Bushaltestelle Falbeson.
Anforderungen: T2+. Mit vielen Kehren gut angelegter, allerdings streckenweise steindurchsetzter und damit holpriger Bergweg. Im unteren Teil mitunter relativ steil durch Wald, für einen Hüttenanstieg vergleichsweise langwierig.
Einkehr/Unterkunft: Falbesoner Ochsenalm, 1822 m, Tel. +43 664 9134448. Neue Regensburger Hütte, 2286 m, Mitte Juni bis Ende September, Tel. +43 664 2025070, www.regensburgerhuette.at.
Beste Jahreszeit: Während der Hüttenöffnungszeit.

Direkt beim **Waldcafé** ❶ nehmen wir den Steig Nr. 133 auf und absolvieren am steilen Waldhang unzählige Kehren. Ab und zu kreuzt man die von

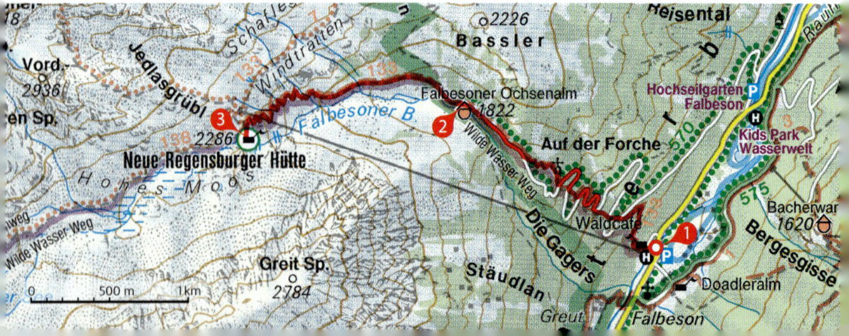

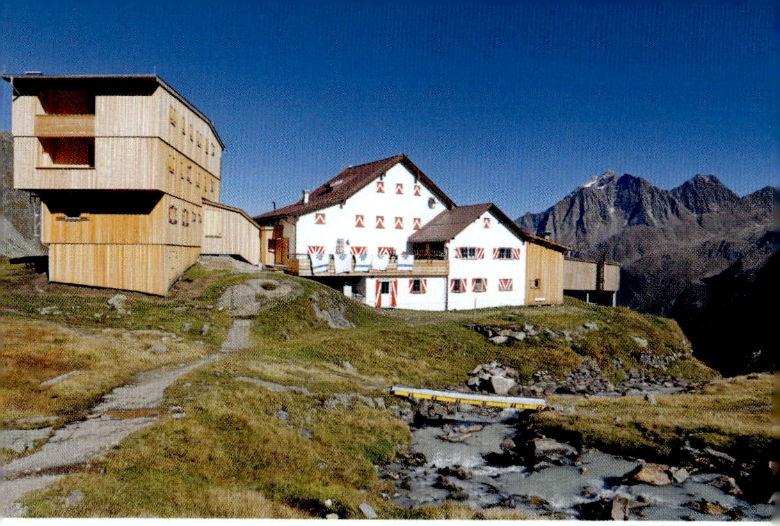

Bei der Neue Regensburger Hütte kommen klassisches und modernes Erscheinungsbild zusammen.

Volderau kommende Forststraße, in die man schließlich einfädelt und auf der man bald darauf die **Falbesoner Ochsenalm** ❷, 1822 m, erreicht. Hier lassen sich sommers Alpprodukte kosten. Nun weiter in den Einschnitt des Hochtals hinein – es wirkt eher wie ein Kessel, auf dessen Schwelle hoch oben schon die Hüttensilhouette sichtbar ist. Wir orientieren uns durch ein kleines Latschenfeld auf die rechte Seite, wo im Hintergrund wieder ein ausgiebiger Zickzackkurs einsetzt. Der Weg ist dadurch nie besonders steil, wegen des steinbesetzten Untergrundes jedoch relativ holprig, was ein wenig Konzentration verlangt. Mit Erreichen der Geländeschwelle stehen wir vor der **Neuen Regensburger Hütte** ❸, 2286 m, und können nach Belieben noch ein wenig das Hohe Moos durchstreifen. Das Bergab folgt demselben Weg.

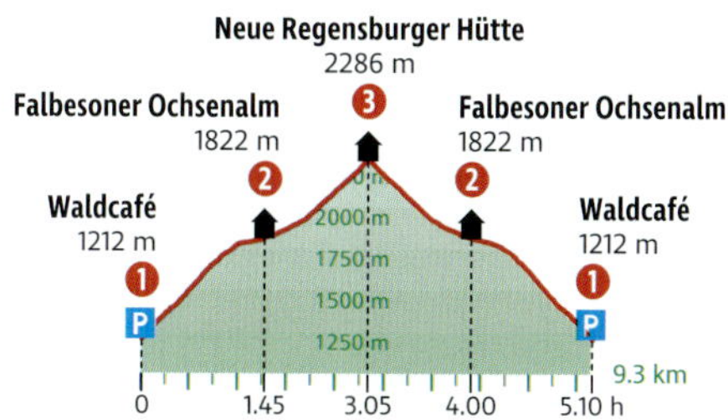

↗ 900 m | ↘ 900 m | 5.4 km

4.30 h

21 Östliche Knotenspitze, 3101 m

Hausberg der Neuen Regensburger Hütte

Um gewisse Ambitionen leistungsfähiger Bergwanderer zu erfüllen und das typisch hochalpine Gepräge der Region zu vermitteln, soll im Bereich der wichtigsten Berghütten üblicherweise jeweils auch ein Gipfelziel vorgestellt werden. Für die Neue Regensburger Hütte heißt der Hausberg Östliche Knotenspitze und ist immerhin ein Dreitausender. Genau betrachtet wird allerdings meistens nur die unmittelbar vorgelagerte Kreuzspitze (die eben das Gipfelkreuz trägt) erreicht und auf den finalen Übergang verzichtet. Dieser fällt zwar relativ kurz, aber merklich schwieriger aus – kein erheblicher Unterschied für die Aussicht, aber vielleicht doch das i-Tüpferl ...

Ausgangspunkt: Neue Regensburger Hütte, 2286 m. Zustieg siehe Tour 20.
Anforderungen: T3–4 bis Kreuzspitze, T5 am Hauptgipfel. Zunächst gewöhnlicher Bergsteig in ein Hochkar, dann abschüssiges Gelände mit Sicherungen bis zur Kreuzspitze, für die es bereits Trittsicherheit und Schwindelfreiheit braucht. Übergang zur Knotenspitze exponierter Blockgrat mit Stellen I–II, entsprechende Kletterfähigkeiten nötig.
Einkehr/Unterkunft: Neue Regensburger Hütte, 2286 m, Mitte Juni bis Ende September, Tel. +43 664 2025070, www.regensburgerhuette.at.
Beste Jahreszeit: Juli bis September.
Variante: Alternativ kann die benachbarte Vordere Plattenspitze, 2936 m, ebenfalls auf markierter Route bestiegen werden.

Aus dem Hochkar namens Jedlasgrübl beginnt der steile Schlussanstieg.

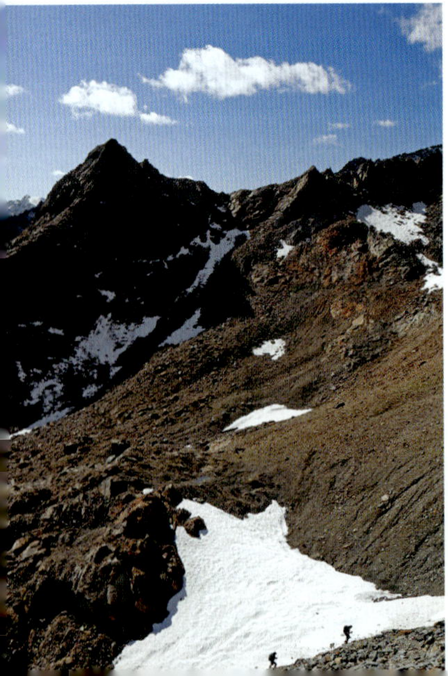

Von der **Neuen Regensburger Hütte** ❶ bleiben wir zunächst vorn an der Geländeschwelle und folgen in Kürze den Markierungen links am Hang hinauf. Man bewegt sich anfangs an einem schwach ausgeprägten Rücken, dreht weiter oben nach links ab und lässt mit einigen Windungen die letzten begrünten Flecken hinter sich. Auf rund 2780 Metern verzweigen sich im **Jedlasgrübl** ❷ die Routen zur Plattenspitze und zur Knotenspitze. Wir queren rechts in die steinige Karmulde hinein, überschreiten noch einen kleinen, felsi-

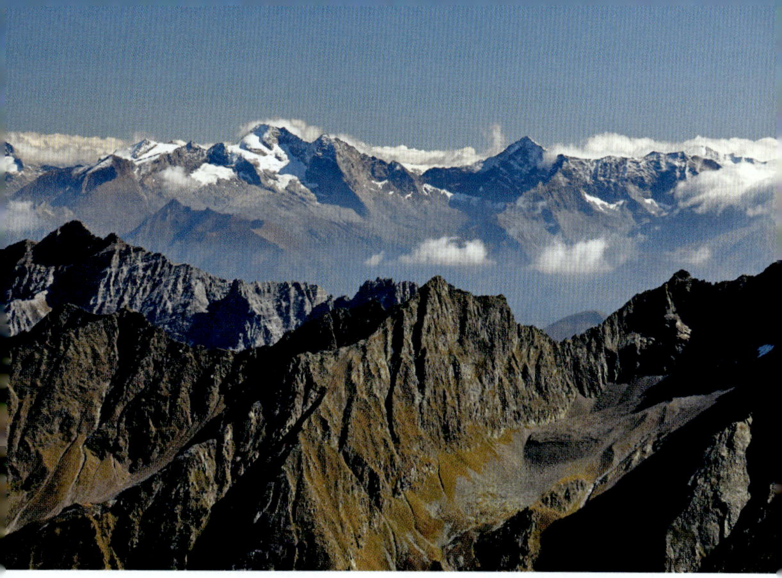

Faszinierende Hochalpen: Gipfelaussicht bis hin zu Olperer und Schrammacher.

gen Riegel und rücken damit an die südseitige Steilflanke heran. Vorerst zieht die Spur an einem Schotterhang höher und leitet dann in schrofiges Gelände über. Im geschickten Hin und Her über gebänderte Absätze durchsteigt man diesen ausgesetzten Hang, wobei die eine oder andere Felsstufe bzw. Traverse gesichert ist. Nach oben hin eher wieder ohne Drahtseile und auf den letzten Metern blockig zum Vorgipfel namens **Kreuzspitze**, 3084 m. Der Übergang zur **Östlichen Knotenspitze** ❸, 3101 m, ist rein felsig mit teils größeren Blöcken. Man balanciert über schmale Gratstellen und erklimmt zwischendurch einen gestuften Aufschwung, was für den Versierten aber nur eine Kraxelei von höchstens 10 Minuten bedeutet. Zurück auf derselben Route.

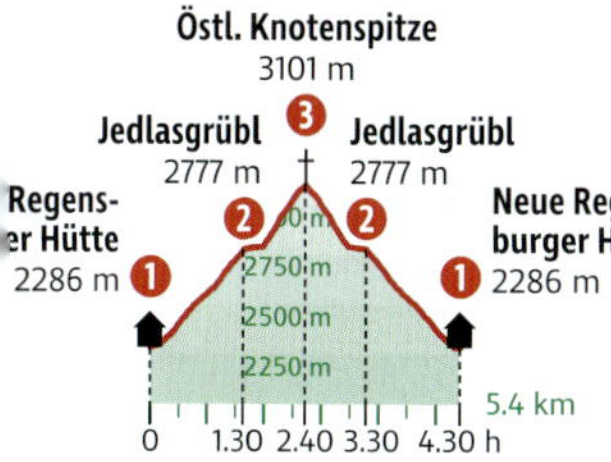

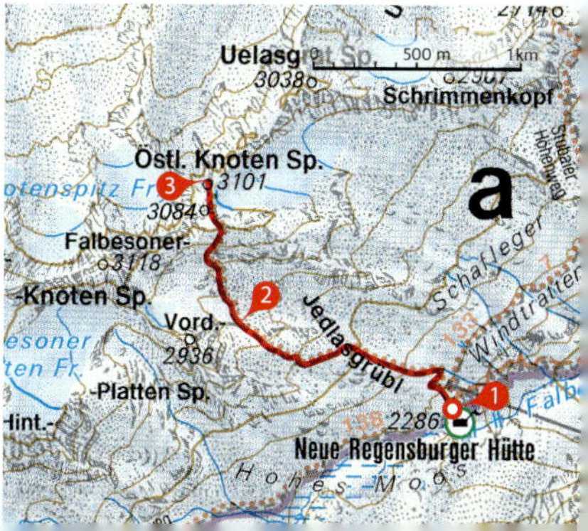

TOP

22

↗ 650 m | ↘ 650 m | 6.1 km

Bacherwandalm und Falbesoner Nockalm, 1663 m

3.30 h

Zwei Bergnester am Habichtkamm

Wo die durchschnittlichen Gipfelhöhen zunehmen und die Landschaft ein vollkommen hochalpines Gepräge verströmt, rücken für den gemäßigten Wanderer mehr noch als sonst die bewirtschafteten Almen als Ziele in den Fokus. Unter dem wilden Habichtkamm lassen sich in einer interessanten Tour Bacherwandalm und Falbesoner Nockalm miteinander kombinieren. Erstere liegt recht spektakulär über einer tiefen Geländefalte und wirkt überhaupt noch sehr urig. Die schon seit dem 17. Jahrhundert nachgewiesene ursprüngliche Nockalm hat indes im Jahr 2015, nachdem sie eigentlich schon aufgegeben werden sollte, »Zuwachs« bekommen: eine neue Hütte in Holzbauweise, die nun knapp oberhalb Wanderer zur Einkehr einlädt.

Ausgangspunkt: Doadleralm, ca. 1212 m, bei Falbeson im Stubaier Unterbergtal. Auch Bushaltestelle.
Anforderungen: T3- beim Aufstieg, sonst T2. Steiler, auf Lichtungen etwas verwachsener Steig zur Bacherwandalm. Gut angelegter Hangweg zur Nockalm und von dort auf kehrenreichem Waldsteig talwärts. Recht überschaubares Pensum.
Einkehr: Doadleralm, 1212 m, fast ganzjährig, Tel. +43 5226 2033. Bacherwandalm, 1620 m, Mitte Mai bis Mitte Oktober, Tel. +43 676 6854837. Falbesoner Nockalm, 1663 m, Anfang Juni bis Ende September/Mitte Oktober, Tel. +43 5226 3186.
Beste Jahreszeit: Juni bis Mitte Oktober.
Variante: Leichterer Zustieg von Volderau zur Bacherwandalm – oder Abstieg dorthin.

Urwüchsige Bacherwandalm am Rande der Bergesgisse.

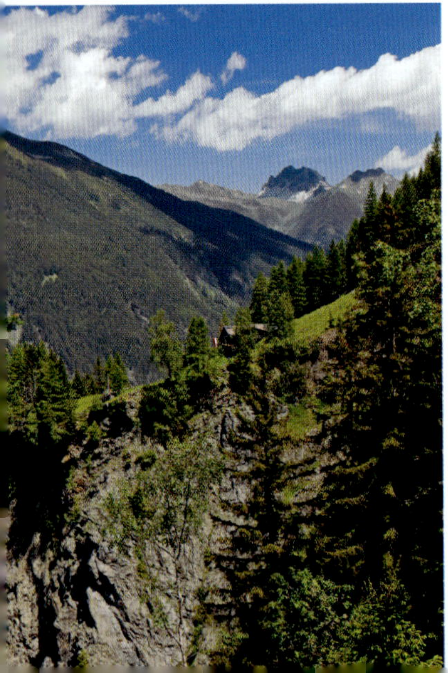

Direkt bei der **Doadleralm** ❶ steigen wir in den Waldhang ein, wo sich die Zugänge zu unseren beiden

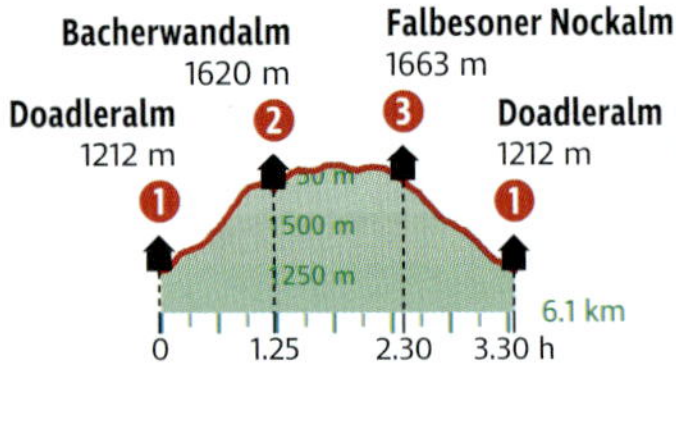

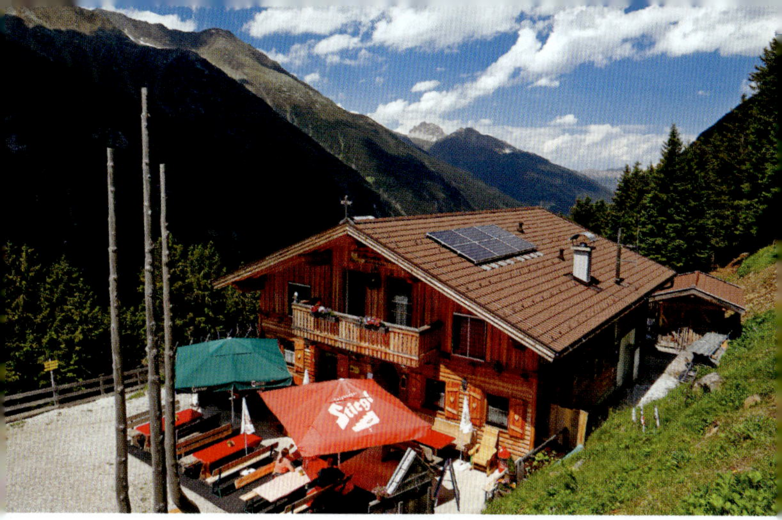

Die Jausenstation der Falbesoner Nockalm besteht erst seit wenigen Jahren.

Zielen in Kürze verzweigen. Wir gehen links Richtung Bacherwandalm und finden uns umgehend auf einem steil anziehenden Steig wieder. Zwischendurch sind diverse kleine Gräben zu queren, weiter oben schaltet sich auch mal eine Lichtung ein. Wir nähern uns der großen Rinne »Bergesgisse«, überschreiten darin mehrere Bachläufe und steigen drüben zur **Bacherwandalm** ❷, 1620 m, wieder etwas ab.

Unser Verbindungsweg zur Nockalm ist oberhalb der Hütte ausgeschildert, trennt sich nach einigen Höhenmetern vom Übergang via Glücksgrat zur Mischbachalm und wendet sich stattdessen nach rechts, um die Bergesgisse nochmals auszugehen – jetzt auf höherer Linie. Die Fortsetzung der Trasse durch allgemein vegetationsreiche, teils auch licht bewaldete Flanken ist toll hergerichtet, oft regelrecht ausgestochen und bereitet kaum Schwierigkeiten. Nach mäßigem Auf und Ab nähern wir uns der **Falbesoner Nockalm** ❸, und zwar der neuen Jausenstation auf 1663 Metern.

Der Abstiegsweg berührt in Kürze die alte, urige Almhütte und schraubt sich anschließend im Wald immer tiefer. Ab und zu tauchen Tierskulpturen oder Tafeln mit Erläuterungen zu heimischen Tierarten auf. Zwischendurch wird nach links gequert, weiter unten dann wieder deutlich nach rechts, womit wir zurück zur **Doadleralm** ❶ gelangen.

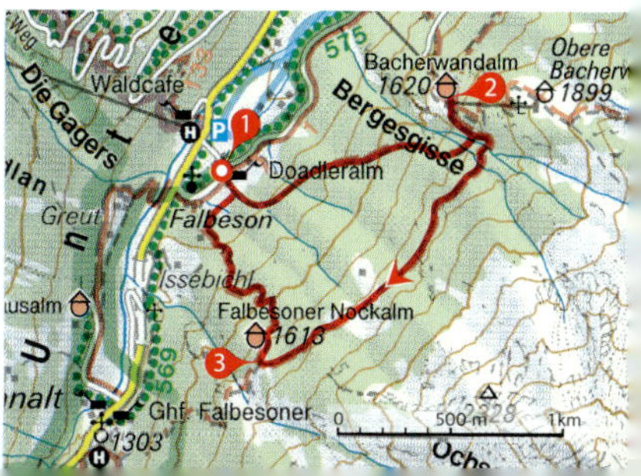

↗ 910 m | ↘ 910 m | 10.8 km

23 Nürnberger Hütte, 2278 m

4.40 h

Altehrwürdiger Tourenstützpunkt im Langental

Mit dem unwiderstehlichen Lockruf eines Wilden Freiger entstand schon vor 125 Jahren über dem Langental die Nürnberger Hütte – als alpines Basislager vor allem ausgerichtet auf diesen Paradeberg. Nach mehrmaligen Erweiterungen besitzt die Frankenmetropole einen stattlichen, mehrstöckigen Repräsentativbau, der auch im Interieur stilvoll angepasst ist und heute mehrere Gütesiegel des Alpenvereins vorweisen kann (für Umwelt- und Kinderfreundlichkeit sowie das Motto »So schmecken die Berge«). Auch Tageswanderer finden sich nach einem Aufstieg über die Bsuchalm gern hier ein, um auf der Sonnenterrasse eine Jause vor der Kulisse der Wetterspitzen und Feuersteine zu genießen. Der berühmte Freiger versteckt sich allerdings hinter vorgelagerten Geländeaufschwüngen.

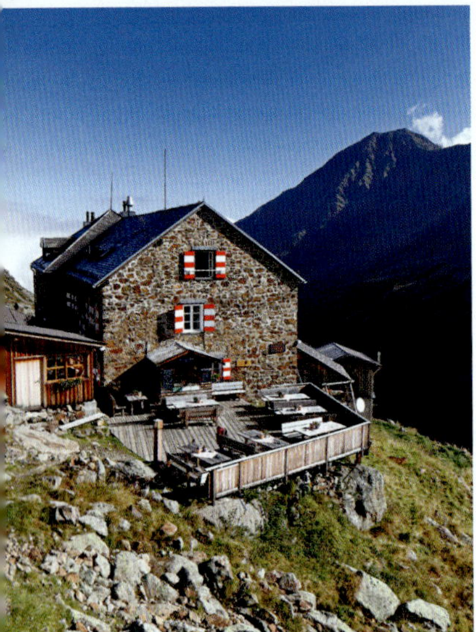

Ausgangspunkt: Parkplatz und Bushaltestelle »Nürnberger Hütte«, 1369 m, hinter Ranalt im Stubaier Unterbergtal.
Anforderungen: T2–3. Bis Bsuchalm vorwiegend Fahrweg, danach mittelsteiler, teilweise etwas holpriger, aber im Prinzip problemloser Bergwanderweg. Auch konditionell im normalen Rahmen.
Einkehr/Unterkunft: Bsuchalm, 1580 m, Tel. +43 664 1349933. Nürnberger Hütte, 2278 m, Mitte Juni bis Ende September,

Aus der Nähe erweist sich die Nürnberger Hütte als stattliches Schutzhaus.

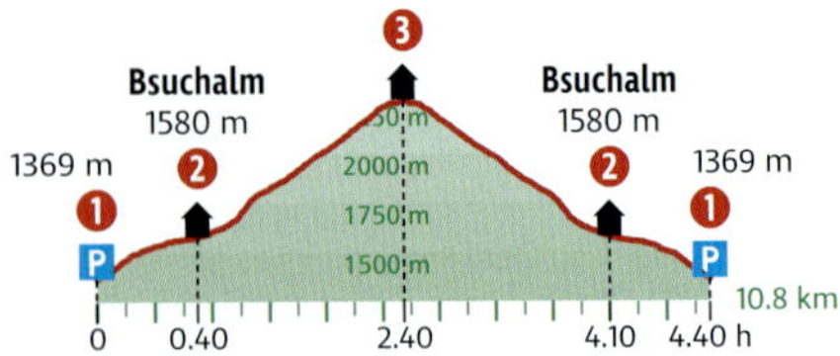

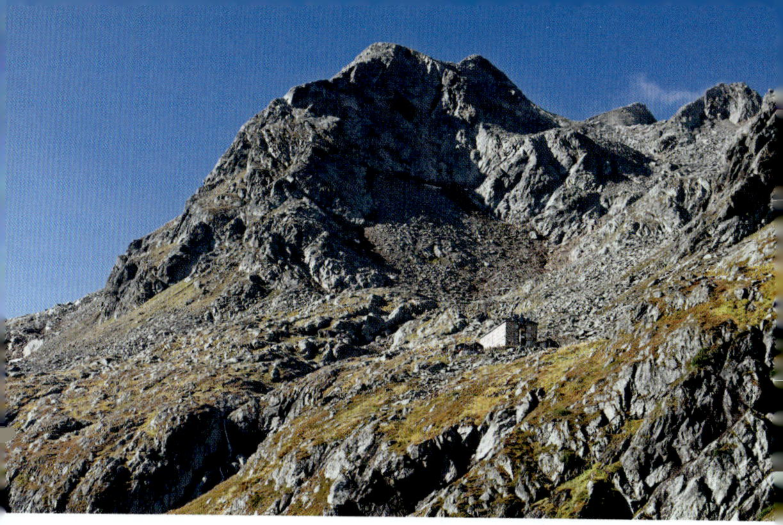

Unterhalb der Urfallspitze, einem Bollwerk vor dem Wilden Freiger, ist klein die Nürnberger Hütte zu erkennen.

Tel. +43 664 1657461, www.nuernberger-huette.at.
Beste Jahreszeit: Während der Hüttenöffnungszeit.

Vom **Parkplatz** ❶ führen eine Forststraße sowie ein abkürzender Fußweg hinauf ins Langental, wo man flach einwärts wandert. Unmittelbar vor der **Bsuchalm** ❷, 1580 m, über die Brücke und dann durchs Gatter auf einen Wiesenpfad, der auf eine ziemlich steile Schrofenflanke zu läuft. Wir folgen den Kehren rechts empor und gelangen auf eine erste Geländeabstufung. Nach weiteren Serpentinen in erlenbewachsenem Terrain kommen wir in die freien Hanglagen der Grüblalm voran und setzen das Bergauf in diagonaler Linie fort. Zuletzt um ein kleines Felshindernis herum zur **Nürnberger Hütte** ❸, 2278 m. Der Abstieg wird auf demselben Weg vollzogen.

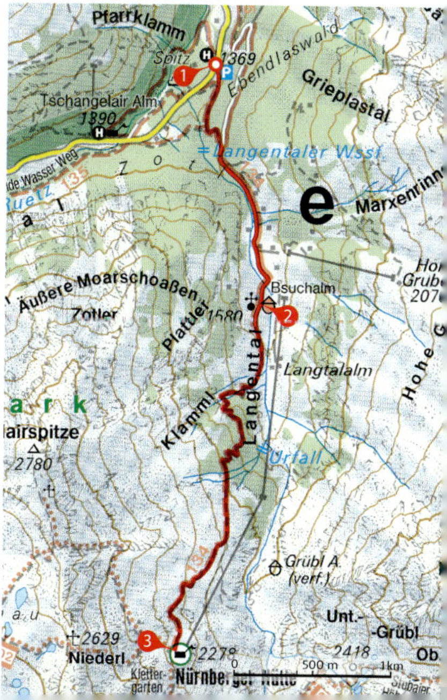

TOP

24

↗ 650 m | ↘ 650 m | 4.8 km

3.30 h

Mairspitze, 2780 m, und Niederl

Stippvisite am Stubaier Höhenweg

Aufgrund ihrer bestechend schönen Aussicht verdient sich die Mairspitze auf jeden Fall einen Platz unter den besten Wandergipfeln der Stubaier Alpen. Denn hier befindet man sich unmittelbar auf Tuchfühlung mit den eis- und felsstarrenden Kulissen am Hauptkamm, deren Ausstrahlung sich wohl niemand entziehen kann. Das Freiger-Massiv bewundern wir aus einer Idealperspektive, nach rechts angegliedert stehen Wilder Pfaff und Zuckerhütl, dem das Prädikat des Höchsten zukommt. Gewaltig! Wir planen die Mairspitze als Anschlussziel von der Nürnberger Hütte aus, basteln die Tour aber noch pfiffiger, indem wir westseitig zu den Seeaugen im Schafgrübl absteigen und anschließend über das Niederl wieder die Seite wechseln. Sowohl Mairspitze als auch Niederl werden häufig im Rahmen des Stubaier Höhenwegs überschritten. Dabei muss man sich letztlich für eine Variante entscheiden – wir legen sie hingegen beide zusammen!

Ausgangspunkt: Nürnberger Hütte, 2278 m. Zustieg von Ranalt wie in Kapitel 23 beschrieben.
Anforderungen: T3–4. Relativ anspruchsvolle Bergwege, teils in schrofigem Gelände, teils in Blockwerk, zudem mit einigen ausgesetzten, gesicherten Passagen (stellenweise an der Grenze zu

Rast am Niederl, wo auch der offizielle Stubaier Höhenweg verläuft.

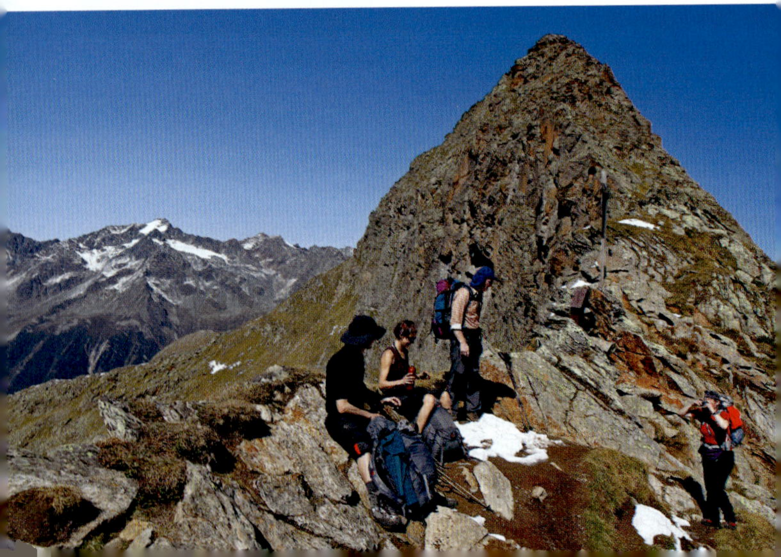

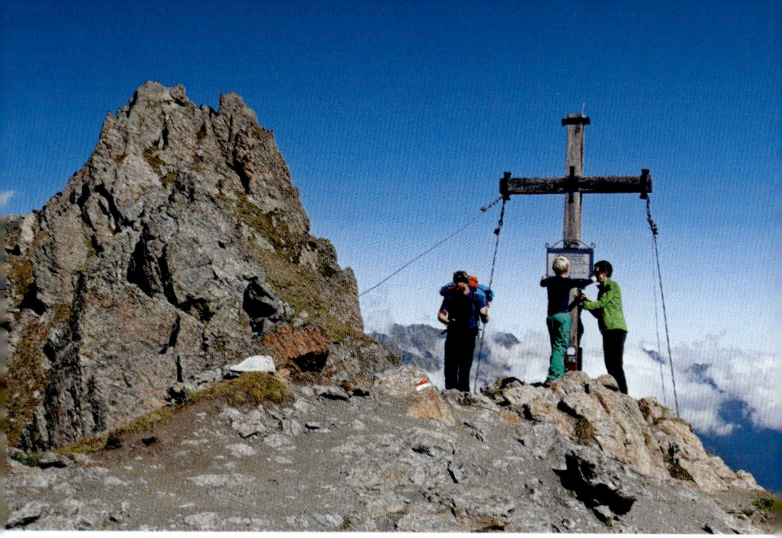

Die Mairspitze gilt zu Recht als populärer Wanderberg in den Stubaier Alpen.

»schwarz«). Trittsicherheit und Schwindelfreiheit angezeigt. Halbtagestour von der Hütte aus, inklusive Zustieg aber lange Unternehmung.

Einkehr/Unterkunft: Nürnberger Hütte, 2278 m, Mitte Juni bis Ende September, Tel. +43 664 1657461, www.nuernberger-huette.at.

Beste Jahreszeit: Ende Juni bis Anfang Oktober, sofern schneefrei.

Variante: Man kann auch am malerischen Grünausee vorbei weiter absteigen und nach kurzer Gegensteigung am Riegel des Übergschritt die Sulzenauhütte, 2191 m, ansteuern. Ab Mairspitze etwa 1.40 Std.; talwärts vgl. Tour 25.

Direkt oberhalb der **Nürnberger Hütte** ❶ geht es über einige felsige Stufen zur Wegverzweigung, wo wir uns rechts zur Mairspitze orientieren. Über ein Blockfeld in die Flanke der Murmentlehner, dann schräg aufwärts zu einer ostseitig abstreichenden Rippe, wo einige Drahtseilstellen auftreten. In ihrem Bereich bewegen wir uns über Schrofen und Blockterrain höher, queren am Hauptgrat mit wenigen Metern Höhenverlust eine kleine Blockmulde und gewinnen dann gemeinsam mit der Route von der Sulzenauhütte den Gipfel der **Mairspitze** ❷, 2780 m, d.h. streng genommen nur den Vorgipfel, auf dem das Kreuz steht. Der höhere Zacken nebenan würde eine exponierte Klettereinlage verlangen.

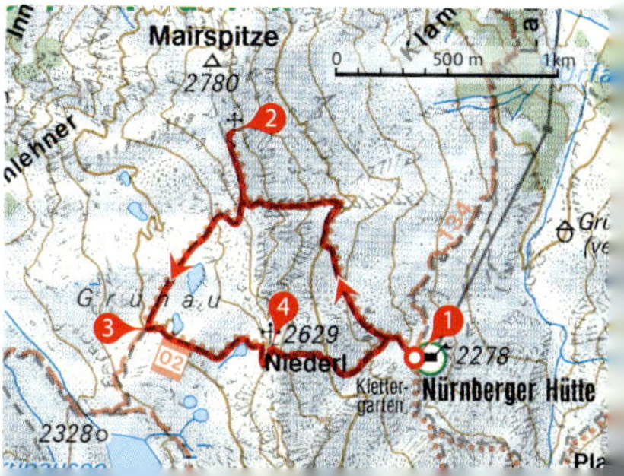

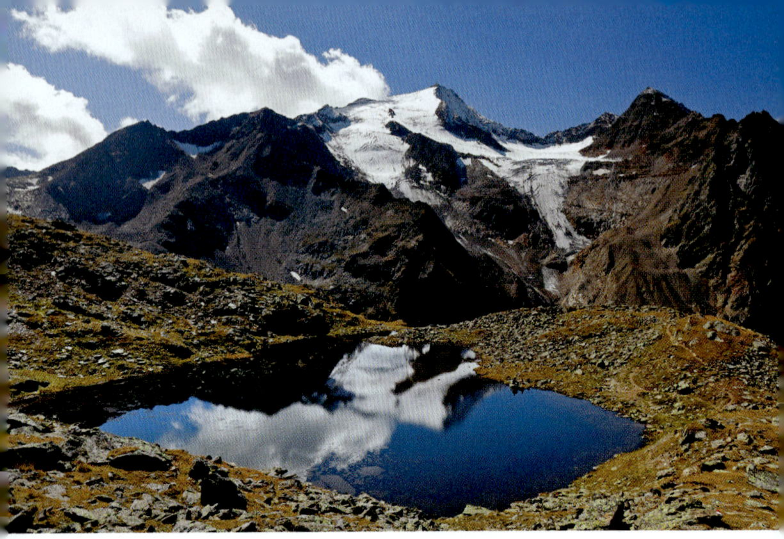

Bergsee im Schafgrübl vor der Kulisse des Wilden Freiger.

Beim Abstieg bleiben wir auf der Westseite, die im oberen Teil ziemlich steil abfällt. Der Steig ist aber gut und zudem stellenweise gesichert. Bald schon läuft diese Flanke ins **Schafgrübl** aus, wo einige hübsche Bergseen auffallen. An der Schwelle in die Grünau treffen wir auf den Abzweig 3 zum Niederl und leiten damit eine halbstündige Gegensteigung ein. Man erreicht eine Hochmulde mit flachem See, in dem sich nochmals die Gletscherberge spiegeln. Anschließend auf blockreichem Steig zu einer Steilstufe, deutlich nach rechts ausholend und über gesicherte Bänder und Absätze zur Gratlücke des **Niederl** 4, 2629 m. Achtung, das letzte Stück ist ziemlich ausgesetzt! Dies gilt auch für die anfängliche Traverse auf der Ostseite (Drahtseil), ehe man in verschlungenem Verlauf über verlegte Blöcke und glattgeschliffenes Urgestein sukzessive tiefer gelangt, stellenweise immer noch mit Sicherungen. Schließlich treffen wir wieder bei der **Nürnberger Hütte** 1 ein.

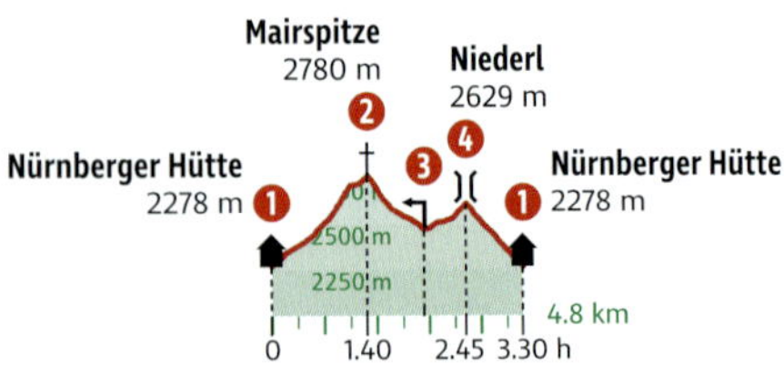

↗ 780 m | ↘ 780 m | 11.3 km

TOP

4.25 h

Sulzenauhütte, 2191 m, und Blaue Lacke, 2289 m

25

Wilde Wasser und hübsche Seeaugen

Rauschende Wasser und Gletscherschliffe sind beherrschende Elemente rund um die Sulzenauhütte, die inmitten einer zentralalpinen, glazial geprägten Bilderbuchlandschaft liegt. Schon drunten im Tal beeindruckt der ungewöhnlich breit stiebende Grawa-Wasserfall als Naturschauspiel. Damit beginnt der Aufstieg am »WildeWasserWeg« hinauf zum großen Boden der Sulzenaualm, Zwischenstation Richtung Sulzenauhütte eine Etage höher. Als kleines Extra lockt die Blaue Lacke, ein farbintensiver Gletschermilchsee am Fuße des Aperen Freiger.

Ausgangspunkt: Parkplatz und Bushaltestelle »Sulzenauhütte«, ca. 1590 m, im inneren Stubaital. Ein weiterer Parkplatz steht bei der Grawa-Alm zur Verfügung.
Anforderungen: T2–3. Relativ steinige Bergwanderwege, die streckenweise etwas Trittsicherheit verlangen, aber im Prinzip gut angelegt sind. Der untere Bereich trägt dichte Vegetation und neigt zur Nässebildung. Moderates Tagespensum.
Einkehr/Unterkunft: Sulzenaualm, 1857 m, Ende Mai bis Ende Oktober, Tel. +43 676 5603090. Sulzenauhütte, 2191 m, Mitte Juni bis Ende September, Tel. +43 5226 24320, www.sulzenauhuette.at.
Beste Jahreszeit: Während der Hüttenöffnungszeit.

Ein breiter, gepflegter Talwanderweg verbindet den Ausgangspunkt beim Hüttenparkplatz ❶ mit der Grawa-Alm bzw. der Plattform vor dem besonders zur Schneeschmelze im Frühsommer höchst imposanten **Grawa-**

Nur 20 Minuten sind es von der Hütte bis zur Blauen Lacke.

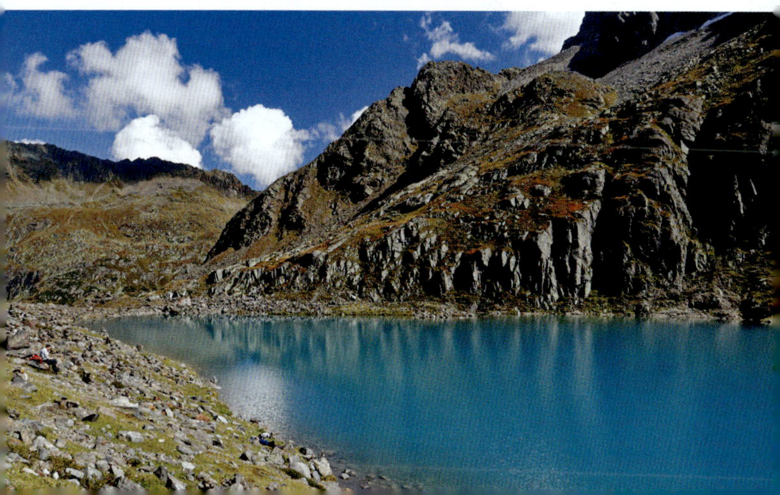

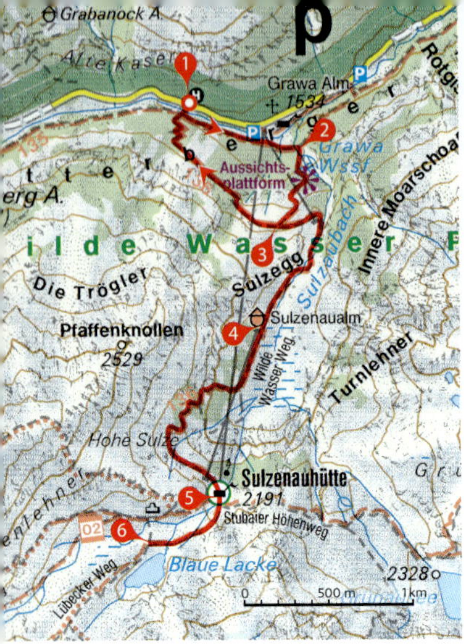

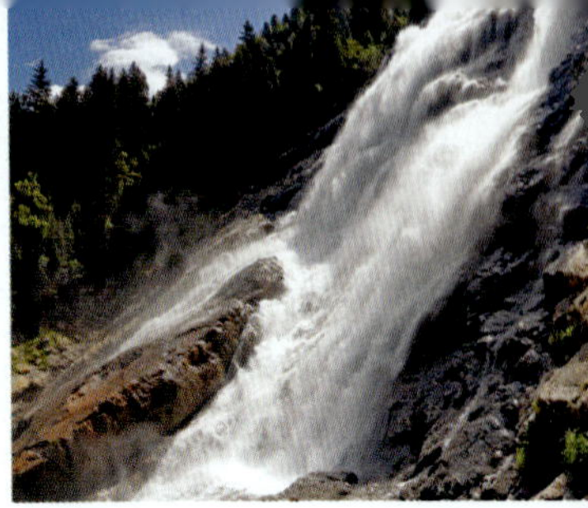

Gleich zu Beginn empfängt uns der wild schäumende Grawa-Wasserfall.

Wasserfall ❷. Hier schlagen wir bergwärts den Wilde-Wasser-Weg ein, jene mit zahlreichen Holzstegen trassierte Route durch den urwüchsigen Bergwald. Dabei berühren wir zwei weitere Schaukanzeln. Nach oben hin werden die Bohlen zugunsten eines steindurchsetzten Untergrundes seltener. Wir biegen nach links in den normalen Hüttenweg ein ❸, ziehen mit einer leicht ansteigenden Traverse zum Sulzegg hinüber und gelangen durch eine Engstelle ins sogenannte Moos. Am rechten Rand des Kessels empfängt uns die beliebte **Sulzenaualm** ❹, 1857 m; im Hintergrund gischtet ein weiterer Wasserfall. Wir verbleiben an der rechten Seite, vollziehen etliche Kehren am steileren Hang und kommen schließlich mit einem Linksbogen zur **Sulzenauhütte** ❺, 2191 m, oberhalb des Riegels.
Für die Fortsetzung zur **Blauen Lacke** ❻, 2289 m, wird sofort der Bach überschritten – dann geht es auf neu markiertem Pfad neben Gletscherschliffen sachte aufwärts, bis man bei der Steinmandlkolonie am Ufer ankommt. Der Rückweg erfolgt größtenteils auf derselben Route, später die Abwärtstraverse am Weg Nr. 136 fortsetzend allmählich in den Wald und mit einigen Serpentinen zum Parkplatz an der Straße ❶.

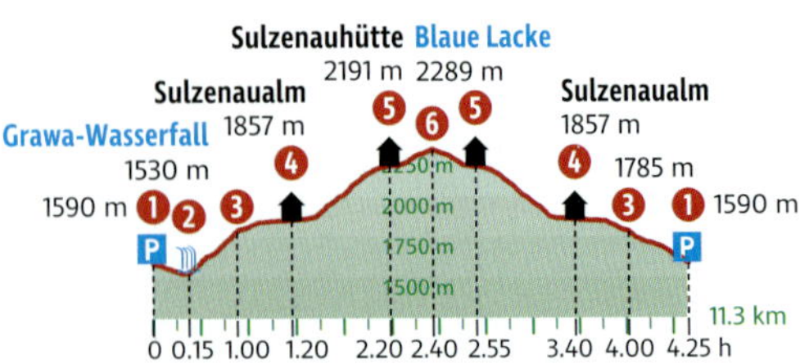

↗ 650 m | ↘ 1350 m | 9.7 km

5.00 h

Großer Trögler, 2902 m

26

Idealer Logenplatz vor dem Zuckerhütl

Wurde in Kapitel 24 bereits die Mairspitze als großartiger Aussichtsberg gerühmt, so lässt sich dieses Prädikat in gleichem Maße auch auf den Großen Trögler übertragen. Hier hinterlässt der immer noch riesige Sulzenauferner mit seinem unverwechselbaren Häubchen, dem Zuckerhütl, den stärksten Eindruck. Aber eigentlich ist es ja der komplette 360-Grad-Gesichtskreis, der seine Sternchen verdient. Die Trögler-Überschreitung von der Dresdner Hütte zur Sulzenauhütte, auch gern im Rahmen des Stubaier Höhenwegs unternommen, ist also eine nachgerade klassische Panoramatour. Allerdings keine ganz einfache, denn der Weg verläuft zuweilen schmal und abschüssig …

Ausgangspunkt: Mutterbergalm, Talstation der Stubaier Gletscherbahn, mit der man hinauf zur Mittelstation Fernau, ca. 2300 m, nahe der Dresdner Hütte fährt. Betriebszeiten von 8 bis 16.30 Uhr. Endhaltestelle der Buslinie ins Stubaital bei der Talstation.
Endpunkt: Parkplatz und Bushaltestelle »Sulzenauhütte«, ca. 1590 m.
Anforderungen: T4-. Alpiner Steig mit steileren, etwas ausgesetzten Passagen (Schlüsselstelle gesichert), die meiste Zeit aber normal. Grasschrofen und Blockgelände gemischt, Trittsicherheit wichtig. Inklusive Talabstieg durchschnittliche Tagestour.
Einkehr/Unterkunft: Sulzenauhütte, 2191 m, Mitte Juni bis Ende September, Tel. +43 5226 24320, www.sulzenauhuette.at. Sulzenaualm, 1857 m, Ende Mai bis Ende Oktober, Tel. +43 676 5603090.
Beste Jahreszeit: Juli bis September.
Variante: Als Alternative steht der Weg übers Peiljoch, 2672 m, zur Verfügung, mit T3+ zumindest eine Spur leichter und um 1.00 Std. kürzer.

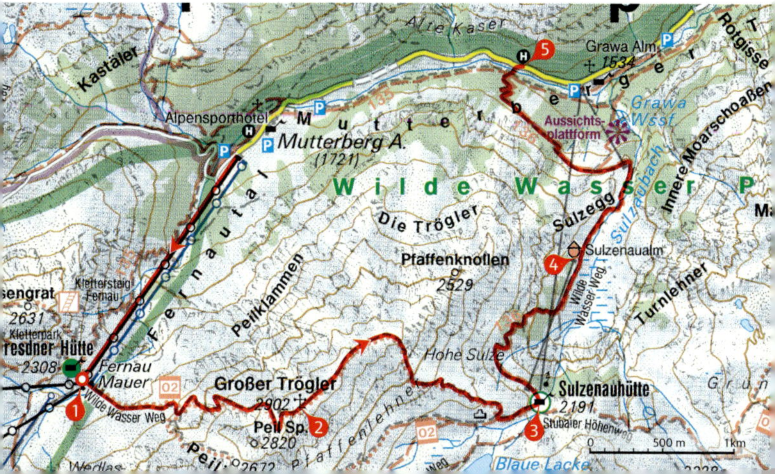

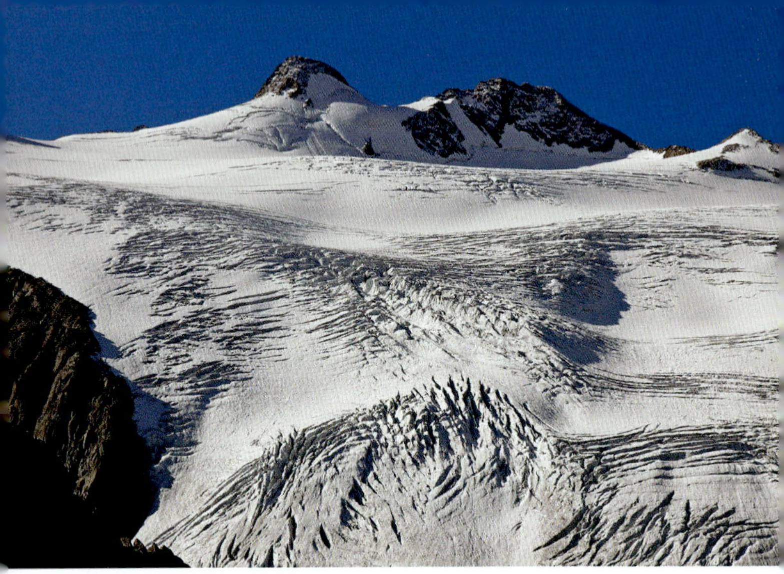

Den spaltenzerfurchten Sulzenauferner überblicken wir in ganzer Ausdehnung.

Von der Mittelstation **Fernau** ❶ unmittelbar nach links über den Fernaubach und damit auf den gut angelegten Bergweg, der ostwärts emporzieht. Bei der Verzweigung auf ca. 2400 Metern orientieren wir uns nach links und ersteigen in ausgeprägten Serpentinen die Flanke hinauf zu einer Geländeschwelle. Vorübergehend etwas nach rechts auf eine Gratkerbe zuhalten, davor aber wieder linker Hand steil aufwärts, über eine gesicherte Schrofenpassage und schließlich auf gutem Felssteig bis zum Gipfel des **Großen Trögler** ❷, 2902 m. Was sich sukzessive bereits angekündigt hat, erfährt hier Vollendung: Die Schau ist überwältigend!

Der Weiterweg folgt dem teils ausgesetzten und mit kleineren Felshür-

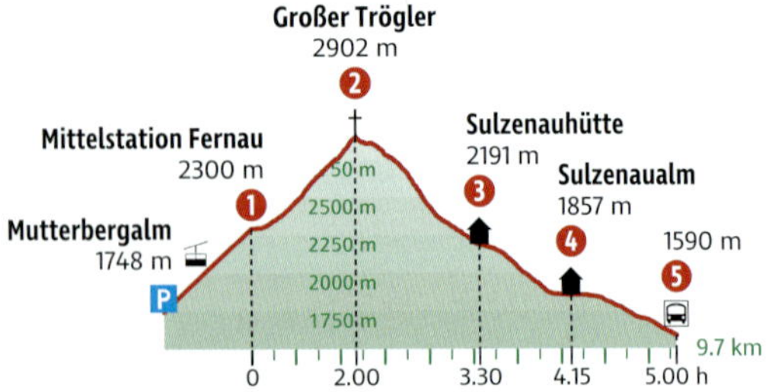

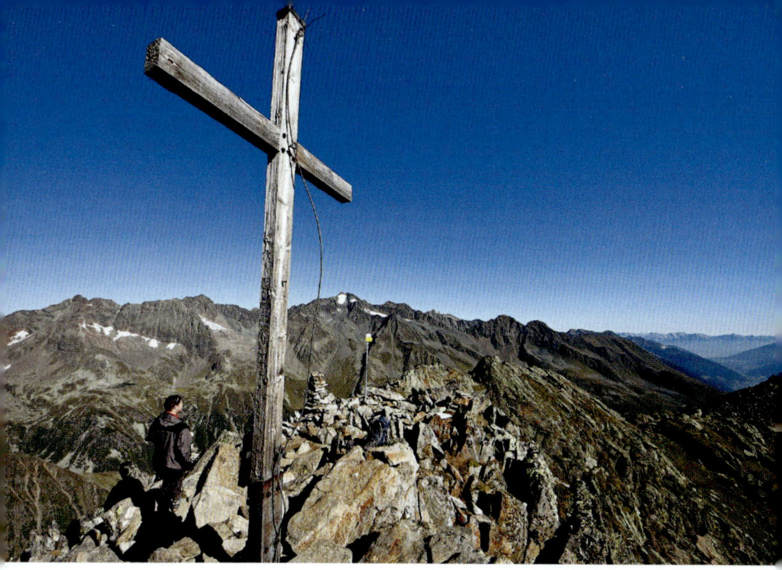

In der Gegenrichtung erscheint wenig Eis, aber eine interessante Gipfelflur.

den gespickten Nordostgrat zum Kleinen Trögler (vereinzelt Drahtseile). Nachdem die Kuppe knapp rechts passiert ist, verbreitert sich der Grat zu einem sanfteren Rücken. Die Markierungen lotsen uns dann aber in die Südostflanke hinab, wo erneut zahlreiche Serpentinen vollzogen werden. Zwischendrin ist sogar noch eine Klettersteigeinlage zu meistern, womöglich sogar die schwierigste Passage der Tour. Über wellige Grasplateaus und Schliffrücken läuft der Steig schließlich unbeschwert aus und mündet kurz vor der **Sulzenauhütte** 3, 2191 m, in die Route, die vom Peiljoch kommt. Der Talabstieg über die **Sulzenaualm** 4 und das Sulzegg bis zur Bushaltestelle im Tal 5 ist identisch mit der in Kapitel 25 ausführlich beschriebenen Route.

Dieser Wanderer hat die Ostroute für den Aufstieg gewählt.

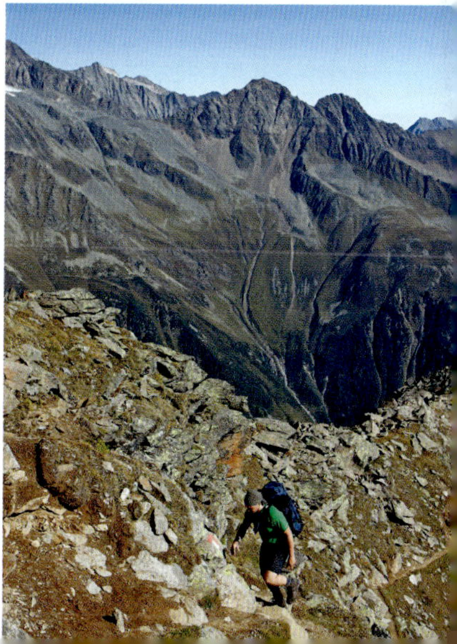

↗ 850 m | ↘ 850 m | 9.2 km

27 Mutterberger See, 2483 m

4.30 h

Malerischer Bergsee im Stubaier Talschluss

Das innerste Stubaital hat durch das Gletscherskigebiet fraglos landschaftliche Beeinträchtigungen erfahren. Abseits von diesen Eingriffen und dem damit verbundenen touristischen Treiben finden wir mit dem Mutterberger See jedoch ein zauberhaftes Kleinod, das uns umso bewusster macht, welch große Bedeutung dem Natur- und Landschaftsschutz im sensiblen Hochgebirgsgefüge zukommt. Nach rund dreistündigem Aufstieg dürfen wir uns am Spiegelbild der Gletscherberge berauschen und die Seele ein wenig baumeln lassen ...

Ausgangspunkt: Mutterbergalm, riesige Parkflächen bei der Stubaier Gletscherbahn. Vorteilhaft stellt man das Auto im oberen Bereich ab, ca. 1750 m, oder nahe der Bachbrücke, ca. 1710 m. Endhaltestelle der Buslinie von Innsbruck.
Anforderungen: T3–. Beim Aufstieg und weiter bis in die Wilde Grube normale, gebietstypische Bergsteige, meist in mittelsteilem Gelände, Absturzgefahr stellenweise nicht ausgeschlossen. Vorsicht an Bächen, wenn diese viel Wasser führen. Zum Ende hin Fahrweg. Kein allzu großes Tagespensum.
Einkehr: Keine, außer das Restaurant am Ausgangspunkt.
Beste Jahreszeit: Ende Juni bis in den Oktober.

Startet man bei der **Mutterbergalm** respektive **Stubaier Gletscherbahn** ❶ im oberen Bereich, kann man zuerst direkt bei der Mutterberger Klamm vorbeischauen, muss dann jenseits des Bachs aber ein paar Minuten absteigen, um auf den Zugang von unten (dieser beginnt ohne Schild bei der Straßenbrücke) zu treffen. Nun im Bergwald aufwärts, zwischendurch nochmals nah an den rauschenden Bach heran, etwas undeutlich bezeichnet über die Wiesenböden weiter und nach Querung eines ersten Seitenbachs rechts abdrehen. Wir gewinnen teils im Latschenterrain an Höhe, kreuzen den zuvor überschrittenen Bach (wo dieser eine Kaskade bildet)

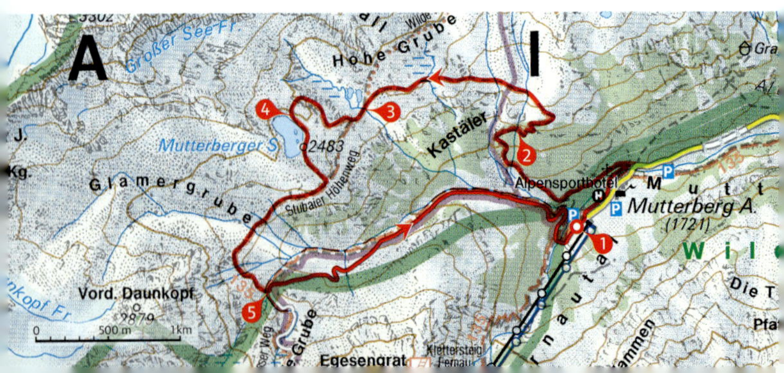

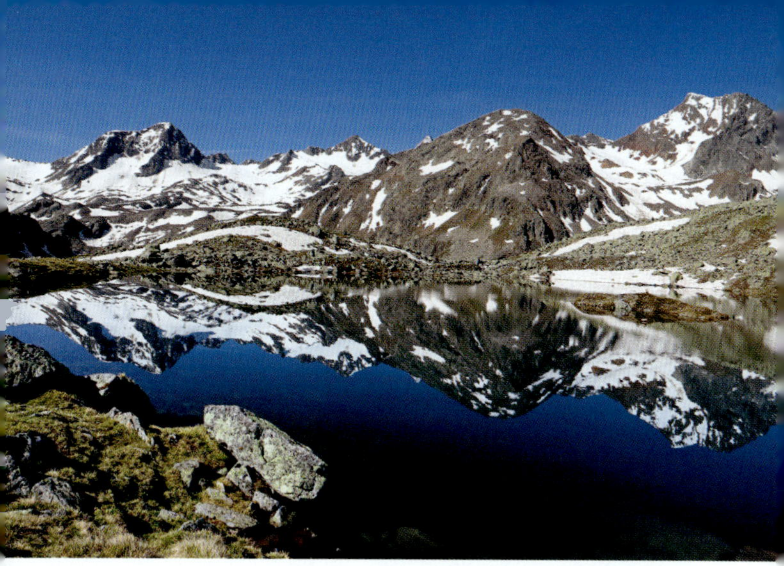

Ende Juni just vom Eise befreit: der Mutterberger See.

nochmals ❷, ca. 2060 m, und gelangen über die Geländeschwelle hinweg auf einen Geländebalkon. Hier wendet man sich nach links und steuert über die Böden mit zwei Bachquerungen auf einen steileren Hang zu. Damit schließen wir zur Hohen Grube auf und stoßen dort nach kurzem Zwischenabstieg auf den **Stubaier Höhenweg** ❸. Dieser wird allerdings bald wieder verlassen, um das letzte Bergauf zum **Mutterberger See** ❹, 2483 m, zu bewältigen.

Am Ostufer vorbei steigen wir auf anderer Linie wieder zum Stubaier Höhenweg ab und folgen der Traverse unter der Glamergrube entlang. Am Sockel des Vorderen Daunkopfes hinunter in die **Wilde Grube** ❺, wo gleich jenseits des Steges ein Fahrweg verläuft. Diesem folgt man stets auf der rechten Seite relativ steil abwärts, zuletzt mit zwei, drei Schleifen zu den Parkflächen bei der **Stubaier Gletscherbahn** ❶.

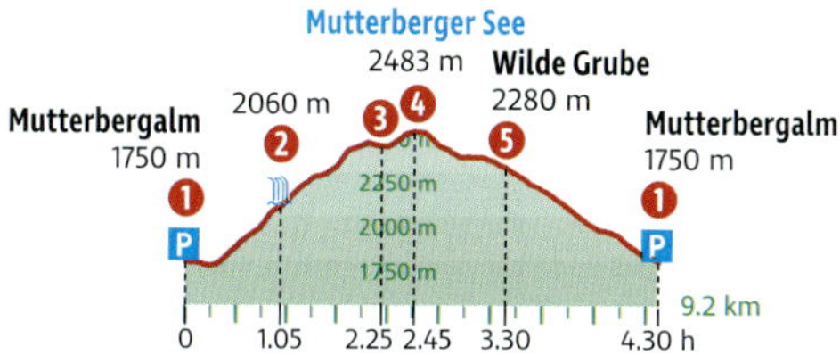

↗ 1080 m | ↘ 1080 m | 9.6 km

28 Serles, 2718 m

5.00 h

Formgewaltige Silhouette im Innsbrucker Süden

Die Serles erhebt sich zwar nicht unmittelbar über der Tiroler Landeshauptstadt, zeigt sich aber durch den Einschnitt des Wipptals im Süden besonders wirkungsvoll und zählt zweifellos zu den bekanntesten Bergen im Umkreis. Die Sonnenaufgangstouren dorthin sind legendär, die Aussicht sowieso. Es gibt auch einen Zugang aus dem Stubaital, üblicher Ausgangspunkt ist aber das Kloster Maria Waldrast auf der Ostseite, zumal sich von dort das Steigpensum im normalen Rahmen hält. Die Serles wird zuweilen als anspruchsvoll eingestuft, faktisch gilt dies jedoch allenfalls für kurze Passagen am Gipfelaufbau. Gemessen am schroffen Erscheinungsbild des Berges kommt man ihm sogar überraschend leicht bei, solide Trittsicherheit vorausgesetzt.

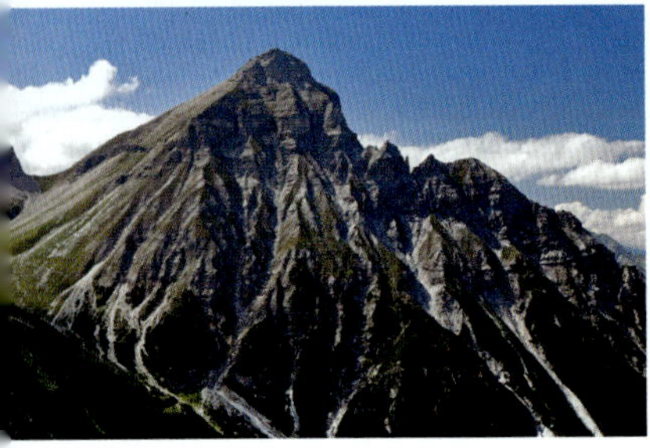

So sieht man die berühmte Serles von Süden.

Ausgangspunkt: Maria Waldrast, 1638 m, mautpflichtige Zufahrt von Matrei zur Wallfahrtskirche. Kein Linienbusverkehr.
Anforderungen: T3–4. Bis zum Serlesjöchl Bergsteig ohne besondere Schwierigkeiten, knapp oberhalb die Schlüsselstelle mit Leiterchen und Drahtseilen an niedrigen Felsstufen (deshalb kurzfristig an der Grenze zu »schwarz«), ansonsten Schuttsteig, zuoberst nochmals felsiger. Gute Trittsicherheit obligatorisch, Ausdauer für eine durchschnittliche Tagestour.
Einkehr: Maria Waldrast Natur Resort, 1638 m, Mo Ruhetag, Tel. +43 05273 6219.
Beste Jahreszeit: Ende Juni bis in den Oktober, solange schneefrei.
Varianten: 1. Zum Serlesjöchl in rund 3.30 Std. von Kampl im Stubaital über den Alpengasthof Wildeben, dort ggf. nächtigen.

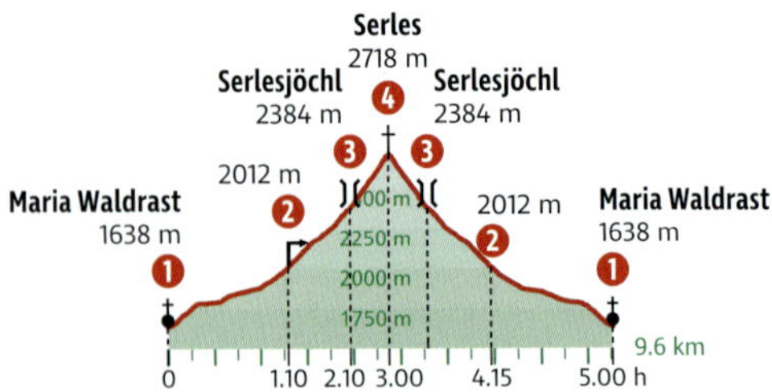

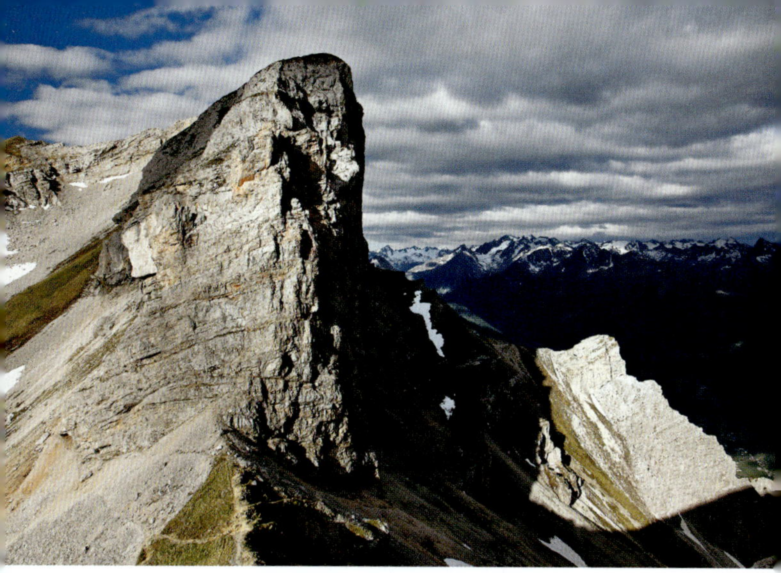

Das Serlesjöchl wird von der Roten Wand flankiert.

2. Vom Serlesjöchl kann man eine Verbindung zum Trinserjoch einschlagen und damit Tour 29 kombinieren. Anspruchsvoller ist die (ebenfalls markierte) Gratroute via Lämpermahdspitze Richtung Kesselspitze.

Von **Maria Waldrast** ❶ begeben wir uns auf den Serlesweg (Nr. 121), der in Grundrichtung Südwest anfangs durch Wald, dann vermehrt durch Latschenbereiche schräg ansteigt. Einige Abschnitte verlaufen auch mal nahezu horizontal. Zwischendurch werden zwei Reißen gekreuzt, ehe wir uns nach gut einer Stunde bei einer Gabelung rechts in die Serlesgrube hinaufwenden ❷. In der Karbucht kommt man vom grasigen Untergrund allmählich in den Schutt und steuert das markante **Serlesjöchl** ❸, 2384 m, in der Kammlinie an. Dort nach rechts zu einer kleinen Felsstufe, die mittels Leiter überwunden wird. Im weiteren Verlauf treten am Gipfelaufbau noch zwei, drei gesicherte Schrofenstellen auf, sonst windet sich die Spur im Schotter bergauf und bewältigt kurz vor dem Gipfel der **Serles** ❹, 2718 m, eine letzte felsdurchsetzte Passage. Der Abstieg ist identisch.

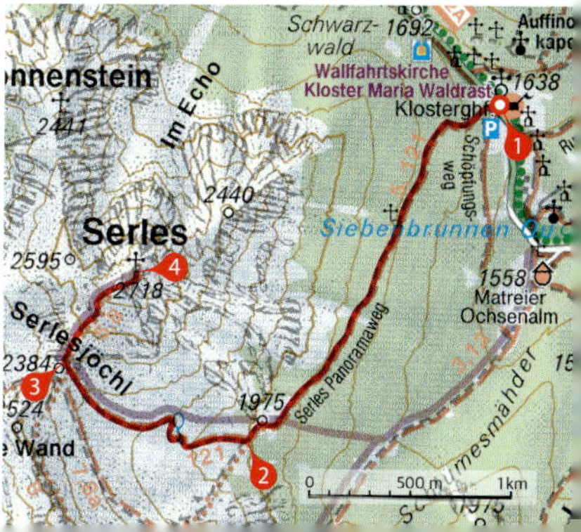

↗ 920 m | ↘ 920 m | 9.3 km

29 Peilspitze, 2393 m, und Blaserhütte, 2180 m

4.15 h

Tolle Überschreitung einer Janusgestalt

Die Peilspitze ist ein recht interessanter Berg zwischen den »Magneten« Serles und Blaser, auf der einen Seite bis weit hinauf begrünt, andererseits aber auch mit morschen Felsabbrüchen behaftet: eine Janusgestalt. Bei zwei vorhandenen Gipfelrouten drängt sich eine Überschreitung geradezu auf, entweder aus dem Gschnitztal oder – wie nachfolgend beschrieben – mit weniger Höhenmetern von der Waldraster Straße. Natürlich schauen wir auch bei der Blaserhütte vorbei, die auf ihrem Plateaurücken ein herrliches Flair verströmt.

Ausgangspunkt: Parkplatz, ca. 1565 m, unweit der Matreier Ochsenalm an der Mautstraße von Matrei nach Maria Waldrast. Keine Busanbindung.
Anforderungen: T3+, meist leichter. An der Peilspitze einige ausgesetzte Felspassagen mit Drahtseilen. Sonst normale Bergwege, wenn auch phasenweise relativ steiles Gelände beim Abstieg durchs Lange Tal. Überschaubare Tagestour.
Einkehr: Matreier Ochsenalm, 1558 m, Tel. +43 5273 60139. Blaserhütte, 2180 m, Anfang Juni bis Ende September, Tel. +43 664 5718200, www.blaserhuette.at.
Beste Jahreszeit: Juni bis September.
Tipp: Man wird gern noch den Blaser-Gipfel mitnehmen, siehe dazu Tour 30.

Vom Parkplatz ❶ aus in Kürze von der Straße abrückend zur nahen **Matreier Ochsenalm** und mit Nr. 13 über die Wiesenböden sachte einwärts. Durch einen Latschengürtel nähern wir uns einer steileren Geländestufe, die leicht rechts haltend mittels Serpentinen überwunden wird. Oberhalb durch die Matreier Grube weiter bergauf und damit ins **Trinserjoch** ❷, 2225 m, das auch als **Kalbenjoch** geläufig ist. Nun packen wir linker

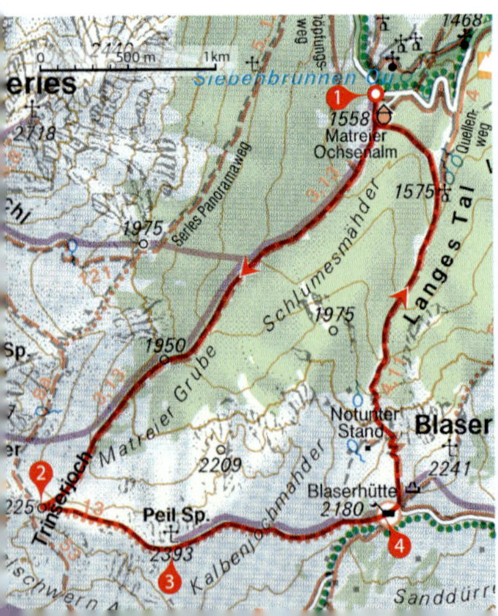

Bei der Blaserhütte haben wir uns eine Rast verdient.

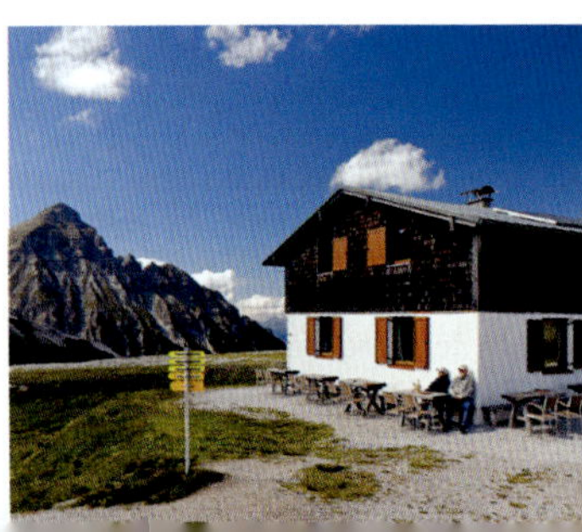

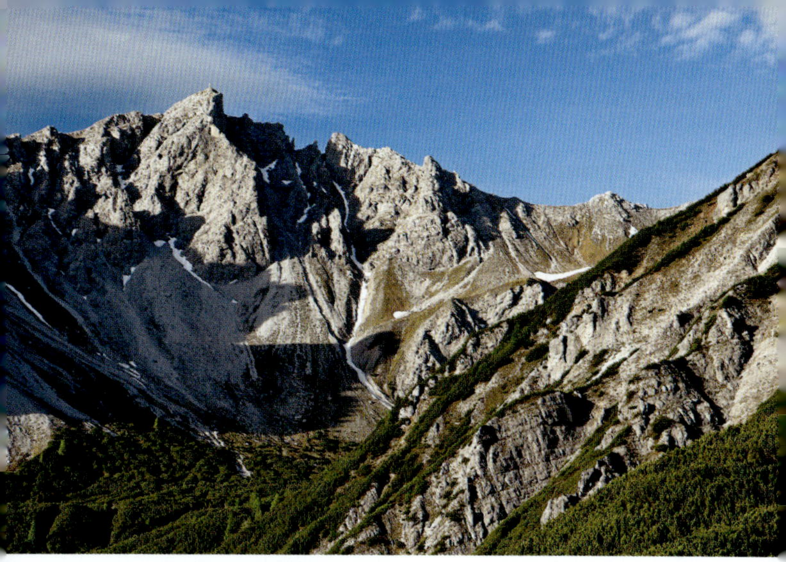

Die Peilspitze mit ihrem felsigen Nordabbruch.

Hand die Peilspitze an, anfangs linksseitig auf normalem Steig, der jedoch bald in felsige Umgebung eintritt und dort wiederholt gesichert ist. Einer zerklüfteten Gratpartie wird rechts ausgewichen – dann ist es nicht mehr weit zum Gipfel der **Peilspitze** ❸, 2393 m.

Ostseitig herrscht Richtung Kalbenjochmähder grasiges Gelände vor. Unser Wiesensteig führt in eine Senke hinab, aus der gut 60 Höhenmeter Gegenanstieg bis zur **Blaserhütte** ❹, 2180 m, absolviert werden müssen. Auf der Hochfläche schlagen wir den gut angelegten Abstiegsweg Nr. 4 ein. Dieser bringt uns kurvenreich zur ersten Schwelle und anschließend mit etlichen Kehren über die steilen Hänge ins Lange Tal hinunter. Nordwärts hinaus können wir die Tour noch mit einem Besuch der **Matreier Ochsenalm**, 1558 m, beschließen.

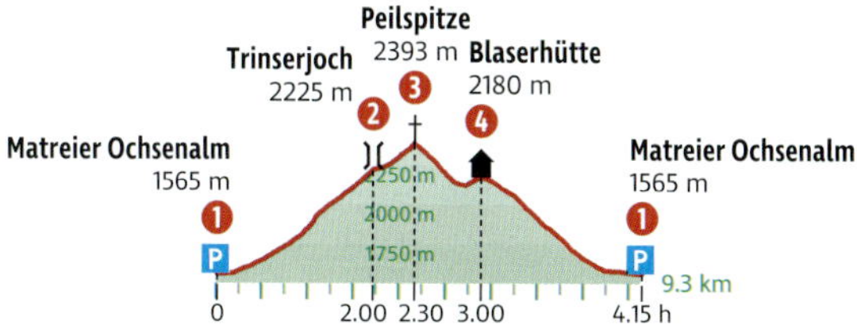

↗ 1020 m | ↘ 1020 m | 9.7 km

30 Blaser, 2241 m

4.40 h

Auf den Blumenberg Tirols

Der Blaser ist für seine ungewöhnlich reichhaltige Flora bekannt und wurde daher sogar zum »Blumenberg Tirols« erkoren. Bestimmt kann dies eine Motivation sein, speziell im Früh- oder Hochsommer heraufzukommen, aber auch klare Herbsttage besitzen ihre Vorzüge, denn der Blaser erweist sich als großartige Aussichtsloge mit Tiefblick ins Wipptal und einer Rundumschau, die uns in einem kleinen Panoramarondell detailliert erklärt wird. Nicht zuletzt freuen wir uns auf die Einkehr in der nur einen Katzensprung entfernten Blaserhütte.

Ausgangspunkt: Trins, 1233 m, im Gschnitztal. Parkmöglichkeit und Bushaltestelle im Ort.
Anforderungen: T2, im Abstieg eventuell etwas schwieriger und schon Tendenz zu »rot«. Beim Aufstieg einfache Bergwege ohne besondere Hindernisse, im unteren Bereich durch Wald, weiter oben im Wiesengelände. Die optionale Abstiegsroute ist vergleichsweise deutlich steiler, bei Nässe stellenweise rutschig, entsprechende Trittsicherheit vorteilhaft. Normale, maßvolle Tageswanderung.
Einkehr/Unterkunft: Blaserhütte, 2180 m, Anfang Juni bis Ende September, Tel. +43 664 5718200, www.blaserhuette.at.
Beste Jahreszeit: Juni bis September, ohne Hütteneinkehr meist auch noch im Oktober machbar.
Variante: Man kann in jedem Fall eine Rundtour planen, indem man ggf. auch den weit ausholenden Fahrweg über den Burgwald benutzt.

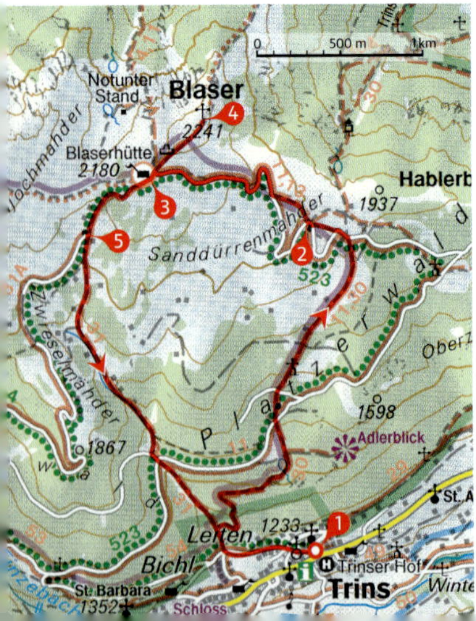

In **Trins** ❶ wenden wir uns an der südseitigen Berglehne aufwärts (Forstweg), im Bereich eines Grabens mit Nr. 30 rechts über eine kleine Wiese auf einen zunächst breiten Waldweg, nach einigen Kehren vorbei am eingezäunten Bannwald. Ein Schild weist auf den Abstecher zum »Adlerblick« hin. Bei einem Bankerl schlägt man den abkürzenden Pfad ein und tritt nach Zaunüberstieg auf rund 1750 Metern in lichteres Gelände mit Mähwiesen und verstreuten Schobern hinaus. Mitunter wird auch ein Fahrweg tangiert. Im Bereich der **Sanddürrenmähder** ❷, ca. 1970 m, kommt Nr. 13 von Steinach dazu. Wir gewinnen im Mattenge-

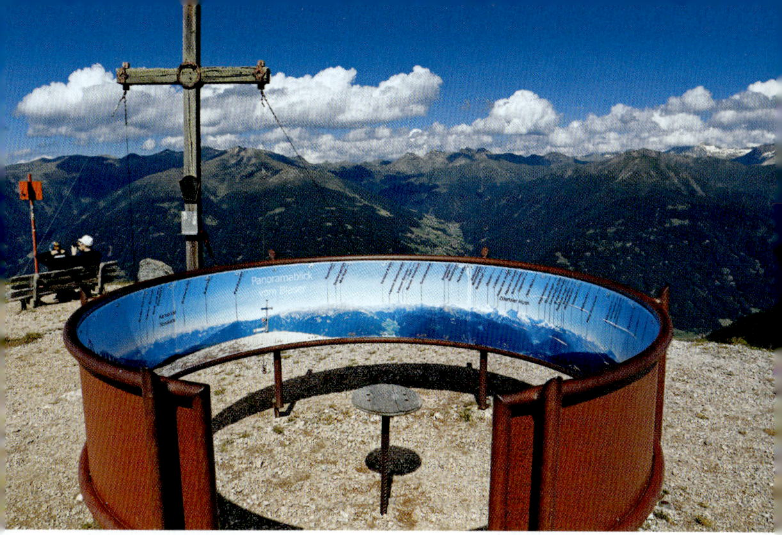

Auf dem Blaser-Gipfel finden wir ein interessantes Panoramarondell.

lände weiter an Höhe, beachten die signalisierten Abkürzungen und erreichen schließlich eine Art Hochplateau, wo sich die **Blaserhütte** ❸, 2180 m, befindet. Von dort verbleiben nur mehr 10 Minuten über einen sachte ansteigenden Hang bis auf die Gipfelkuppe des **Blaser** ❹, 2241 m.
Im Abstieg zurück zur Blaserhütte ❸ und mit einigen Kehren im Latschen-Wiesen-Gelände abwärts, bis wir mit Nr. 31 vom Hauptweg abrückend links in eine Grabenstruktur einschwenken können ❺. Zunächst handelt es sich um einen (bei trockenem Untergrund) sehr angenehmen Wiesenpfad. Weiter unten wird der Trichter enger und steiler, die Umgebung zum Teil bewaldet. Neben einem kleinen Bachlauf können feuchte Stellen auftreten. Später wieder häufig in einer Wiesenschneise, zwischendurch eine Forststraße kreuzend und im unteren Teil meist mittelsteil zurück nach **Trins** ❶.

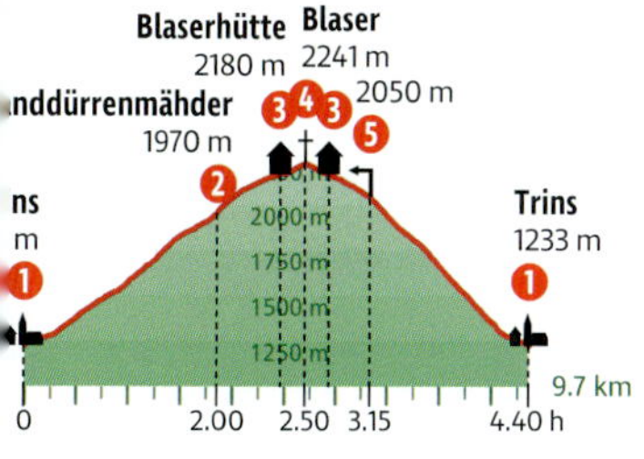

Mit toller Aussicht beginnt auch die Abstiegsroute.

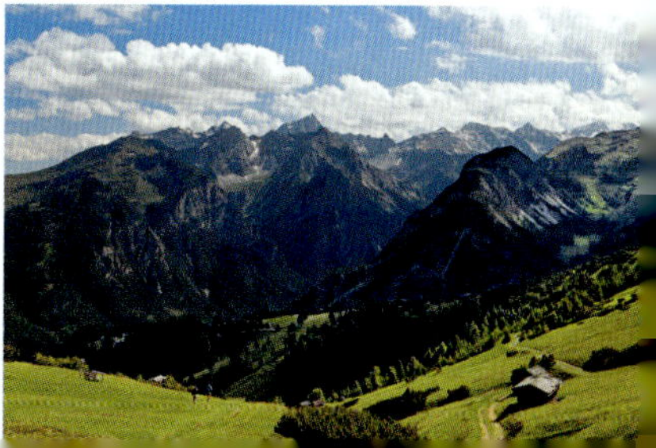

↗ 1570 m | ↘ 1570 m | 18.1 km

31 Padasterjochhaus, 2232 m, und Hammerspitze, 2634 m

8.00 h

Am »Stoamandlweg« mit Wasenwand und Foppmandl

In diesem Kapitel wird eine Hüttenwanderung für jedermann mit Erweiterungspotenzial vorgestellt. Im Mittelpunkt steht das 1907 als erste Naturfreunde-Hütte eingeweihte Padasterjochhaus über dem Gschnitztal. Bis dorthin hat man ab Trins immerhin schon an die 1000 Höhenmeter zu absolvieren. Wer auf Gipfel erpicht ist, kann sich am Serleskamm austoben, etwa zur markanten Kirchdachspitze oder auf einer eng gefassten Drei-Gipfel-Runde via Hammerspitze, Wasenwand und Foppmandl. Dieser »Stoamandlweg« ist eine pfiffige, bislang nicht sonderlich bekannte Unternehmung.

Ausgangspunkt: Trins, 1233 m, im Gschnitztal. Parkplatz und Bushaltestelle im Ort.
Anforderungen: T3+ (Gipfelrunde) bzw. T2 (bis Hütte). Zur Hütte wahlweise über gewöhnlichen, z.T. etwas holprigen Bergweg oder komplett über einen breiten Fahrweg, jeweils ohne Absturzgefahren. Auf der Gipfelrunde hingegen abschüssiges Gelände (teils Gras, teils Schutt, eher wenig Fels) und daher solide Trittsicherheit erforderlich. Je nach Ziel großes oder normales Tagespensum.
Einkehr/Unterkunft: Padasterjochhaus, 2232 m, Mitte Juni bis Ende September, Tel. +43 699 11175352, www.padasterjochhaus.at.
Beste Jahreszeit: Ende Juni bis Ende September.
Variante: Als leichteres Ausweichziel empfiehlt sich der Padasterkogel, 2301 m, ein vom gleichnamigen Joch abgesetzter Geländekopf.

Wir starten in **Trins** ❶ links haltend aufwärts an der Barbarakapelle vorbei und gelangen zu einem Forstweg, der sich gabelt. Hier geradeaus durch das Gatter auf einen Wiesenboden, einen Bachgraben nach links kreuzend und in einer seichten Hangmulde bergwärts. Linker Hand imponiert die

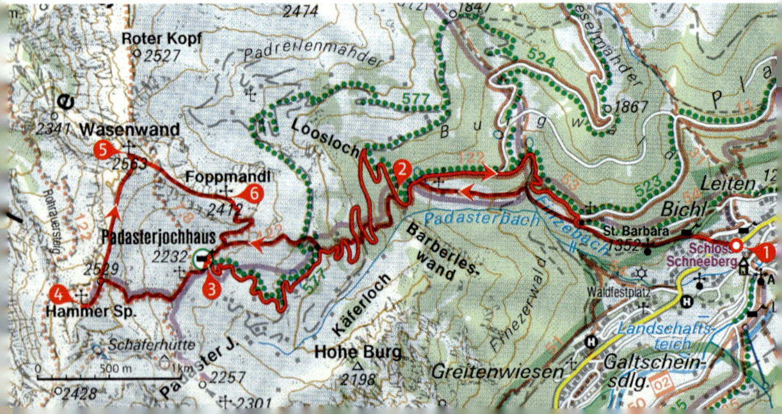

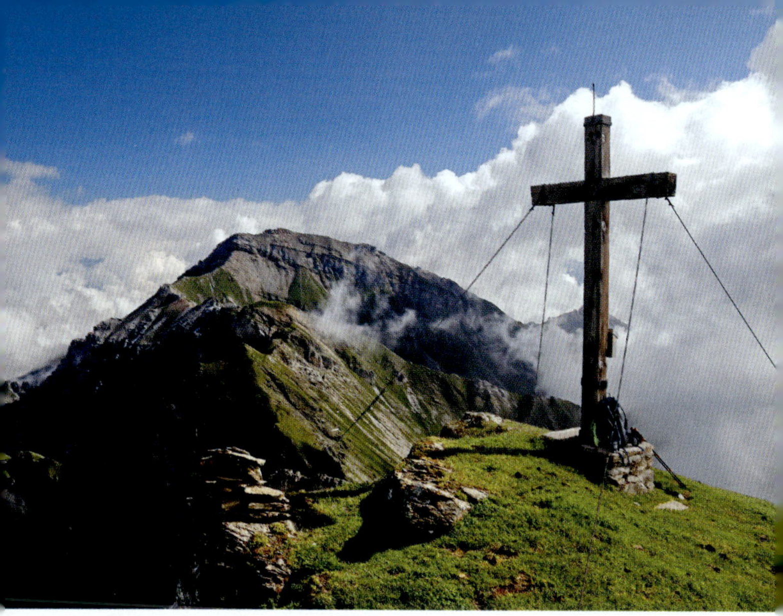

Von der Hammerspitze können wir mit den Augen der Kammlinie über die Wasenwand bis zur Kesselspitze folgen.

Barberleswand. Man stößt wieder auf den Fahrweg (der beim Gatter vorteilhaft verlassen wurde), ehe auf einem Hinweisschild der **»Herrensteig«** (Nr. 122) auftaucht ❷, ca. 1690 m. Damit kürzt man die weit ausholenden Schleifen des Güterwegs effektiv ab, gelangt durch lichten Wald sowie Buschwerk höher und durch die Latschenzone allmählich in freies Gelände. Zuletzt nach links hinüber zum **Padasterjochhaus** ❸, 2232 m.
Im Anschluss folgen wir kurz dem Weg zum Padasterjoch und achten auf den Abzweig zur Hammerspitze. Der rasch aufsteilende Wiesenhang wird im Zickzack erstiegen, womit wir in die Kammlücke, 2529 m, nördlich des Gipfels gelangen. Hier wäre ein Übergang zum Rohrauersteig und damit ins Pinnistal möglich (vgl. Tour 11). Ohne besondere Hindernisse leitet ein Schuttsteig binnen 15 Minuten auf den Gipfel der **Hammerspitze** ❹, 2634 m. Zurück in der blockigen Senke folgen wir dem sogenannten **»Stoamandlweg«** in Gratnähe, bald etwas nach rechts ausweichend, wobei allmählich deutlich an Höhe eingebüßt wird. Abschüssige Schuttpassagen erheischen Vorsicht. Wir tangieren die tiefste Einschartung und bewältigen anschließend den Gegenanstieg zur **Wasenwand** ❺, 2563 m. Beim Abstieg entlang ihres Südostrückens kommt man zu jener Stelle, die von der Route zur Kesselspitze überschritten wird. Wir folgen nun aber der (überwiegend

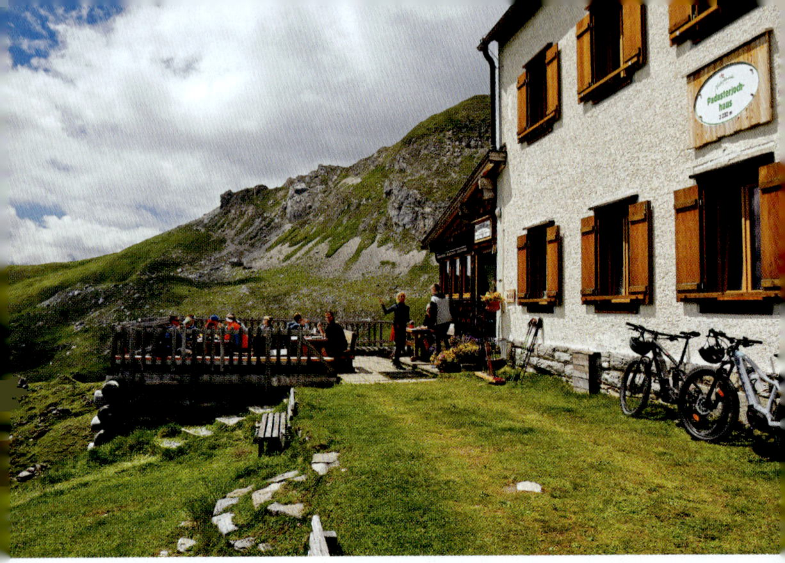

Das Padasterjochhaus lohnt auch ohne Gipfel einen Besuch.

grasigen) Kammverbindung zum vorspringenden **Foppmandl** ❻, 2412 m, und erreichen damit unseren dritten Gipfelpunkt binnen kurzer Zeit. Auch beim nachfolgenden Abstieg ist der Pfad etwas erdig und nach Regenfällen möglicherweise rutschig. Er holt zunächst nach Süden aus und quert dann scharf rechts ins Kar hinein. In den Herrensteig einmündend rasch hinüber zum **Padasterjochhaus** ❸, womit sich die Gipfelrunde schließt. Der Abstieg kann wieder über den Herrensteig oder zur Abwechslung auch über die wenig steile Zufahrt erfolgen. Sie ist wegen der Schleifen und Kurven zwar länger, aber bequemer zu begehen.

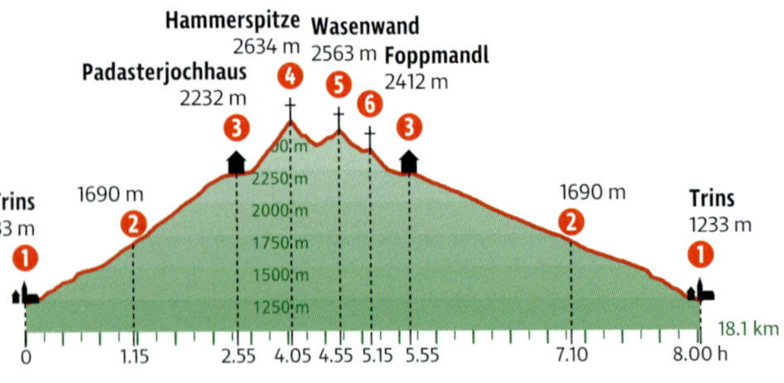

↗ 1150 m | ↘ 1150 m | 10.9 km

6.00 h

Innsbrucker Hütte, 2370 m

32

Zwei Zugänge aus dem Gschnitztal

Die Innsbrucker Hütte haben wir im Rahmen von Tour 12 schon kennengelernt. Da sie auch von Gschnitzer Seite her häufig besucht wird, dürfen diese Zugänge (es gibt zwei Wege, die sich gut kombinieren lassen) nicht fehlen. Ich mag sie eigentlich sogar lieber als den Schlauch durchs Pinnistal, insbesondere den pfiffigen Jubiläumssteig, der nachfolgend im Aufstiegssinn beschrieben wird.

Ausgangspunkt: Gschnitz, Hüttenparkplatz kurz hinter dem Dorfkern, ca. 1250 m, zwischen den Bushaltestellen Gschnitz Kirchplatz und Gurns.
Anforderungen: T2+. Von Gschnitz in zahlreichen, mäßig steilen Serpentinen angelegte Route, trotz abschüssiger Hänge nicht besonders anspruchsvoll (Obacht speziell bei einigen Rinnenquerungen). Talwärts ebenfalls kehrenreich, aber etwas holpriger. Ausgefüllte Tagestour.
Einkehr/Unterkunft: Innsbrucker Hütte, 2370 m, Mitte/Ende Juni bis Anfang Oktober, Tel. +43 5276 295, innsbrucker-huette.at.
Beste Jahreszeit: Während der Hüttenöffnungszeit.
Tipp: Von der Hütte in 45 Min. auf die Kalkwand (siehe Tour 12).

Wir starten beim Parkplatz hinter **Gschnitz** ❶ und begleiten zunächst eine Grabenrunse aufwärts, ehe der ausgiebige Serpentinenverlauf durch den Bergwald einsetzt. Nach einer Weile über die Rinne hinweg nach links

Sowohl von Gschnitz als auch aus dem Stubai erreichbar: die Innsbrucker Hütte.

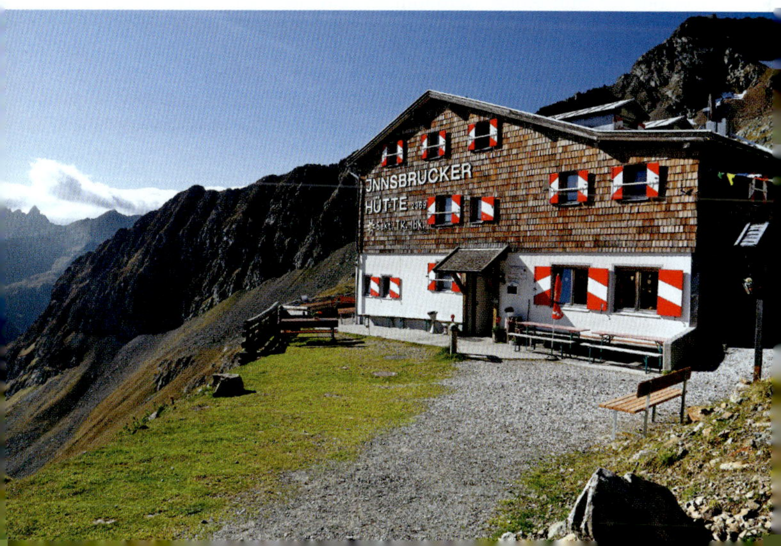

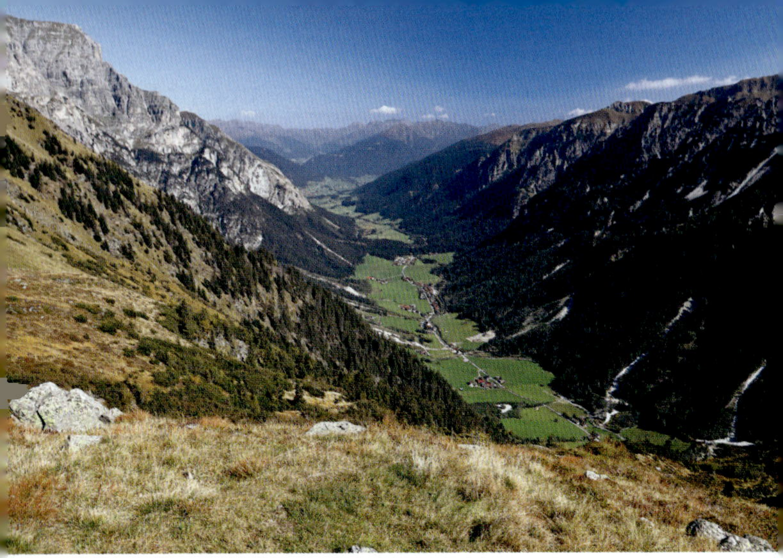

Großartiger Blick genau in die Achse des Gschnitztals.

und auf gut 1600 Metern an einem Aussichtspunkt ❷ vorbei. Allmählich schraubt sich der gute Steig (Nr. 123) über die Waldgrenze hinaus und ziemlich nah bis unter die Felsabstürze der Kalkwand empor. Links haltend kreuzen wir nun einige Geröllrinnen und nehmen – abgesehen von ein paar Kurven – insgesamt einen diagonalen Kurs. Hinter einem markanten Geländeeck erblickt man erstmals die Hütte und vollzieht die letzte Traverse Richtung Pinnisjoch auf einer Art Band oberhalb der Alfairgrube. Es kommen die Zugänge vom Gasthof Feuerstein sowie aus dem Stubaital dazu – wenige Schritte weiter treffen wir bei der **Innsbrucker Hütte** ❸, 2370 m, ein.

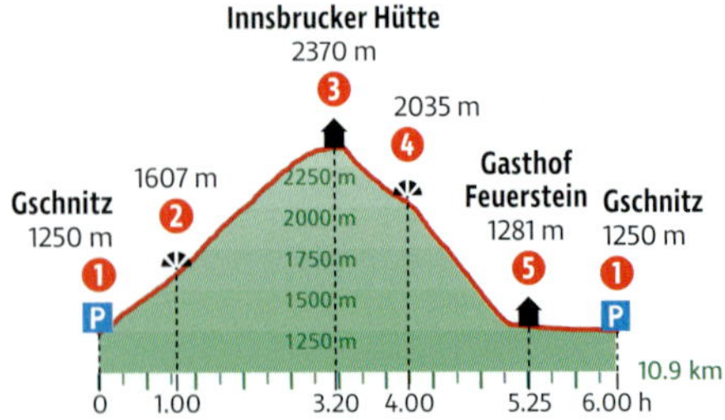

Für den weiteren Abstieg begeben wir uns von der linken Seite her in die große Hangmulde der Alfairalm hinab. Allmählich zieht man mehr nach rechts hinüber (wo auch die Materialseilbahn verläuft) und gelangt zu einem Geländevorsprung 4 mit herrlichem Blick ins Gschnitztal. Jetzt leitet der Steig in eine rinnenartige Schneise, die praktisch den gesamten restlichen Talabstieg vermittelt, vollzieht unzählige Serpentinen und wird durch die Geländestruktur klar auf Linie gehalten. Weiter unten taucht man in lichten Wald ein und kommt schließlich bei der Talstation der Materialseilbahn heraus. In Kürze trifft man beim **Gasthof Feuerstein** 5, 1281 m, auf den großen Wanderparkplatz und die Endhaltestelle. Von dort gegebenenfalls auch zu Fuß über die verbleibenden knapp zwei Kilometer (anfangs abseits der Straße, dann auf dieser) zurück zum Ausgangspunkt 1.

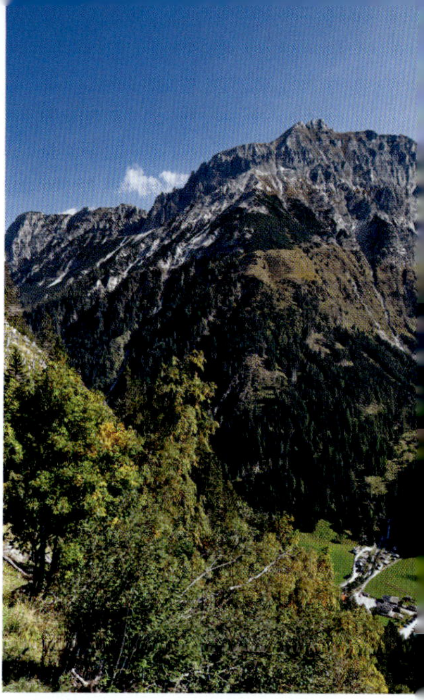

Beim Abstieg beeindruckt das Hohe Tor vis-à-vis.

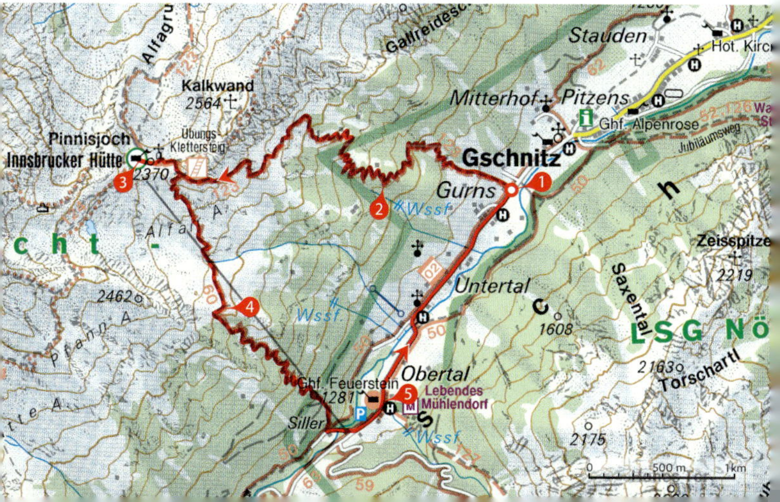

↗ 1130 m | ↘ 1130 m | 15.6 km

33 Bremer Hütte, 2411 m

6.50 h

Im innersten Winkel des Gschnitztals

Rasenpolster neben buckelig geschliffenen Urgesteinsfelsen, dazwischen ein paar malerische Seeaugen, in denen sich die Gletscher und Grate des nahen Stubaier Hauptkamms spiegeln: Bei der 1897 erbauten Bremer Hütte umschmeichelt uns eine harmonische Zentralalpenlandschaft, wie man sie sich gemeinhin erträumt. Obwohl sie geografisch im Einzugsbereich des Gschnitztals liegt, fungiert sie auch als Etappenstützpunkt auf dem beliebten Stubaier Höhenweg. Eine ausgewachsene Bergwanderung für sich ist freilich bereits der abwechslungsreiche Hüttenanstieg aus dem Gschnitzer Talschluss. Wer nicht so weit wandern mag, kann sich mit dem Kurzausflug zur Laponesalm begnügen.

Ausgangspunkt: Gasthof Feuerstein, 1281 m, am Ende der öffentlichen Straße ins Gschnitztal. Gebührenpflichtiger Parkplatz und Bushaltestelle. Mit dem Almtaxi könnte bis zur Laponesalm abgekürzt werden.
Anforderungen: T3. Im ersten Teil breiter Wirtschaftsweg, danach mittelschwerer Bergweg mit Gletscherschliffen nach oben hin. Elementare Trittsicherheit vorteilhaft und angesichts der Länge auch Ausdauer.
Einkehr/Unterkunft: Laponesalm, 1472 m, Mitte Mai bis Ende Oktober, Tel. +43 664 1634190, www.laponesalm.at. Bremer Hütte, 2411 m, Mitte Juni bis Ende September, Tel. +43 664 3047360, www.bremerhuette.at.
Beste Jahreszeit: Mitte Juni bis Anfang Oktober.

Vom Parkplatz beim **Gasthof Feuerstein** ❶ geht es auf dem Fahrsträßchen – nur kurzfristig mal etwas deutlicher ansteigend – taleinwärts. Bei der Brücke kann man im Übrigen auch links bleiben und den Steig nutzen. Nach rund einer Stunde erreichen wir die **Laponesalm** ❷, 1472 m, wo der Asphaltbelag von Schotter abgelöst wird. Eine hohe Trogstufe scheint den Talhintergrund abzuriegeln, doch finden wir nach weiteren 700 Metern rechter Hand den Hinweis Richtung Bremer Hütte und steigen in den ei-

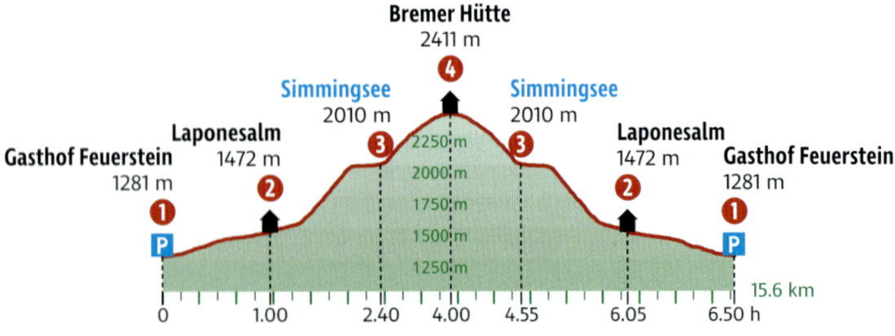

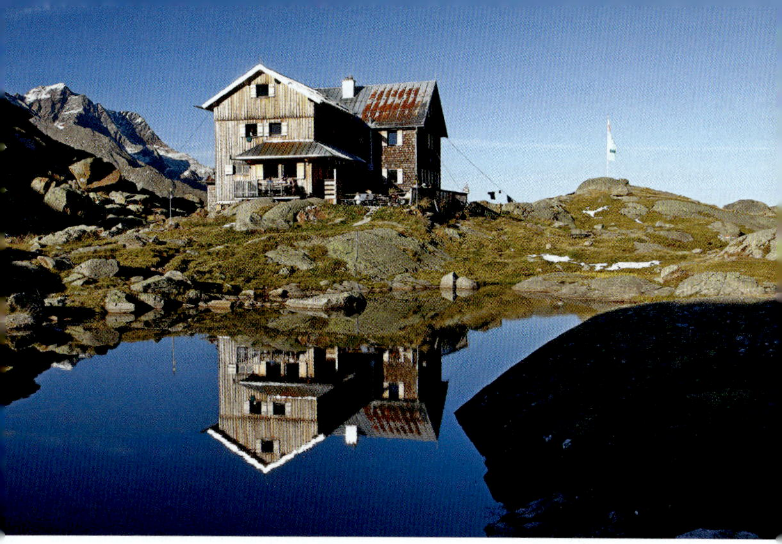

Die Bremer Hütte punktet mit ihrem herrlichen Standort.

gentlichen Bergweg ein. In lichtem Wald und Gebüsch, phasenweise auch über felsdurchsetzte und manchmal feuchte Matten sammeln wir stetig Höhenmeter und gewinnen dann die Schwelle zu einer fantastischen grünen Schwemmebene. Im Kessel liegt auch der **Simmingsee** ❸, 2010 m, eingebettet. Links davon steigen wir an einem Geländerücken weiter bergauf, passieren nach etlichen Kehren den Abzweig des Bremer Jubiläumssteiges und wandern über die Schlifffelsen und Grasflecken am Mitteregg – zuletzt um einige Rundhöcker lavierend – der **Bremer Hütte** ❹, 2411 m, entgegen. Der Abstieg verläuft wie der Aufstieg.

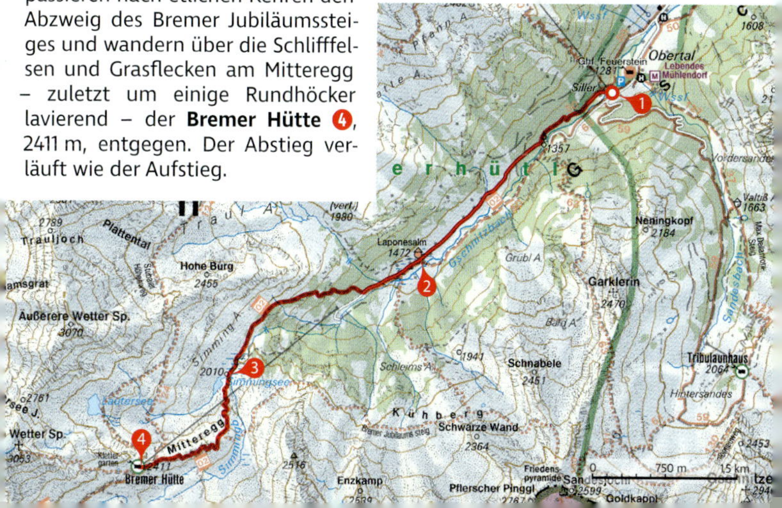

↗ 650 m | ↘ 650 m | 3.6 km

3.30 h

34 Innere Wetterspitze, 3053 m

Auf den Hausberg der Bremer Hütte

Passionierte Gipfelstürmer finden im Gebiet der Bremer Hütte eine interessante Anschlusstour. Ein einziger Gipfel ist hier mit einer markierten Route erschlossen – als »Dreitausender mit Weg« sozusagen. Doch sei dieses allzu verlockende Prädikat gleich wieder eingeschränkt, handelt es sich doch um einen phasenweise exponierten Fels- und Schrofensteig, der für die meisten Bergwanderer schon grenzwertig sein dürfte. Die Markierung hilft enorm bei der Feinorientierung am Ostgrat, die klettertechnischen Ansprüche sind aber lediglich an ganz kurzen Stellen mit Drahtseil gezähmt. Somit ist die Einstufung T5 unbedingt ernst zu nehmen! Wer sich den Anforderungen gewachsen fühlt, erlebt freilich eine Sternstunde im höchsten Stockwerk der Stubaier Alpen.

Ausgangspunkt: Bremer Hütte, 2411 m. Zustieg vom Gasthof Feuerstein im Gschnitztal, siehe Tour 33.
Anforderungen: T5. Zuverlässig markierte Route, die aufgrund des ausgesetzten Fels- und Schrofengeländes allerdings sehr anspruchsvoll ist. Gewöhnlicher, erdiger Steig nur bis zur »Aussichtsscharte«, danach Steigspuren mit etlichen Kletterpassagen (I und vereinzelt II–), die Schlüsselstelle ist gesichert. Nur für Erfahrene, ausgeprägte Trittsicherheit und absolute Schwindelfreiheit unabdingbar. Nicht bei Nässe!
Einkehr/Unterkunft: Bremer Hütte, 2411 m, Mitte Juni bis Ende September, Tel. +43 664 3047360, www.bremerhuette.at.
Beste Jahreszeit: Juli bis September.

Ein Prachttag für die Wetterspitze.

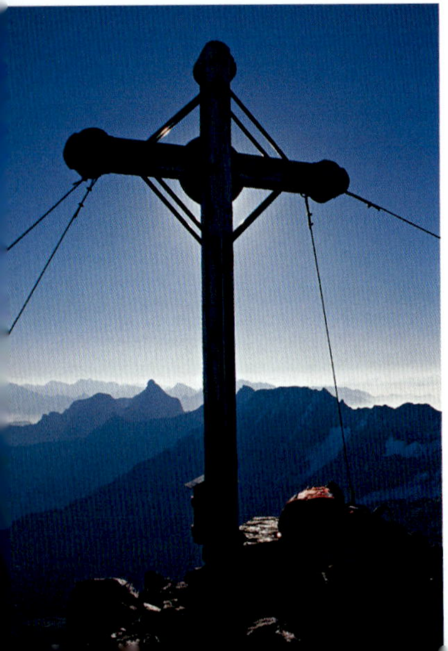

Von der **Bremer Hütte** ❶ folgen wir am Seeauge vorbei ein kurzes Stück dem Stubaier Höhenweg zum Simmingjöchl, bis die Wetterspitze auf einem Schild ausgewiesen wird. Die Route leitet in der Flanke kräftig höher, vorerst als erdiger Steig in Gras- und zunehmend auch Schuttgelände. Nach rund einer Stunde gewinnt man den Ostgrat und in Kürze die sogenannte **»Aussichtsscharte«** ❷, 2787 m. Aus dieser heraus vermittelt eine Art Riss die erste knifflige Kletteraufgabe. Danach folgt die ei-

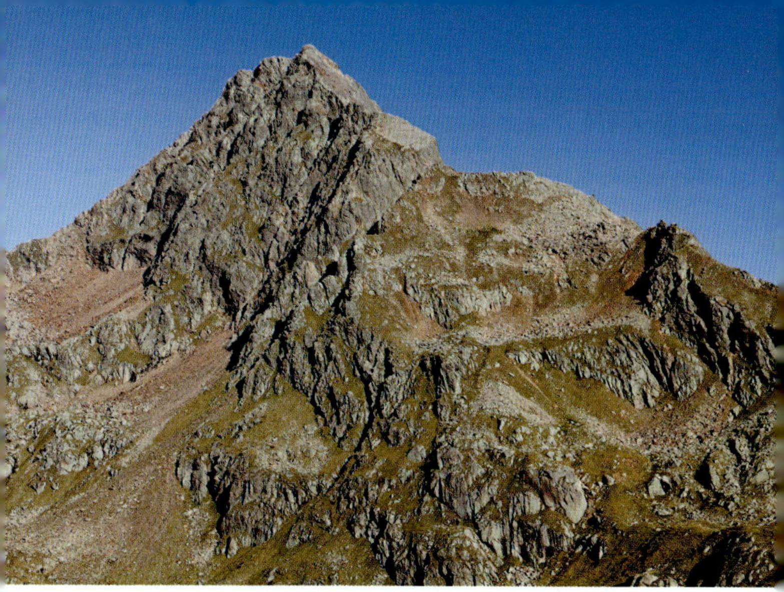

Die Innere Wetterspitze ist der Hausberg der Bremer Hütte.

gentliche Schlüsselstelle, eine abdrängende plattige Stufe mit Sicherung. Es schließt sich ein unschwieriger Hang mit eher harmlosen kleinen Plattenquerungen an, bevor uns direkt am Grat wieder anspruchsvolleres Terrain erwartet. Ein zerklüfteter Abschnitt ohne nennenswerten Höhengewinn präsentiert sich ziemlich exponiert. Mal bewegt man sich an der Schneide selbst, häufig wird aber auch knapp links auf schrofige Absätze in der Südflanke ausgewichen, seltener auf die Nordseite. Neben diversen Traversen steilt das Gelände immer wieder auf und verlangt etwas Kletterei, wiederholt auch in Rinnenstrukturen, die unterhalb haltlos in die Tiefe abbrechen. Die letzte Rinne führt schließlich bis in Gipfelnähe, wo uns das Kreuz auf der **Inneren Wetterspitze** ❸ empfängt. Der Abstieg ist identisch.

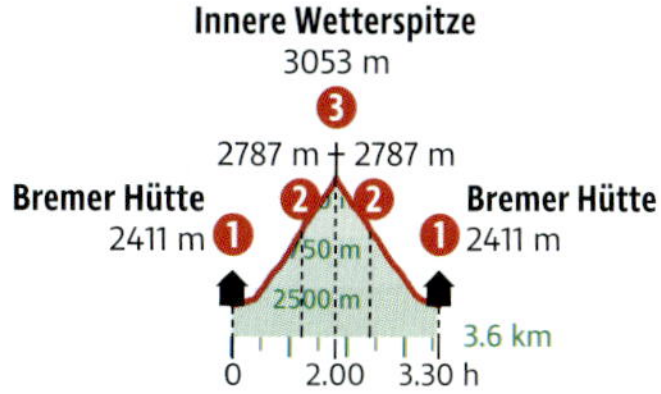

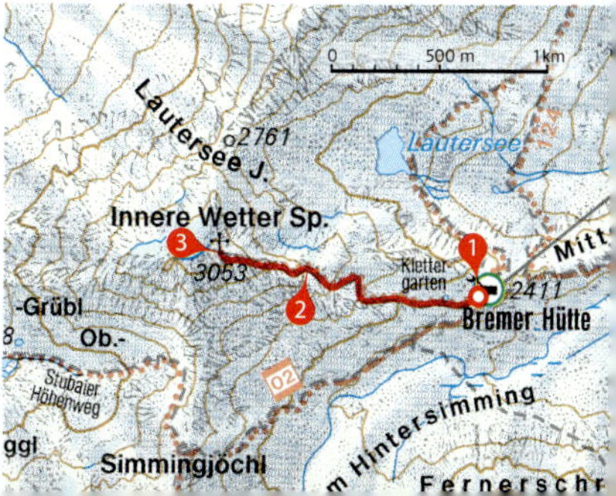

TOP

35

↗ 960 m | ↘ 1000 m | 10.2 km

6.30 h

Bremer Hütte – Innsbrucker Hütte

Der spannendste Höhensteig im Bereich des Gschnitztals

Sowohl der populäre Stubaier Höhenweg als auch die kaum minder großartige Gschnitzer Hüttenrunde sind ausführlich mit all ihren Etappen im Rother Wanderführer »Stubaier Höhenweg« beschrieben. An dieser Stelle wollen wir daraus eine Stippvisite unternehmen, um uns mal einen Eindruck von den typischen alpinen Höhensteigen zu verschaffen. Auserkoren wurde der abwechslungsreiche Übergang zwischen Bremer und Innsbrucker Hütte, der übrigens in beiden großen Trekkings integriert ist. Keine Frage: Hier sind gestandene Alpinwanderer in ihrem Element: Stundenlang geht es quer durch die Berglehnen des Habichtkammes über drei knackige Gratrippen hinweg, und zwar ständig mit Blick auf die kühn geformten Tribulaune gegenüber.

Ausgangspunkt: Bremer Hütte, 2411 m. Zustieg siehe Tour 33.
Endpunkt: Innsbrucker Hütte, 2370 m. Abstieg siehe Tour 32.
Anforderungen: T3–4. Anspruchsvoller und langer alpiner Höhenweg mit wiederholten Auf- und Abstiegen, in Summe jeweils fast 1000 Hm. Phasenweise ausgesetzte Traversen mit einzelnen Sicherungen, wobei schrofiges und teils auch blockiges Gelände überwiegt, dazwischen Mattenhänge. Volles Tagespensum, Trittsicherheit und gute Ausdauer unerlässlich – bereits an der

Im ersten Teil des Höhenwegs, etwa eine Gehstunde ab Bremer Hütte.

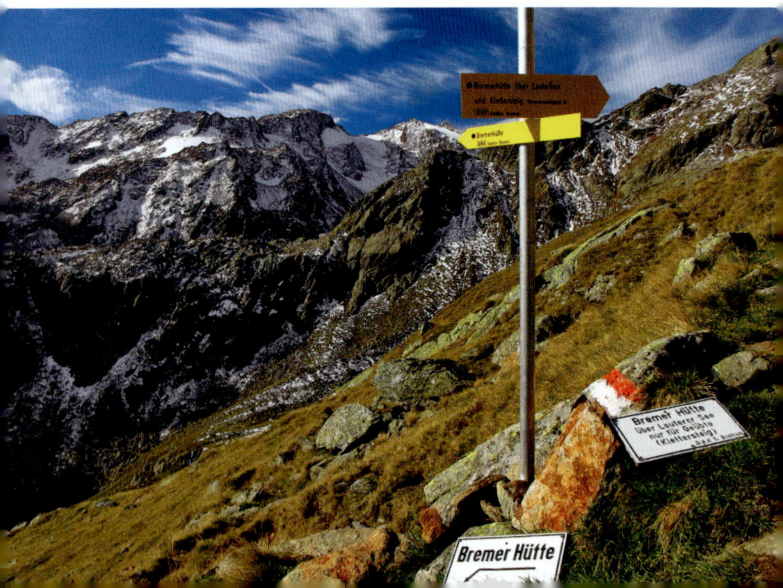

Grenze zu »schwarz«.
Einkehr/Unterkunft: Bremer Hütte, 2411 m, Mitte Juni bis Ende September, Tel. +43 664 3047360, www.bremerhuette.at. Innsbrucker Hütte, 2370 m, Mitte/Ende Juni bis Anfang Oktober, Tel. +43 5276 295, innsbrucker-huette.at.
Beste Jahreszeit: Juli bis September.

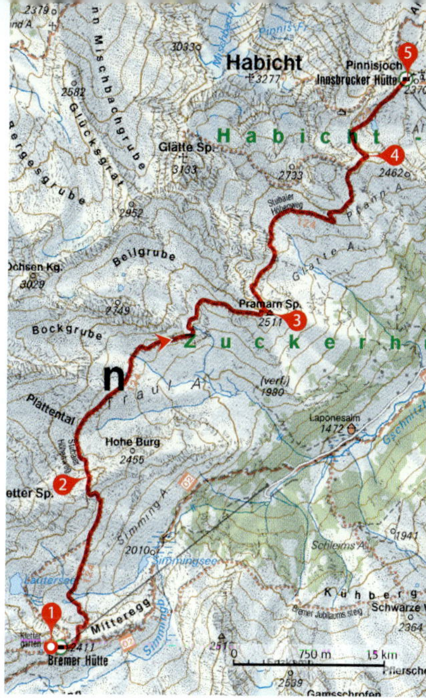

Ab **Bremer Hütte** ❶ gibt es anfangs zwei Varianten: Gleich beim Schutzhaus zweigt die schwierigere Route ab, die als Klettersteig ausgebaut durch Felszonen und einen Kamin (Grad B) Richtung **Lautersee**, 2425 m, führt und anschließend die Karbucht auf etwa gleicher Höhe ausgeht (»schwarz«!). Der Normalweg folgt hingegen anfangs dem Hüttenzugang, zweigt nach wenigen Minuten links ab und bringt uns ebenfalls durch eine recht steile, schattige Flanke auf die Böden im Kessel der Simmingalpe. Von dort im Schräganstieg nordwärts über Schafmatten zur Vereinigung und weiter ins Blockgelände. Ein Zickzackkurs leitet steiler aufwärts zum von der Äußeren Wetterspitze nach Osten abstreichenden Kammausläufer, der im **Trauljöchl** ❷, ca. 2530 m, überstiegen wird.

Jenseits kurz durch eine steile Rinne abwärts und links haltend durch einen Blockhang ins **Plattental**. An einem Minisee vorbei verlieren wir bis in die **Trauler Bockgrube** noch etwas an Höhe. Dann stellt sich uns die sogenannte Wasenwand entgegen. Mit vereinzelter Drahtseilhilfe geht es im Auf und Ab quer durch den Schrofenriegel, danach ein steiles Gerinne kreuzend und mit leichtem Zwischenabstieg in den Trichter der **Beilgrube**. Hier setzt ein Schräganstieg durch steile Grashänge mit vereinzelten Schrofen an, der bis auf eine Gratrippe leitet. Vom eigentlichen Übersteig ist es bloß

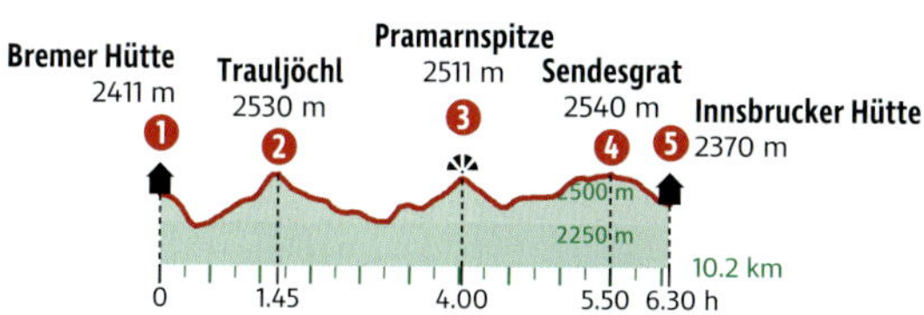

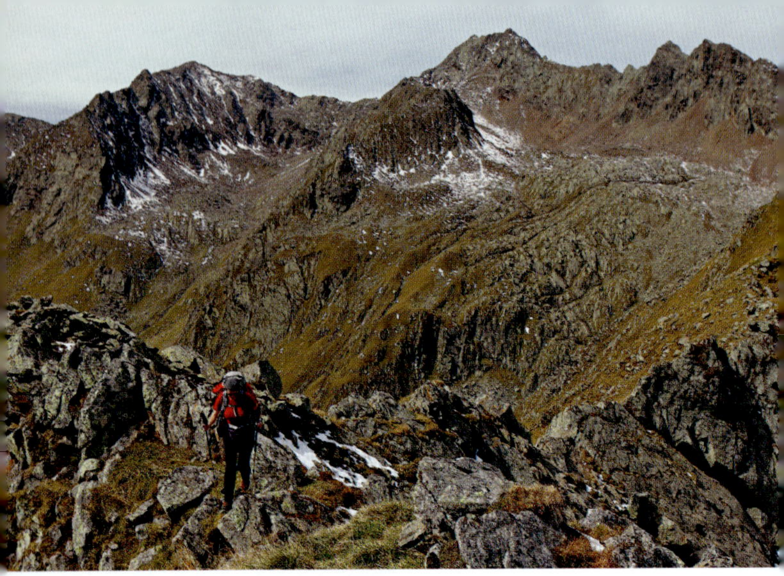

Unterwegs im Bereich der Pramarnspitze.

Ausgesetzte Passagen sind zuweilen eisenhaltig entschärft.

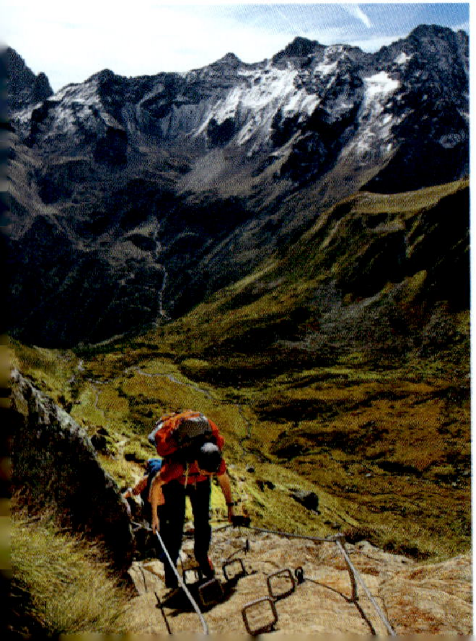

ein Katzensprung zur vorspringenden Kanzel der **Pramarnspitze** 3, 2511 m, die man sich für eine ausgiebige Rast vormerken sollte.

Auf der anderen Seite folgt abermals ein Abstieg in eine Karbucht. Dort queren wir unter einem Sporn hindurch die Matten der Gamsflecke und gelangen in den größeren Kessel der **Glättegrube**. Nachdem dieser Bogen etwas weniger beschwerlich ausgegangen ist, windet sich die Spur erneut aufwärts, quert um ein Eck herum und erreicht schräg nach rechts am **Sendesgrat** 4, ca. 2540 m, die letzte markante Rippe, an der auch unser Ziel sichtbar wird. Im Abwärtsbogen durch ein blockreiches Hochkar – oberhalb des kleinen Alfairsees vorbei – treffen wir schließlich bei der **Innsbrucker Hütte** 5 ein.

↗ 1220 m | ↘ 1220 m | 13.6 km

6.15 h

Garklerin, 2470 m, und Tribulaunhütte, 2064 m

36

Vorspringende Dolomitbastion über dem inneren Gschnitztal

Die Garklerin (oder Gargglerin) zählt zu den lohnendsten Gipfelzielen im Bereich des Gschnitztals, vermittelt ihre vom Hauptkamm gen Norden abgerückte Einzelstellung doch eine günstige Perspektive auf die nahe Tribulaungruppe ebenso wie eine perfekte Übersicht des Habichtkammes auf der anderen Talseite. Zwei Routen, die sich am hohen Südsattel verbinden, ergeben zudem einen abwechslungsreichen Tourenverlauf. Dabei runden wir das Erlebnis mit einer Einkehr in der Tribulaunhütte ab. Schon 1922 errichteten die Naturfreunde im Sandestal einen Vorläufer – der jetzige quaderförmige Bau stammt nach Zerstörung durch eine Lawine aus den späten 1970er-Jahren.

Ausgangspunkt: Gasthof Feuerstein, 1281 m, am Ende der Straße ins Gschnitztal. Gebührenpflichtiger Parkplatz und Bushaltestelle.
Anforderungen: T3. Ordentliche Bergwege wechselnder Steilheit, im Gipfelbereich Schuttsteig zwischen Felsen. Keine besonders schwierigen Stellen, aber elementare Trittsicherheit angezeigt. Gut durchschnittliches Tagespensum.
Einkehr/Unterkunft: Tribulaunhütte, 2064 m, Anfang Juni bis Anfang Oktober, Tel. +43 664 4050951, www.tribulaunhuette.at.
Beste Jahreszeit: Ende Juni bis Anfang Oktober, falls schneefrei.

Links der Gipfelaufbau der Garklerin, im Hintergrund die mächtige Kirchdachspitze.

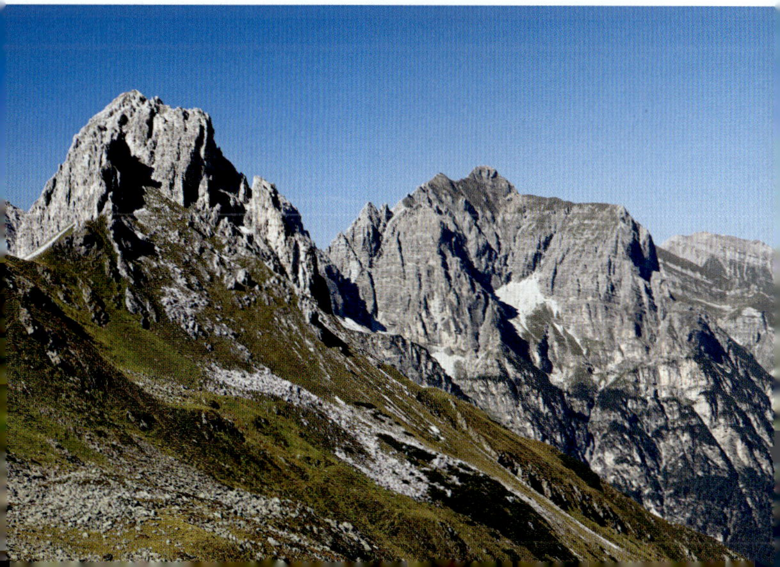

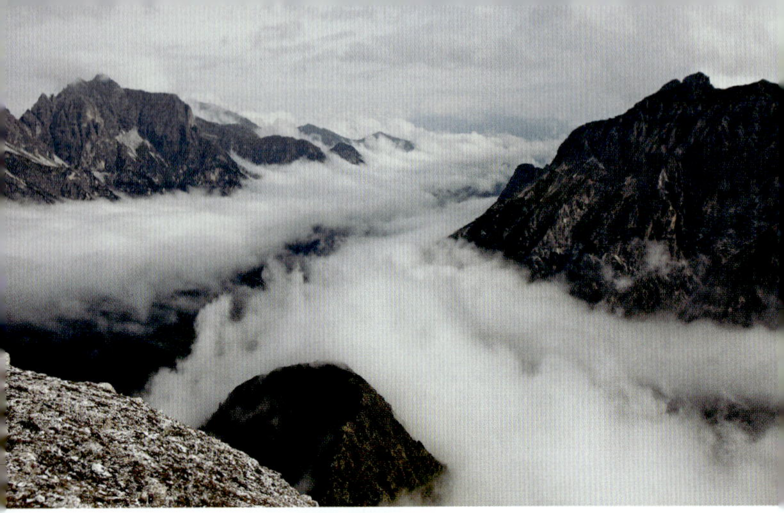

Eine Hochnebeldecke füllt das Gschnitztal aus.

Die Kaskade des Sandesbachs wird von einer Schaubrücke überspannt.

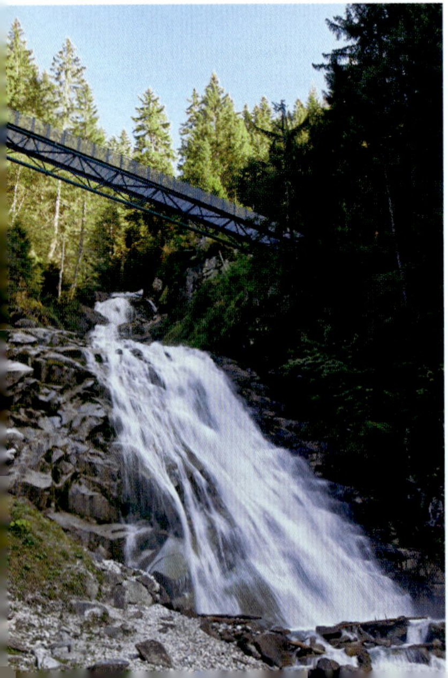

Vom Parkplatz beim **Gasthof Feuerstein** ❶ ein Stück weit auf der Asphaltstraße taleinwärts, bis in einer Rechtskurve der Steig Nr. 63 abzweigt. Durch den licht bewaldeten und auch mit Buschwerk und Steinen durchsetzten Hang geht es vorerst eine Weile in ausgeprägten Kehren bergauf. Im freien Grasgelände wird die Routenführung dann geradliniger – hin zu einem Rücken unter den Westabstürzen. Die Route schmiegt sich der Steilflanke an und leitet auf gut 2300 Metern zur sogenannten **Badlerscharte** ❷, dem Übergang ins Sandestal und zur Tribulaunhütte. Hier nun scharf nach links gipfelwärts. Unser Steig zieht gegen die grimmigen Felszacken empor, bleibt selbst in Schutt und Schrofen aber vergleichsweise gutmütig und schlängelt sich pfiffig zum höchsten Punkt der **Garklerin** ❸, 2470 m, hinauf.

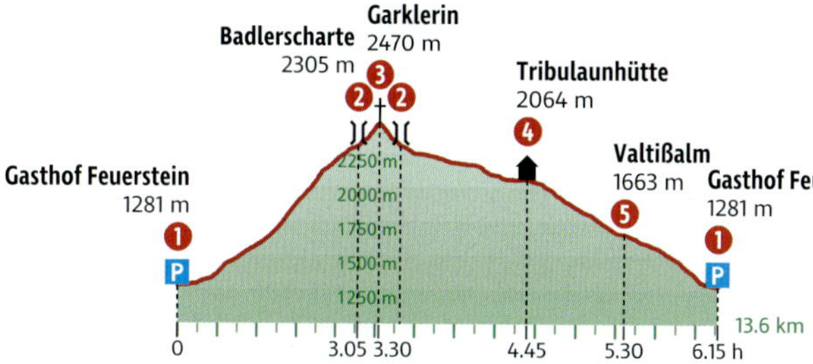

Zurück am Sattel ❷ geht es mit einer Abwärtsquerung Richtung Süden weiter. Nach einem kristallinen Blockfeld in ansonsten begrünter Flanke wechseln wir wieder in die Dolomitzone und folgen dem großen Bogen durch die Schutthalden am Fuße von Pflerscher und Gschnitzer Tribulaun. Unter der mächtigen Nordkante in den Fahrweg einmündend und in Kürze zur **Tribulaunhütte** ❹, 2064 m, die in der f&b-Karte als Tribulaunhaus vermerkt ist. Der Hüttenweg wendet sich auf die rechte Seite des Sandestals, vollzieht in einer steileren Hangpartie etliche Kehren und führt über die **Valtißalm** ❺, 1663 m, talauswärts. Schon weit unten nähern wir uns der Wasserfallstufe des Sandesbachs, die auf einer Schaubrücke unmittelbar erlebt werden kann. Schließlich in die Talsohle und am Freilichtmuseum »Mühlendorf« vorbei zum Ausgangspunkt ❶.

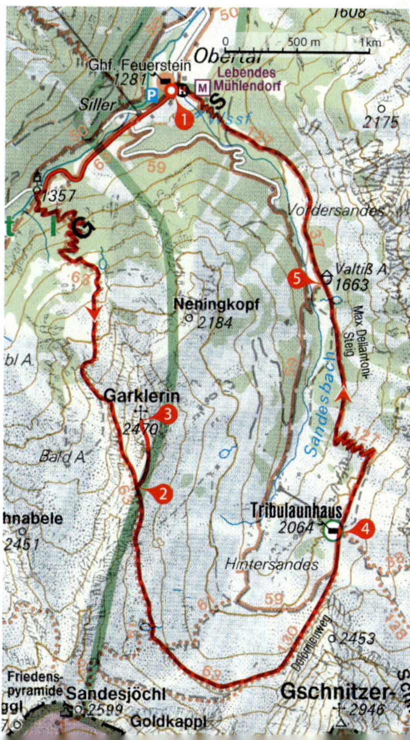

In der Umgebung sind manchmal Steinböcke anzutreffen.

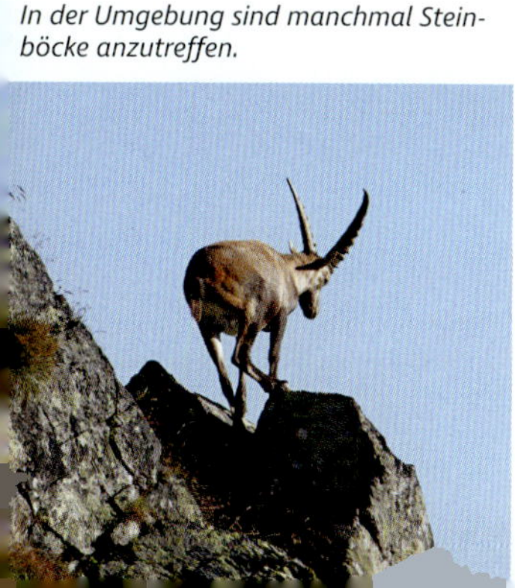

↗ 1670 m | ↘ 1670 m | 15.1 km

37 Gschnitzer Tribulaun, 2946 m

8.00 h

Wuchtiger Felspfeiler über der Tribulaunhütte

Die Berge der Tribulaungruppe, ganz und gar dolomitisch anmutend und geologisch ja tatsächlich eng mit den echten Dolomiten verwandt, verströmen ein unwiderstehliches Charisma. Natürlich ahnt man im Angesicht der kolossalen Felsmassen gehörige Herausforderungen, die aber im Fall des Gschnitzer Tribulaun gar nicht allzu hoch gesteckt sind und durchaus noch Platz in einem Wanderführer finden dürfen. Der übliche Zugang führt über die nette Tribulaunhütte ins Schneetal und ostseitig über einen Steilriegel sowie die gipfelnahen Schuttfelder hinauf. Der Gesamtanspruch rechtfertigt angesichts der Beschwerlichkeit und einzelner brüchiger Felspassagen schon die Einstufung »schwarz« – doch darf sich jeder tüchtige Bergwanderer dieses Ziel vornehmen. Belohnt wird man mit einer tollen, hochalpinen Aussicht direkt auf der Grenzlinie zwischen Nord- und Südtirol.

Ausgangspunkt: Gasthof Feuerstein, 1281 m, am Ende der Straße ins Gschnitztal. Gebührenpflichtiger Parkplatz und Bushaltestelle.
Anforderungen: T4-. Schutt- und Felssteig mit einigen Sicherungen (Schlüsselstelle in einer Rinne), vielfach brüchig und im Schotterfeld unterhalb der Schneetalscharte mühselig. Wegen heikler Schneefelder nicht zu früh im Jahr begehen! Trittsicherheit und Bergerfahrung notwendig, im Rahmen einer Tagestour auch beachtliche Ausdauer (Übernachtung erwägen).

Der massige Gschnitzer Tribulaun (mit der Seite des Anstiegs) und links dahinter der unzugängliche, über 3000 Meter hohe Pflerscher Tribulaun.

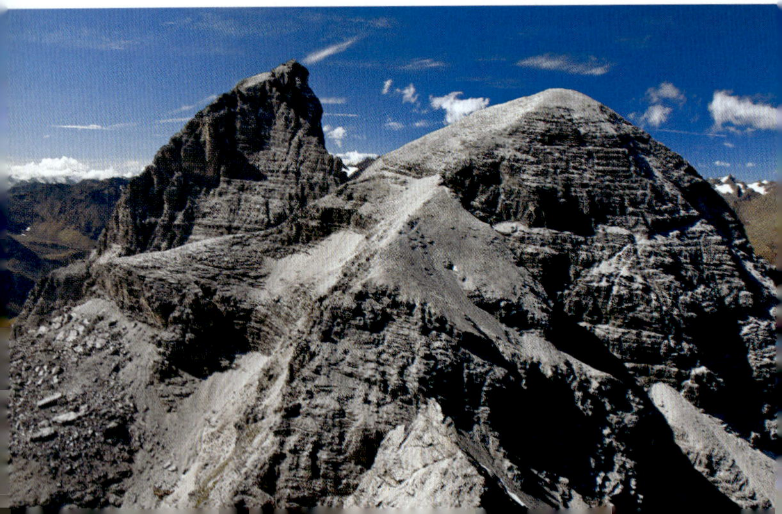

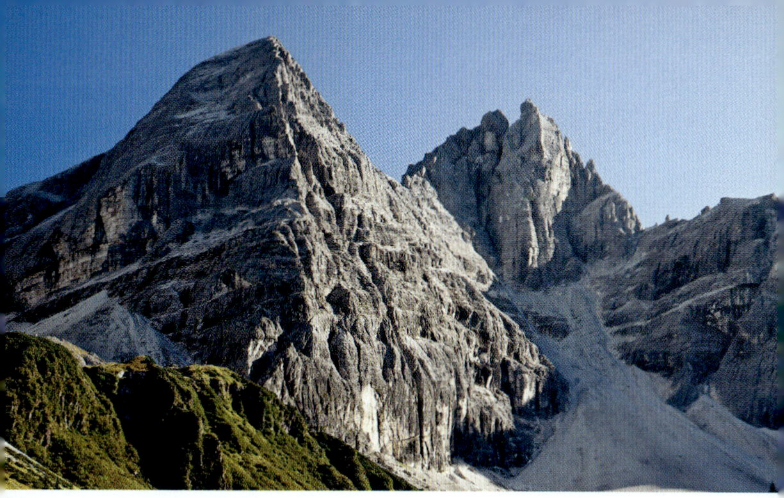

Mit seinem Nordpfeiler springt der Gschnitzer Tribulaun gegen das Sandestal vor; über dem hintersten Karwinkel wieder der Pflerscher.

Einkehr/Unterkunft: Tribulaunhütte, 2064 m, Anfang Juni bis Anfang Oktober, Tel. +43 664 4050951, www.tribulaun-huette.at.
Beste Jahreszeit: Juli bis September, abhängig von der Schneelage.

Vom **Gasthof Feuerstein** ❶ am »Mühlendorf« vorbei und auf der linken Seite des Sandesbachs, der gleich oberhalb in Wasserfallkaskaden aus dem Wald rauscht, aufwärts. Die Schaubrücke über das gischtende Nass befindet sich rechts, während wir den Aufstieg über Waldweiden fortsetzen, zwischendurch eine Rinne kreuzen und allmählich in freieres Gelände vorankommen. An der **Valtißalm** ❷, 1663 m, vorbei wird noch ein Weilchen der Sandesbach begleitet, bevor ein Steilriegel den Weg serpentinenreich

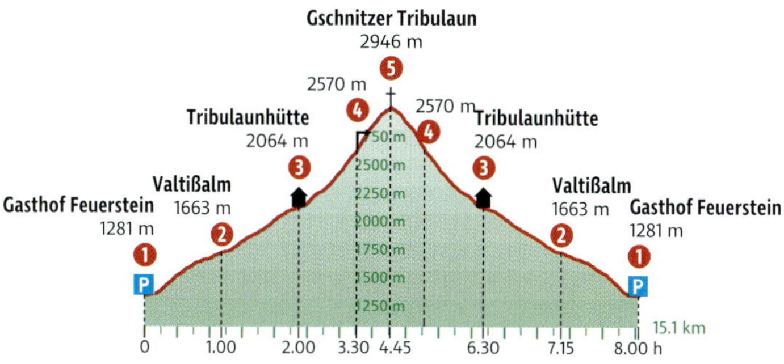

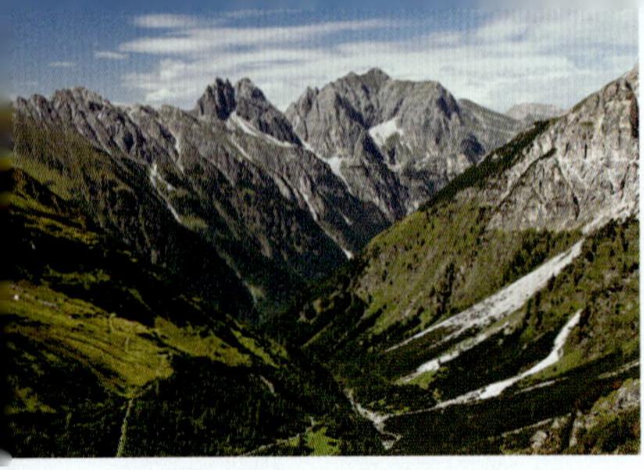

Durchs Sandestal erfolgt der Zustieg.

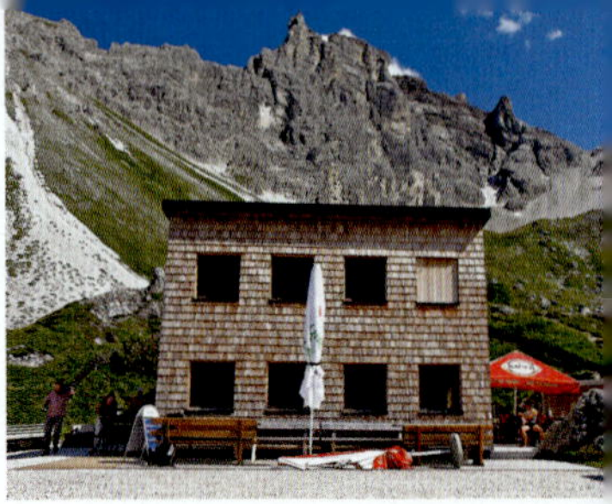

Tribulaunhütte gegen Schneetalscharte.

nach links in die Höhe zwingt. Mit einer fast horizontalen Querung über ein Schotterfeld laufen wir schließlich bei der **Tribulaunhütte** ❸, 2064 m, ein (bei f&b als »Tribulaunhaus« eingetragen).

Oberhalb geht es nun ins **Schneetal** hinein: ein nordseitiger Karkessel, in dem die Reste des vergangenen Winters unter Umständen lange überdauern können. Es lässt sich freilich noch gutmütig an, vorbei am Abzweig zum Gstreinjöchl, über letzte Böden, allmählich jedoch in zunehmend kargerem Schotterterrain. Wir halten uns eher rechts und treffen in rund 2570 Meter Höhe auf eine Gabelung ❹. Während sich der Übergang via Schneetalscharte links befindet, peilen wir im Steilschutt die enge Lücke am Felseinstieg zum Gschnitzer Tribulaun an. Mithilfe einzelner Drahtseile kraxeln wir in gestuftem, stets brüchigem Terrain höher, am schwierigsten beim Durchstieg einer kleinen Rinne. Oberhalb gelangt man aber schon bald in leichteres Gelände, an einem Rücken entlang nochmals zu einem kleinen Aufschwung und anschließend vollends auf die ausgedehnten, mäßig steilen Schotterhänge der östlichen Gipfelabdachung. Zuletzt rechts eindrehend zum höchsten Punkt des **Gschnitzer Tribulaun** ❺, 2946 m.

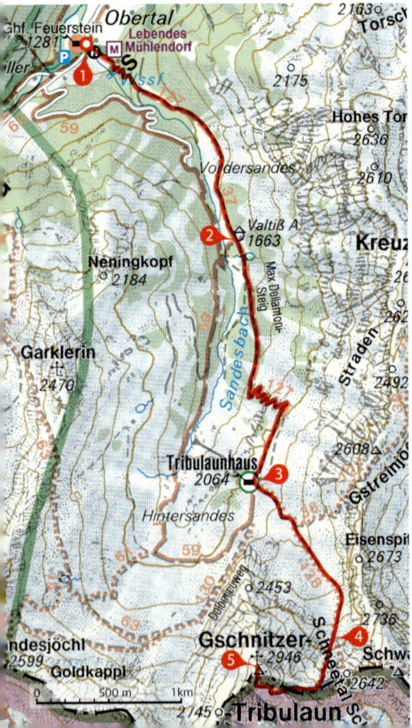

Der Abstieg erfolgt über dieselbe Route. In den Schuttfeldern kommen Geübte talwärts normalerweise recht zügig voran.

↗ 430 m | ↘ 430 m | 6.8 km

2.45 h

St. Magdalena, 1661 m

38

Magischer »Kraftort« über dem Gschnitztal

Von hoch oben grüßt ein Kirchlein in die Ortschaft Gschnitz hinab: St. Magdalena thront 400 Meter über der Talsohle auf einem Absatz des Berglerschrofen. Seine Geschichte lässt sich bis ins frühe 14. Jahrhundert zurückverfolgen – die Legende berichtet von einem Einsiedler, der sich dort zur Sühne niederließ. Jedenfalls entwickelte sich St. Magdalena zu einem Wallfahrtskirchlein. Manche sagen dem Fleck spirituelle Kräfte nach.

Ausgangspunkt: Gschnitz, 1242 m, Parkmöglichkeit bei der Bachbrücke östlich der Kirche, zwischen den Bushaltestellen Alpenrose und Kirchplatz.
Anforderungen: T2. Gut ausgebaute Bergwanderwege, am Jubiläumsweg etwas schmaler trassiert als am Kreuzweg. Weitgehend problemlose Halbtagestour.
Einkehr: Jausenstation St. Magdalena, 1661 m, Mitte Mai bis Anfang Oktober (Mo/Di Ruhetag), Tel. +43 676 6181655 oder +43 677 63032060.
Beste Jahreszeit: Mai bis Oktober.

Hinweis: Falls der Jubiläumsweg wegen Steinschlaggefahr gesperrt sein sollte, wähle man den Kreuzweg im Auf- und Abstieg.

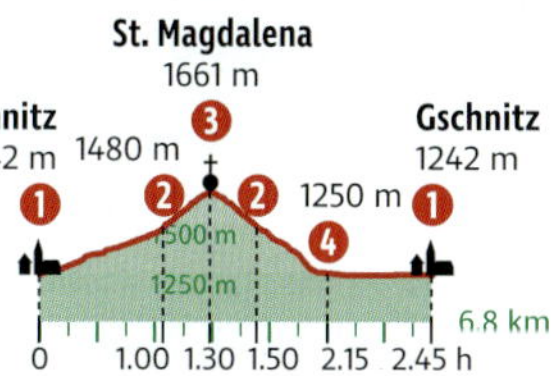

Bildstock am Kreuzweg.

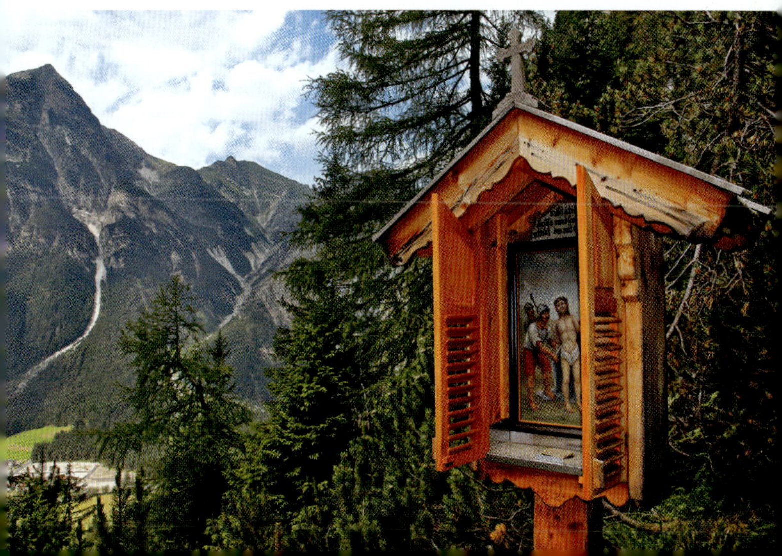

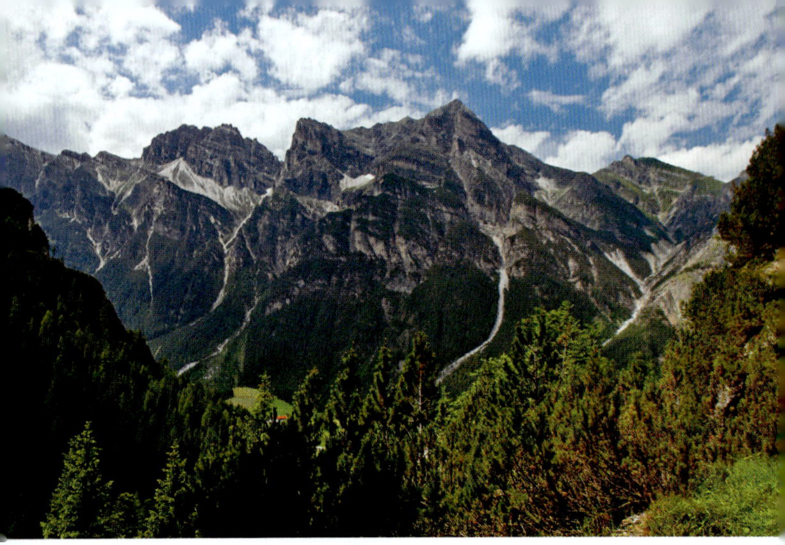

Die Kulisse der gegenüberliegenden Talseite kann sich sehen lassen.

In **Gschnitz** ❶ sogleich den Fluss überschreiten, ein Stück weit nach links und dann auf dem Jubiläumsweg schräg bergauf. Ein paar Felsbrocken im Geigerwald künden von einer latenten Steinschlaggefahr. Die Route selbst zieht ohne Hindernisse sachte aufwärts und schwenkt in einen großen Geländetrichter ein. Dort über den Martairbach hinweg und am Gegenhang zur Einmündung in den komfortabel ausgebauten Kreuzweg ❷. Mit einigen weit ausholenden Serpentinen passieren wir diverse Stationen und erreichen schließlich den Wiesenabsatz mit dem Kirchlein **St. Magdalena** ❸, 1661 m. Im Abstieg folgen wir dem Kreuzweg so lange, bis weiter unten eine Verbindung nach Gschnitz ausgeschildert ist. Damit in die Talsohle beim nördlichen Ortseingang ❹ und parallel zum Gschnitzbach zurück zum Ausgangspunkt ❶.

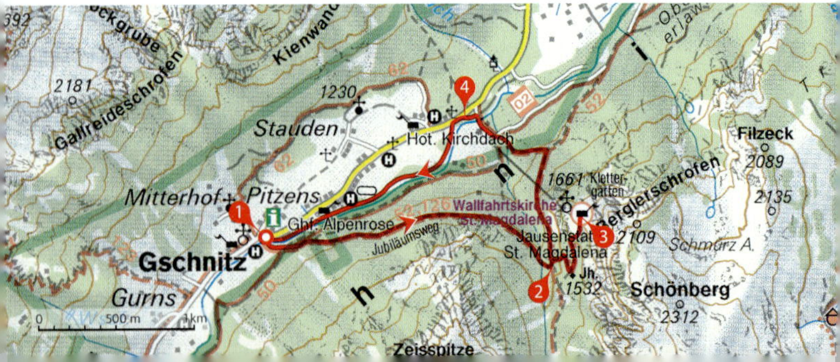

↗ 700 m | ↘ 1200 m | 14.8 km

5.45 h

Nösslachjoch und Leitnerberg, 2309 m

Kammwanderung im Hinterland der Bergeralm

Die Bergeralm kennt jeder im Wipptal, immerhin ist sie mit einer Seilbahn und einem Skigebiet erschlossen. Nutzt man beide Sektionen, bewältigt man volle 1000 Höhenmeter quasi erschwernislos und kann dann zu einer großzügigen Kammüberschreitung ansetzen, die zwar keine namhaften Ziele trägt, aber viel von der Gegend zwischen Gschnitz und Obernberg preisgibt: eine herrliche Höhenwanderung! Das verzweigte Wegenetz eröffnet einigen Spielraum auch für kürzere Varianten. Reicht die Ausdauer, sollten wir uns aber durchaus bis zum Trunajoch treiben lassen. Retour kann man – nach einem längeren, teils urwüchsigen Flankensteig – den Bergtag mit einer Jause auf der Gerichtsherrnalm stilvoll abrunden.

Ausgangspunkt: Steinach am Brenner, Talstation der Seilbahn zur Bergeralm mit Anschluss eines Sessellifts zur Bergstation am Nösslachjoch, ca. 2070 m. Betriebszeiten von 9 bis 17 Uhr (Mitte Juni bis Mitte September durchgängig, danach bis Ende Oktober an Wochenenden).
Anforderungen: Maximal T2–3. Weitläufige, hindernisarme Kammüberschreitung auf meist eher kleinen Wegen und Pfaden. Durchgängig markiert, aber mitunter nicht gut beschildert. Der Rückweg führt durch die Flanken, abwechselnd auf breiten Fahrwegen und schmaleren Wanderwegen. Tagfüllende Unternehmung.
Einkehr: Gerichtsherrnalm, 1663 m, Tel. +43 664 2700217. Bergeralm, 1585 m, Tel. +43 5272 6333.
Beste Jahreszeit: Mitte Juni bis zum Sai-

Im Herbst sind manche Hänge in tiefes Rot getaucht.

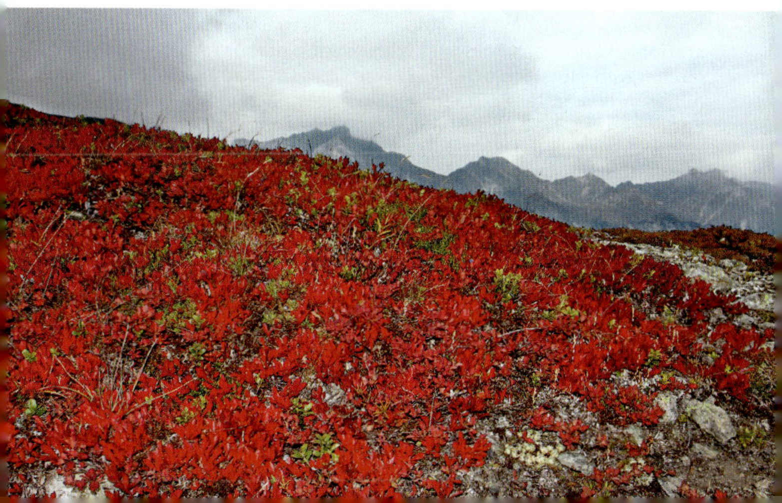

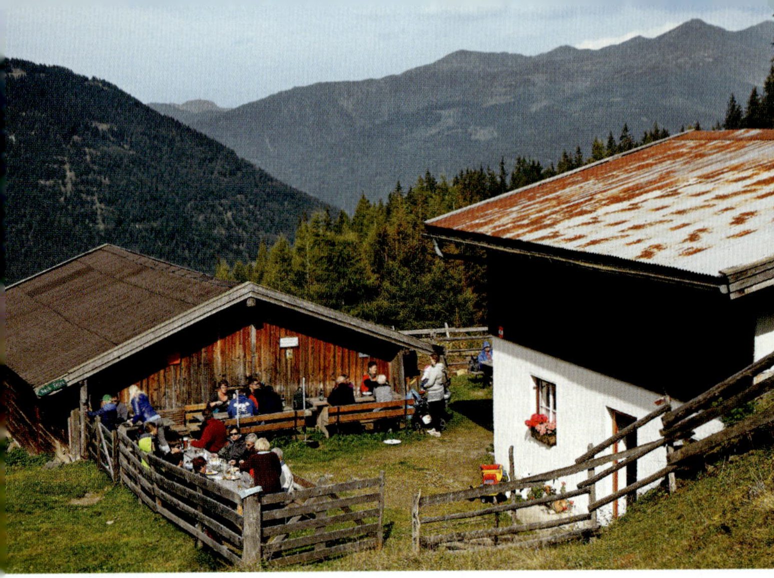

Netter Ausklang der Tour auf der Gerichtsherrnalm.

sonschluss der Seilbahn im Oktober. **Varianten:** 1. Ab Egger Joch Abkürzung über die Falzammähder hinunter zum Flankenweg, damit insgesamt nur 3.30 Std. 2. Wir können für den Rückweg etwas kürzer auch die südseitigen Hanglagen traversieren (Lichtseeweg, Nr. 42). Oder anstelle der Kammstrecke diese Route hin zum Trunajoch wählen und wie beschrieben zurück.

Nach der Bergfahrt mit Umlaufbahn und Sessellift geht man von der **Bergstation** ❶ kurz nach links und schlägt dann den nicht beschilderten Pfad hinauf zum **Nösslachjoch** ❷, 2231 m, ein. Die Kammlinie senkt sich dahinter in den Sattel P. 2175, bevor sie etwas nach rechts ausbiegend zum **Egger Berg** ❸, 2282 m, ansteigt. Beim Kreuz gabeln sich die Markierungen: Wir wenden uns links hinab ins **Egger Joch** ❹, 2133 m, wo wie schon in der vorherigen Senke der Lichtseeweg (Nr. 42) tangiert. Außerdem zweigt ein weiterer Weg auf Gschnitzer Seite ab. Wir wollen indes die Kammstrecke fortsetzen und überschreiten nun auch den behäbigen **Leitnerberg** ❺, 2309 m, dessen Kuppe nur eine Stange signalisiert. Im weiteren Verlauf lassen wir noch den namenlosen P. 2253 vor dem Leitnerjoch hinter uns, wandern etwas undeutlicher gepfadet am Rücken oberhalb des Lichtsees entlang und erreichen bald das **Trunajoch** ❻, 2153 m, als Umkehrpunkt. Nun nordwärts hinab, am besten auf den Fahrweg bei der Trunaalm einmündend (zumal der Steig in der Folge eher schlecht ist). Weiter unten wechseln wir auf die andere Bachseite und achten im Bereich der **Trunamähder** ❼ auf den Rechtsabzweig zur Gerichtsherrnalm. Ein breiter

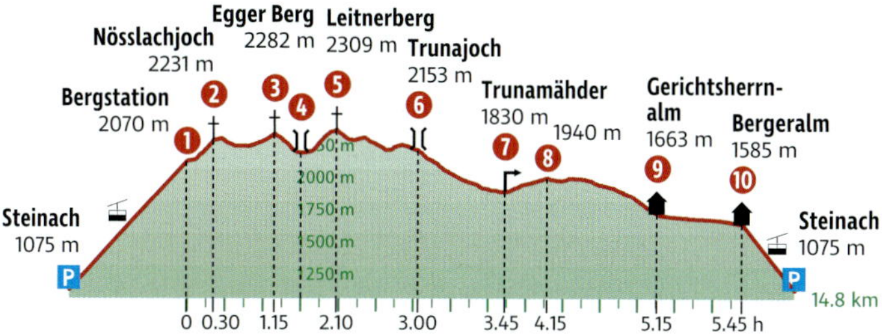

Wirtschaftsweg gewinnt nun gut 100 Höhenmeter, bis die erwähnte Abkürzung vom Egger Joch einmündet **8**, und wird in der anschließenden Hangmulde von einem Steig abgelöst. Dieser schlängelt sich leicht auf und ab durch die urwüchsigen Flanken, später sukzessive absteigend und eher bewaldet zur Wiesenlichtung der **Gerichtsherrnalm** **9**, 1663 m, die uns etwas unterhalb empfängt. Von der Jausenstation führt schließlich ein Fahrweg fast eben hinüber zur **Bergeralm** **10**, 1585 m, und zur Seilbahn.

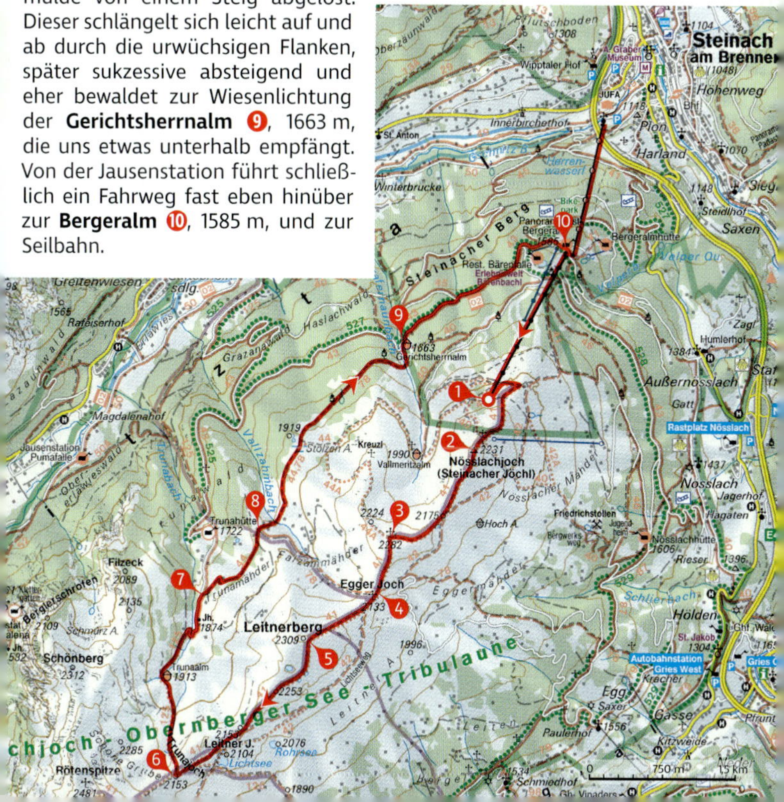

↗ 440 m | ↘ 700 m | 12.8 km

40 Obernberger Lärchenwiesenweg

3.45 h

Entlang der Sonnseite bis nach Gries

Das überschaubare Obernberger Tal westlich von Gries am Brenner lässt sich auf seiner sonnenzugewandten Seite binnen eines halben Tages gemütlich ablaufen. Diese Route firmiert unter dem Begriff »Obernberger Lärchenwiesenweg« und gibt damit schon das Motto wieder. Die Lärche gilt als Charakterbaum der Zentralalpen und zaubert eine ganz besondere Naturatmosphäre, namentlich im Herbst, wenn sie durch die Nadelfärbung einen intensiven Farbenrausch offenbart.

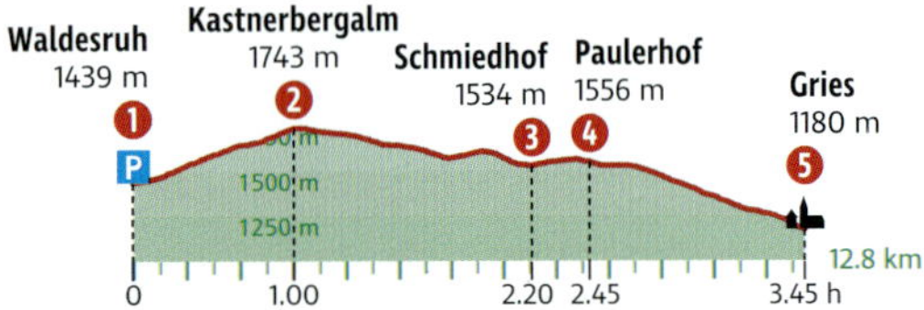

Ausgangspunkt: Obernberg, beim gebührenpflichtigen Parkplatz Waldesruh im Talschluss, 1439 m. Endhaltestelle der Buslinie vom Bahnhof Steinach. **Endpunkt:** Gries am Brenner, bei der Bushaltestelle Gasthof Sprenger,

Die Lärchenwiesen im Obernbergtal sind Balsam für die Seele.

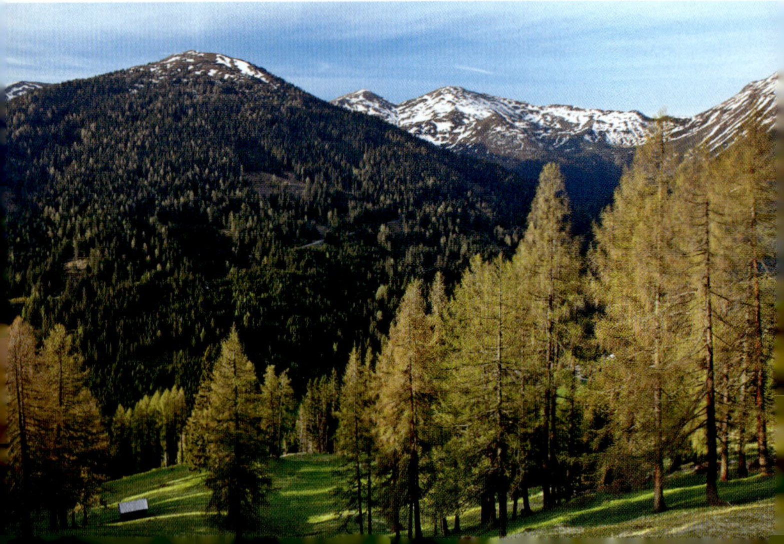

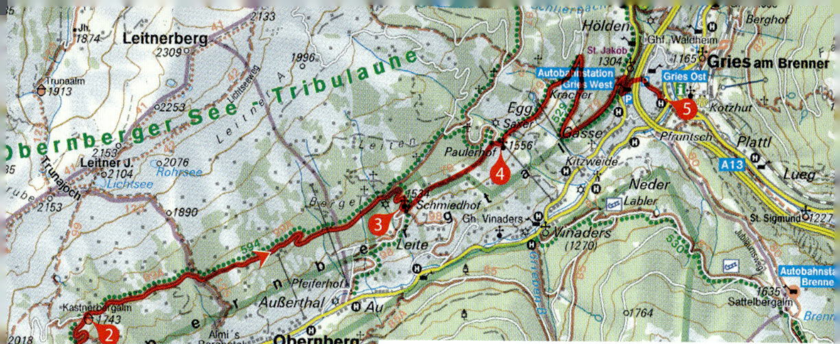

ca. 1180 m, oder im Ortskern.
Anforderungen: Maximal T2, meist T1. Leichte Wanderung auf halber Höhe. Weithin breite, komfortable Trassen (Wirtschaftswege und Anrainerstraßen), zwischendurch eine pfadlose Hangquerung mit Pflöcken im Wiesengelände. Gutes Halbtagesprogramm.
Einkehr: Vor Gries keine.
Beste Jahreszeit: Mai bis Spätherbst.

Vom **Parkplatz** ❶ im Talschluss wenden wir uns der sonnseitigen Berglehne zu und folgen einer Forststraße, die sich zur **Kastnerbergalm** bzw. **Kastenalm** ❷, 1743 m, hinaufschraubt. Nun weiter auf dem Hangweg Nr. 99A Richtung Osten. Nahezu horizontal bzw. leicht fallend schneidet dieser die licht bewaldeten Flanken mit den typischen Lärchenwiesen. Nach gut einer Stunde ab Alm gabelt sich der Höhenweg. Wir gehen rechts (abwärts) und laufen damit den **Schmiedhof** ❸, 1534 m, an. Hier besteht die Möglichkeit zum vorzeitigen Talabstieg. Die Fortsetzung leitet indes schräg aufwärts zu einer Wiesentraverse, die das einzige kleine »Problem« der Tour darstellt. Sie ist nicht sonderlich gut ausgetreten und nur spärlich mit Pflöcken signalisiert – zweimal werden Zäune überstiegen. Auf gleicher Höhe erblickt man den **Paulerhof** ❹, 1556 m, und quert dort hinüber. Damit kommen wir auf die Straße, die via Egg talwärts führt, zwischendurch mit zwei großen Schleifen und zuletzt unter der Brenner-Autobahn hindurch ins Ortsgebiet von **Gries**. Kurz nach rechts gelangt man zur Haltestelle beim Gasthof Sprenger.

Gegen Ende nähern wir uns Gries und der kunstvoll trassierten Brenner-Autobahn.

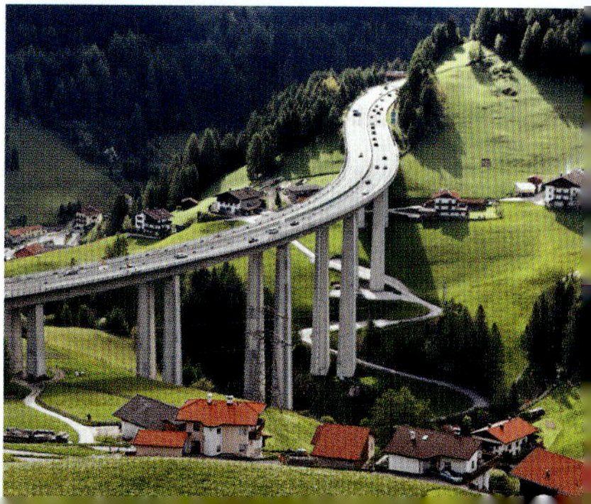

↗ 1100 m | ↘ 1100 m | 10.3 km

41 Rötenspitze, 2481 m

5.30 h

Von Obernberg über den zauberhaften Lichtsee

Die Rötenspitze im Grenzkamm zwischen Obernberg und Gschnitz ist ein typischer Berg der »Mittelklasse«, relativ unspektakulär über Mattenhängen aufragend, aber in Erwartung einer tollen Aussicht nicht gering zu schätzen. Davon abgesehen lockt auch der malerische Lichtsee, wo zwei verschiedene Routen aus dem Obernberger Tal zusammenlaufen. Die östliche ist relativ schmal gepfadet und soll fürs Bergauf empfohlen werden, jene über die Kastnerbergalm (Kastenalm) wählen wir als Normalweg talwärts.

Ausgangspunkt: Obernberg, 1396 m. Parkmöglichkeit beim Gemeindeamt oder neben der Schule, nächste Bushaltestellen Volksschule bzw. Berghotel.
Anforderungen: T3–. Oft nur kleine Steige, streckenweise sogar relativ steil, aber niemals heikel oder nennenswert ausgesetzt. Das bewachsene Gelände reicht fast bis zum höchsten Punkt. Durchschnittliche Tagestour.
Einkehr: Entfällt, die Kastnerbergalm ist keine Jausenstation.
Beste Jahreszeit: Mitte Juni bis Mitte Oktober.
Variante: Das Trunajoch lässt sich auch aus dem Gschnitztal anlaufen, allerdings deutlich langwieriger. Von Trins aus ist mit gut 3.00 Std. zum Joch zu rechnen.

Zwischen Gemeindeamt und Almi's Berghotel in **Obernberg** ❶ beginnt unser Steig Nr. 125. Über die Wiesen gelangt man in schönen, lichten Lärchenwald, kreuzt auf ca. 1675 Metern (vor Ort bei »Sonnleite« abweichend angegeben) einen Forstweg ❷ und setzt den Aufstieg durch teils dichtere Fichtenbestände, aber auch über weitere Lichtungen fort. Auf rund 1800 Metern flacht das Gelände kurzzeitig ab. Danach wird unser Steig tendenziell mehr von Gehölz, Buschwerk und Gras bedrängt, ehe wir links haltend allmählich aus dem verwachsenen Bereich herauskommen und im offenen

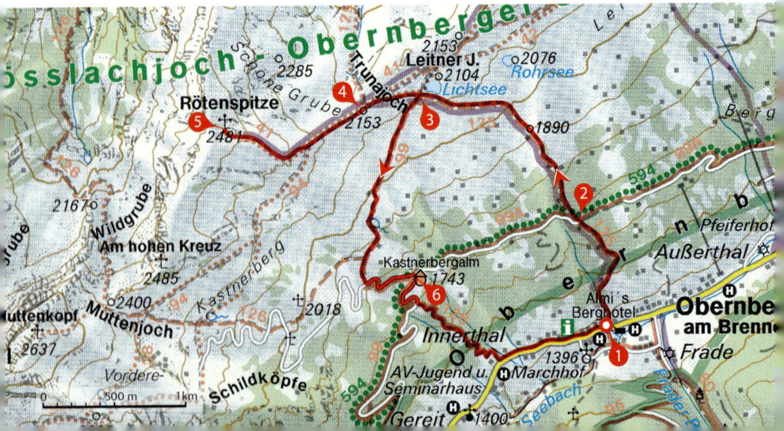

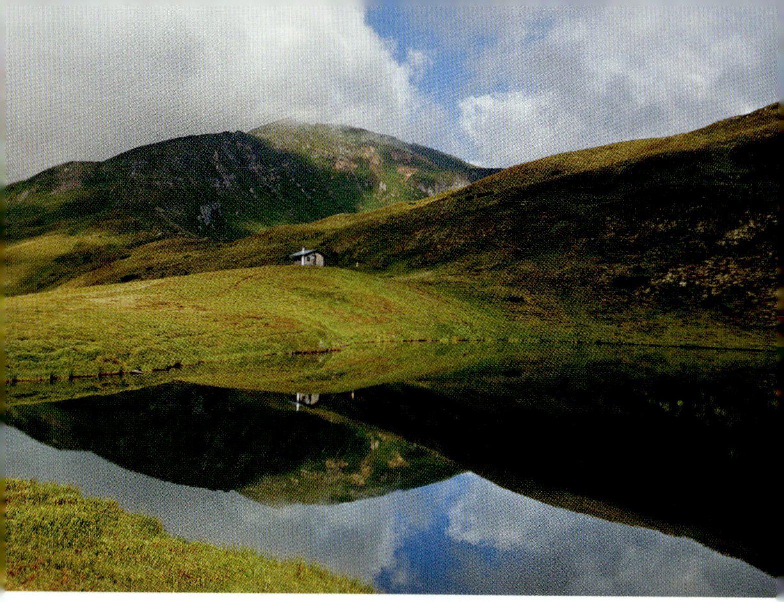

Oben: Vom Lichtsee kann man schon die Anstiegslinie zum Gipfel verfolgen.
Unten: Wolkenstimmung auf der Rötenspitze.

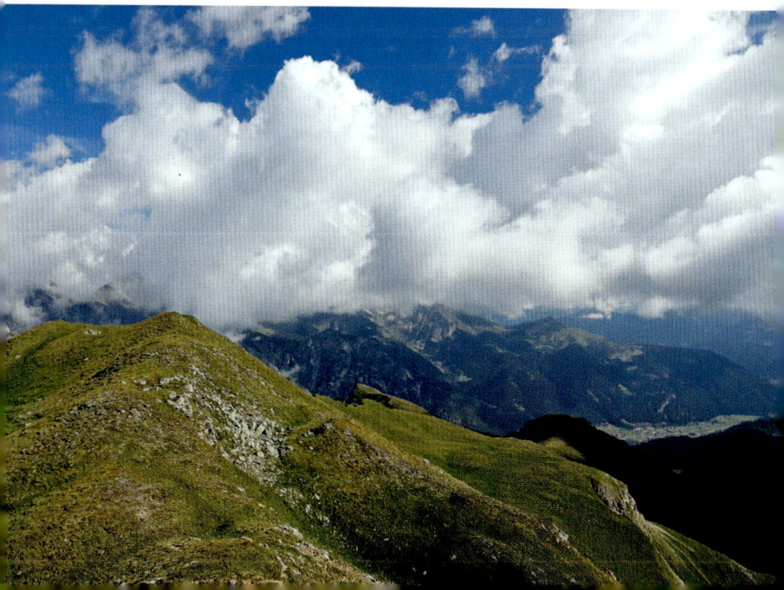

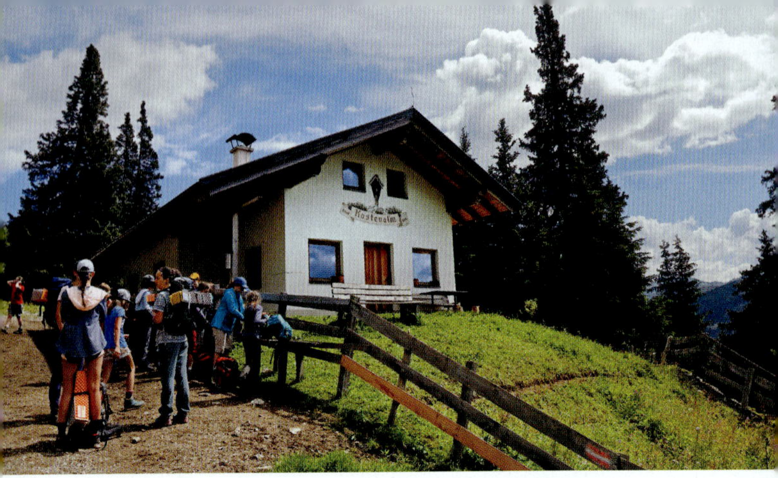

Im Abstieg kommen wir an der Kastnerbergalm (Kastenalm) vorbei.

Mattengelände den **Lichtsee** ❸, 2110 m, ansteuern. Beim verschlossenen Hüttchen wählen wir den oberen Weg, tangieren in Kürze das **Trunajoch** ❹, 2153 m, und gehen nun den Gipfelaufbau an. Nach zwei Weidezäunen vollzieht sich das Finale zur **Rötenspitze** ❺, 2481 m, am gut gangbaren und nicht besonders scharfen Südostgrat, auf den letzten Metern noch etwas schuttbedeckt.

Im Abstieg ignorieren wir den Abzweig zum Gstreinjöchl und wandern am Trunajoch vorbei zurück zum **Lichtsee** ❸. Von dort diagonal durch die anfangs noch freien Wiesenflanken, die später wieder teils mit Kraut und Buschwerk bestockt sind. Man trifft auf einen Güterweg und erreicht in Bälde die **Kastnerbergalm**, auch als **Kastenalm** ❻, 1743 m, geläufig. Etwas unterhalb nehmen wir den direkten Steig Nr. 126 durch den Waldgürtel hinab. Bei Innerthal erreicht man die Obernberger Straße (hier stand zuletzt kein Wegweiser!) und folgt dieser noch ein paar Minuten zurück zum Ausgangspunkt ❶.

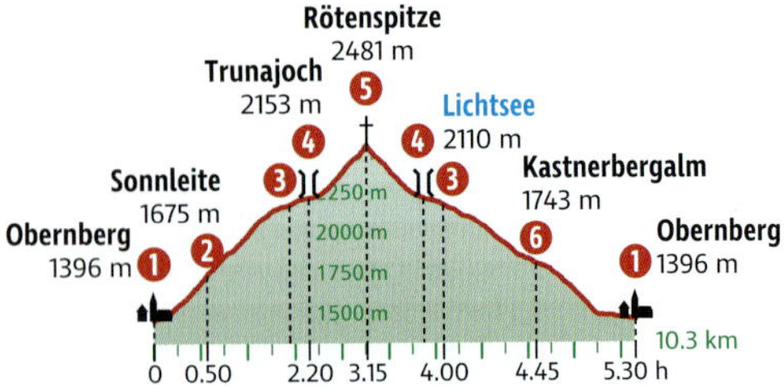

↗ 350 m | ↘ 350 m | 9.3 km

TOP **42**

3.10 h

Obernberger See (Rundweg und Seesteig)

Der lauschige Anziehungspunkt im Obernberger Talschluss

Unter den Bergseen Tirols verbirgt sich zuhinterst im Obernbergtal ein besonderes Exemplar. Gesäumt von dunkelgrünen Wäldern und Felsblöcken, stilvoll eingerahmt von mal schroff, mal samtig wirkenden Bergen, lockt das idyllische Gewässer zahlreiche Ausflügler an. Ein gut halbstündiger Aufstieg bringt uns bereits ans Ufer, das sich binnen einer Stunde umrunden lässt – westseitig auf urwüchsigem, ostseitig auf breitem Weg. Von einer Halbinsel grüßt etwas erhöht die schmucke Kapelle Maria am See. Wer als Wanderer noch mehr als einen ausgedehnten Spaziergang aus der Tour herausholen möchte, kann anschließend den sogenannten »Seesteig« begehen. Dieser entfernt sich von den meist belebten Uferwegen und stellt eine Verbindung zur Wildgrube unterhalb des Gstreinjöchls her. Dabei kann ein wenig Trittsicherheit durchaus nicht schaden.

Ausgangspunkt: Parkplatz Waldesruh im Obernberger Talschluss, 1439 m (gebührenpflichtig). Endhaltestelle der Buslinie vom Bahnhof Steinach.
Anforderungen: Seerundweg T1–2 (blau), Seesteig bis T3– (rot). Am Westufer zwar einige wurzlige Passagen und keine Promenade wie am Ostufer, aber trotzdem leicht. Der Seesteig verläuft schmal, holprig und urwüchsig durch Latschenhänge, mitunter über Schuttzungen; erst das Bergab nach der Traverse ist wieder leicht. Wenig anstrengendes Halbtagesprogramm.

Der Obernberger See liegt der Tribulaungruppe im Osten zu Füßen.

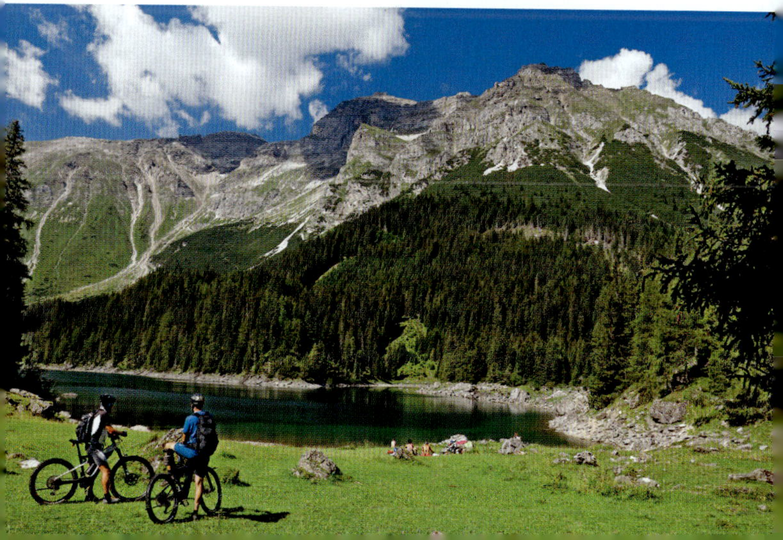

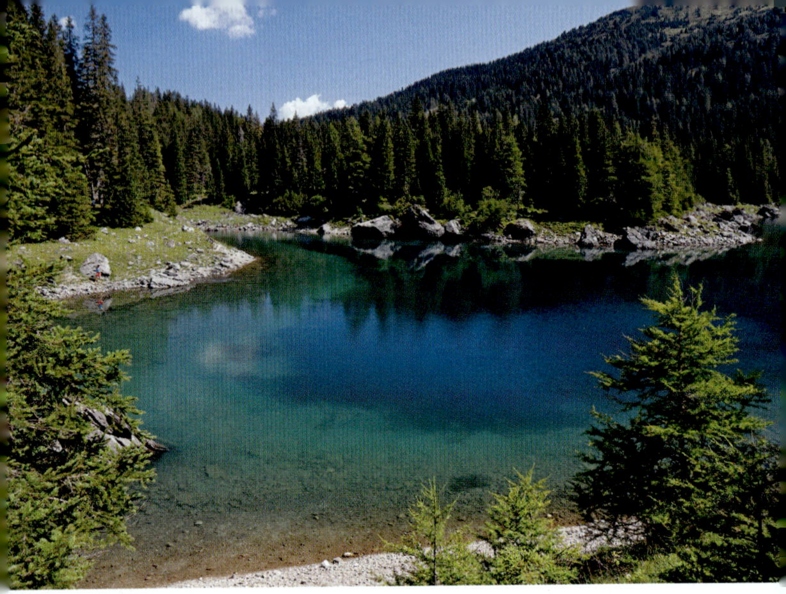

Am buchtenreichen Ufer gibt es immer wieder schöne Perspektiven.

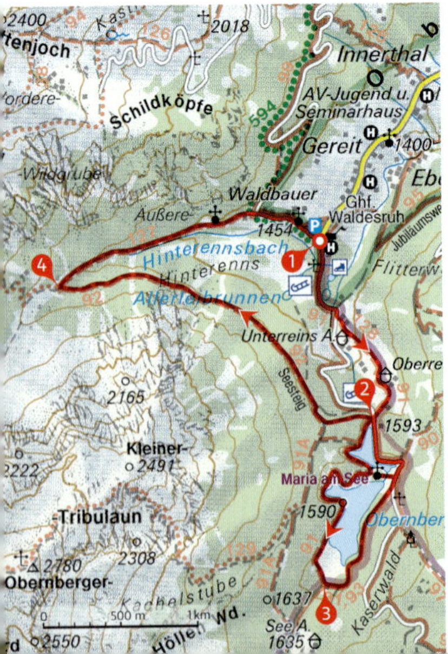

Einkehr: Eventuell Kiosk am Parkplatz, sonst keine (das verlassene Gasthaus am See rottet seit einigen Jahren vor sich hin).
Beste Jahreszeit: Je nach Schneesituation ab Mai oder Juni bis weit in den Herbst hinein.
Hinweis: Wer die Teilabschnitte einzeln absolvieren möchte, kalkuliere für den Seerundweg ca. 2.00 Std. und 240 Hm ab Parkplatz, für den Seesteig geringfügig mehr (280 Hm).

Vom **Parkplatz Waldesruh** ❶ auf dem Fahrweg südwärts leicht ansteigend, nahe dem Seebach aus dem Wald heraus und linker Hand auf den Wiesenweg, der via Unter- und Oberreinsalm zum Nordeck des **Obernberger Sees** ❷, 1593 m, hinaufzieht. Hier begeben wir uns zunächst ans Westufer und gehen dessen Buchten auf schönem Na-

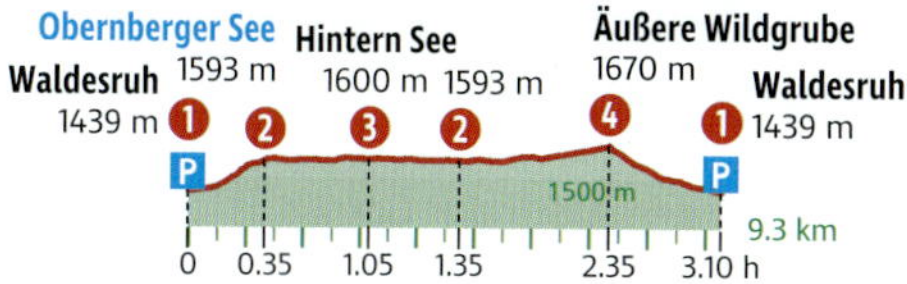

turpfad aus. Am Südende, **»Hintern See«** ❸ genannt, im Bogen hinüber zum Fahrweg, der das smaragdgrüne Gewässer nun ostseitig begleitet. Auch einen Abstecher zur Kapelle Maria am See sollten wir nicht versäumen (hier besteht zudem ein Durchgang von der Westseite), ehe sich der Rundkurs am Nordeck ❷ schließt.

Wer nun nicht wieder über den Wiesenweg oder den Forstweg direkt zum Parkplatz absteigen möchte, folgt auf der linken Seite dem Seesteig, der mit einer Waldhangtraverse beginnt. Sie ist dürftig ausgetreten, aber in dichten Abständen markiert. Man stößt auf einen Forstweg, der zuvor auch als Variante dient, und achtet kurz danach auf die Fortsetzung des kleinen Steiges quer durch die bewachsenen Flanken. Vorerst noch licht bewaldet, überwiegt bald das Krummholz. Die Gasse ist großzügig freigeschnitten, der Untergrund wegen der vielen Wurzeln allerdings ziemlich holprig. Später wird auch mal eine Schuttzunge überschritten. Insgesamt gewinnt man ein paar Höhenmeter ab Obernberger See und trifft schließlich in der **Äußeren Wildgrube** ❹, ca. 1670 m, auf den Weg Nr. 127 vom bzw. zum Gstreinjöchl. Damit nun gut trassiert am Hinterennsbach entlang talwärts, später über licht bestockte Wiesen auslaufend zum Waldbauer und zum Parkplatz ❶.

Am Seesteig öffnet sich der Blick ins Obernbergtal.

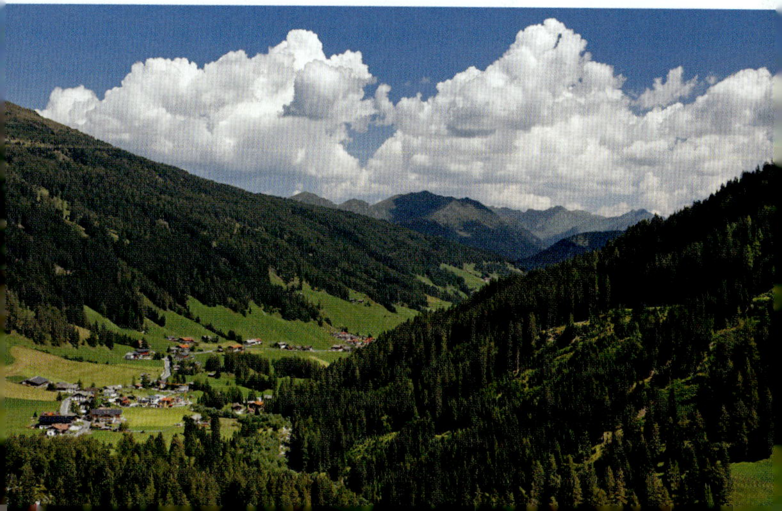

↗ 1600 m | ↘ 1600 m | 15.5 km

43 Obernberger Tribulaun, 2780 m – Roßlauf Nord, 2880 m

8.00 h

Stramme Bergtour an der Südtiroler Grenze

In der Tribulaungruppe am Stubaier Hauptkamm würdigen drei Talschaften ihren eigenen Hausberg, entsprechend ausgedrückt im Namen. Der Obernberger Tribulaun gibt sich als wuchtige Felsgestalt im Talschluss zu erkennen. Anstrengend, aber keine Hexerei – so kann der Anstieg zu ihm salopp charakterisiert und damit erfahrenen Bergwanderern durchaus ans Herz gelegt werden, besonders interessant mit der anschließenden Überschreitung des Roßlauf und idealem Rundenschluss via Portjoch. Eine Landschaft mit eigenartig anmutenden Schutthochflächen, auf fast 3000 Meter Seehöhe beinahe zu einem Tafelgebirge nivelliert, und unvermittelten Abgründen umgibt uns dort oben; dazu Fernblicke, die sich auch in den Südtiroler Raum öffnen. Man sollte sich aber schon bewusst machen, dass dies eine der großen Touren in unserer Auswahl ist und für den Bereich des Obernbergtals sogar zweifellos die »Königstour«.

Ausgangspunkt: Waldesruh im Obernberger Talschluss, 1439 m. Gebührenpflichtiger Parkplatz und Bushaltestelle.
Anforderungen: T3–4 bis Obernberger Tribulaun, Überschreitung stellenweise eine Nuance schwieriger (T4). Lange Bergtour auf eher schmalen, aber im Prinzip ordentlichen Steigen, überall zuverlässig

Beim Übergang vom Obernberger Tribulaun zum Nördlichen Roßlauf.

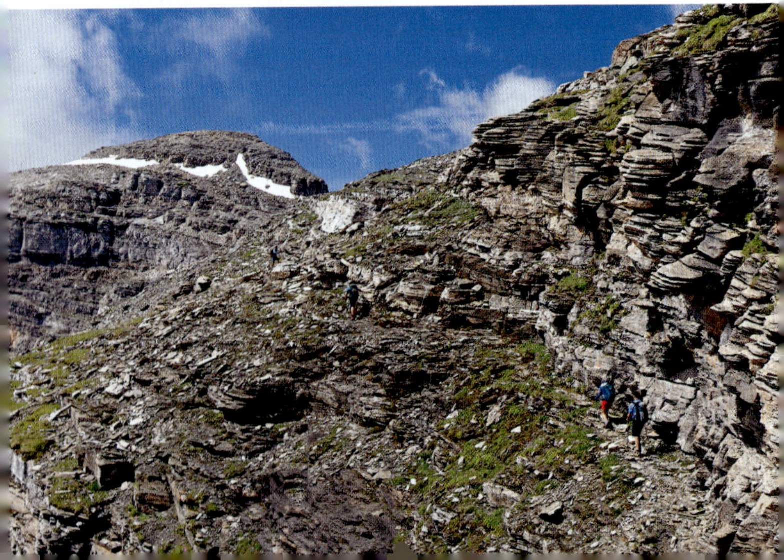

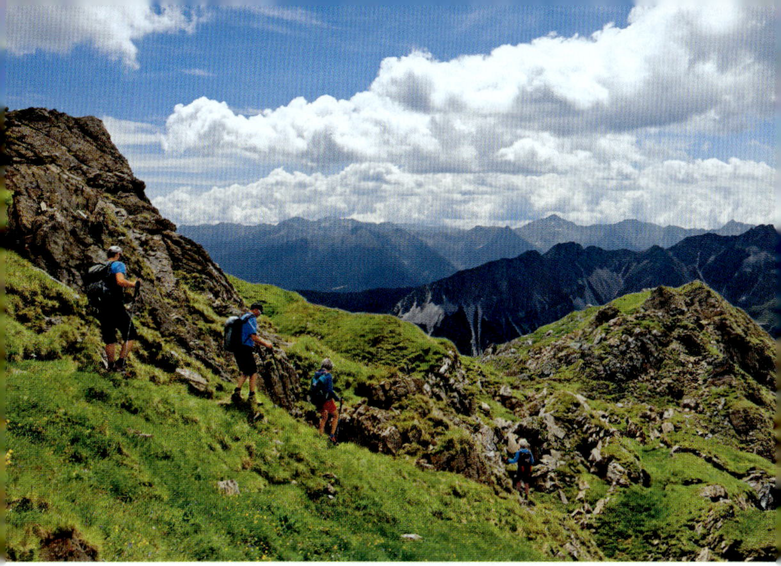

Eine ganze Weile zieht sich der aussichtsreiche Abstieg zum Portjoch.

markiert. Häufig abschüssiges Gelände, sowohl im Auf- als auch im Abstieg einzelne gesicherte Passagen an Steilstufen. Trittsicherheit, Schwindelfreiheit und beachtliche Kondition erforderlich.

Einkehr: Ausschank am Ausgangspunkt, sonst keine.
Beste Jahreszeit: Juli bis September, wegen gefährlicher Schneefelder nicht zu früh in der Saison.

Vom **Parkplatz Waldesruh** ❶ südwärts Richtung Obernberger See, bei der ersten Gabelung am Fahrweg verbleibend und alsbald rechts zum sogenannten Seesteig am Hang. Ein Stück weiter südlich zweigt die Gipfelroute Nr. 129 ab ❷. Sie quert noch kurz durch Wald und leitet anschließend an einem großen Latschenhang in die Kachelstube hinauf. Später rechts haltend aus dem Krummholz heraus und nach einigen Kehren zu einer ersten gesicherten Passage, die uns zu einem grasigen Abschnitt oberhalb von Abbrüchen bringt. Ein zweiter Schrofenriegel ist nur kurz, der dritte wird oberhalb des nächsten Grashangs durchstiegen und entlässt uns über die Schwelle auf die kargen Geröll- und Steinfluren neben dem **Kleinen Tribulaun** ❸. Dieser Vorposten könnte durchaus pfadlos erklommen werden, doch wird die

Plötzlich taucht ein Steinbockrudel auf.

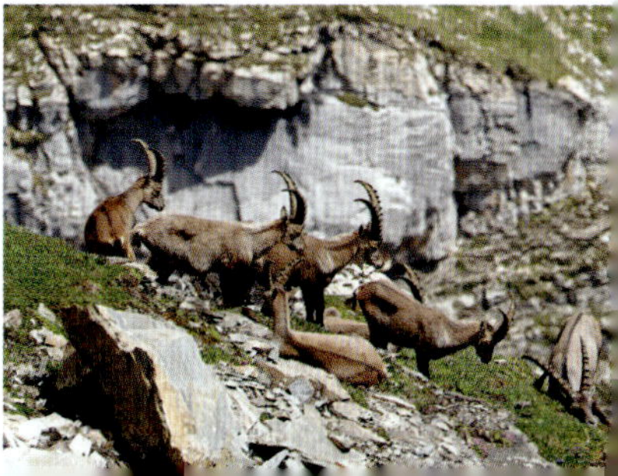

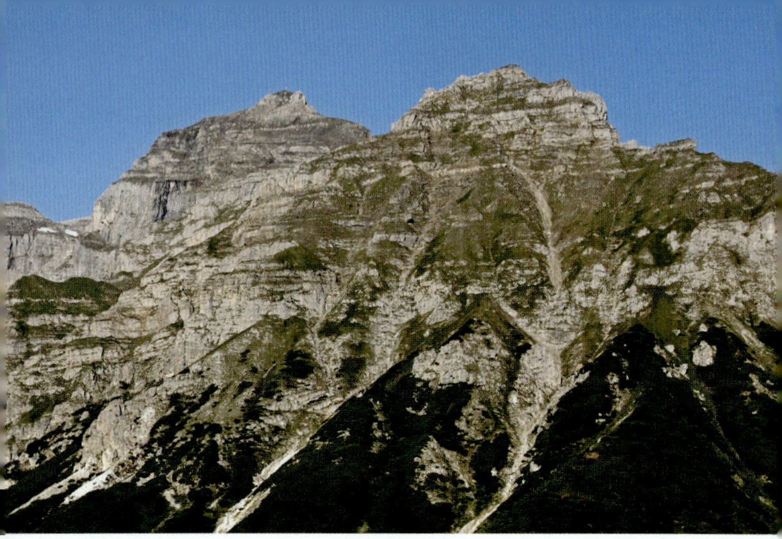

Wie ein Bollwerk: Obernberger und Kleiner Tribulaun.

Länge der Tour die meisten wohl davon abhalten. Nun erkennen wir auch das Gipfelkreuz des Obernberger Tribulaun. Nach einem gemäßigten Intermezzo steilt der Schlusshang auf – entlang einer passablen Schuttspur jedoch ohne nennenswerte Hindernisse.
Wir überschreiten den **Obernberger Tribulaun** ❹, 2780 m, mit 60 Metern Höhenverlust in die dahinterliegende Scharte. Nach einer kurzzeitig luftigen Bergaufpassage folgen eine zweite kleine Bresche und anschließend wieder ausgedehnte Schuttfluren. Wir nähern uns jetzt dem Grenzkamm mit seinem jenseitigen Abbruch, halten uns links und ersteigen den **Roßlauf Nord** ❺, 2880 m, mit Gipfelsteinmann. Der Kammrücken Richtung

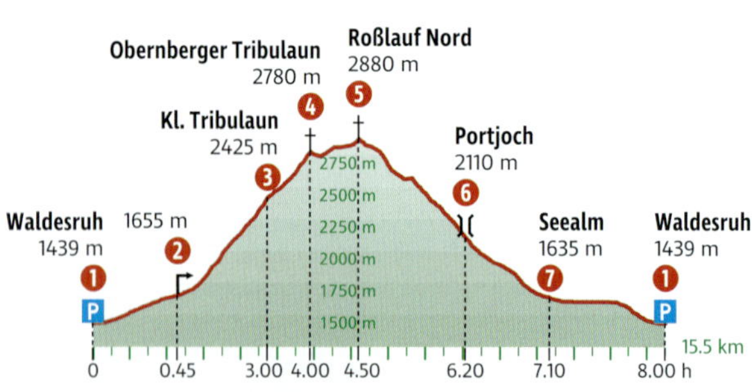

Pfeiferspitzen präsentiert sich zunächst sehr breit und harmlos. Doch verschmälert sich das Gelände zu einer teils brüchig-zerklüfteten Schneide. An Drahtseilen müssen wir über einige Felsstufen abklettern, zumindest in einem Fall ziemlich ausgesetzt (psychologische Schlüsselstelle). Teils am Grat, teils seitlich ausweichend weiter zu P. 2583, welcher nochmals eine untergeordnete Gipfelkuppe bildet. Im Anschluss geht es am Roßlauf Süd vorbei und in allmählich bewachsenem Gelände links haltend gegen das **Portjoch** ❻, 2110 m, hinab. Dieser Grenzsattel vermittelt einen leichten Übergang zwischen Obernberg und dem Südtiroler Pflerschtal. Von Nr. 32 zu Nr. 93 wechselnd, begeben wir uns auf die Nordseite und steigen durch die Wiesenhangmulde via Portissen bis auf die Böden der **Seealm** ❼, 1635 m, ab. Nun am schnellsten rechtsseitig am Obernberger See entlang und vom Nordende (beim verwaisten Gasthaus) rechts auf den Wiesenweg, der über die Ober- und Unterreinsalm talwärts führt.

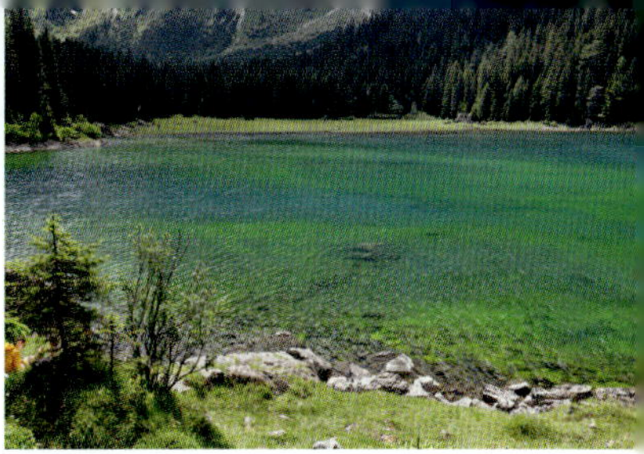

Perle in Türkis: der Obernberger See.

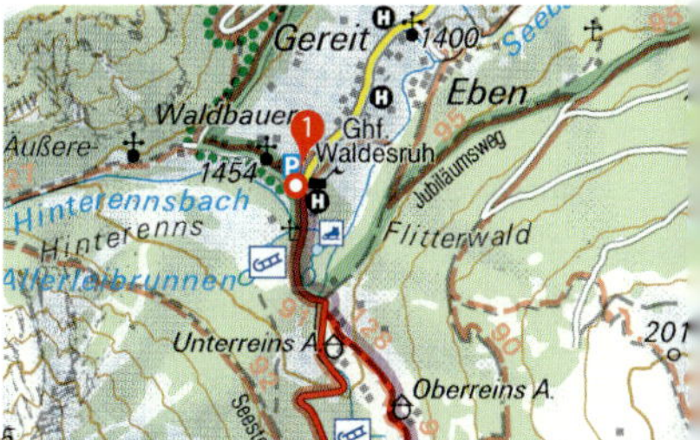
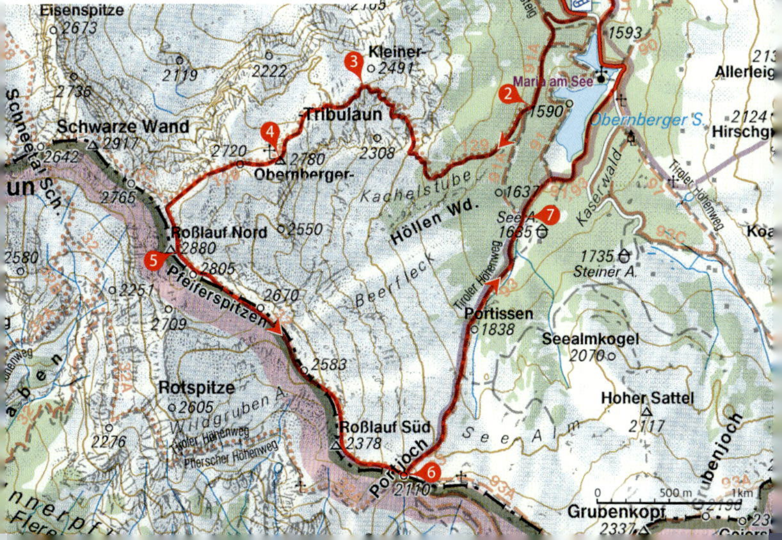

↗ 950 m | ↘ 950 m | 16.3 km

44 Allerleigrubenspitze und Koatnerberg, 2197 m

6.00 h

Der Obernberger »Seeblickweg«

Auf dieser Wanderung bewegen wir uns an rundlich geformten Bergen, also prinzipiell in gutmütigem Gelände, weshalb sie noch zu den leichteren zählt. So können wir die über weite Strecken freien Ausblicke in Muße genießen. Ein kleines Rätsel wirft die Allerleigrubenspitze auf – nicht wegen ihres ulkigen Namens, denn dieser wird im Angesicht der Umgebung offenkundig –, sondern wo sich der »Gipfel« denn genau befindet. Am kotierten P. 2131 führt der Weg tatsächlich minimal vorbei, während P. 2124 ein kleines Kreuz trägt (und im Gipfelbuch die Allerleigrubenspitze verewigt ist). Wie auch immer – den Scheitelpunkt der Tour erreichen wir ohnehin erst am südlich aufragenden Koatnerberg. Im weiteren Verlauf tangiert man beim Sandjöchl kurz den Grenzkamm und wandert hinab in die Talfurche mit dem malerischen Obernberger See, der auch zu dieser Unternehmung gehört, aber – trotz der offiziellen Bezeichnung »Seeblickweg« – gar nicht unbedingt im Mittelpunkt steht.

Ausgangspunkt: Am besten im Ortskern von Obernberg, 1396 m. Parkmöglichkeit bei der Volksschule (auch Bushaltestelle). Alternativ kann man beim großen Parkplatz im Talschluss starten.
Anforderungen: T2. Gutmütige Bergwege in Zwergstrauch- und Hochweidengelände, nirgends ausgesetzt und auch kaum einmal steil. Der abkürzende Zugang (siehe Variante) ist nicht leicht zu finden, sonst gut markiert. Tagfüllende Tour, entscheidend ist somit solide

Das Almvieh genießt den Bergsommer auf den Hochweiden.

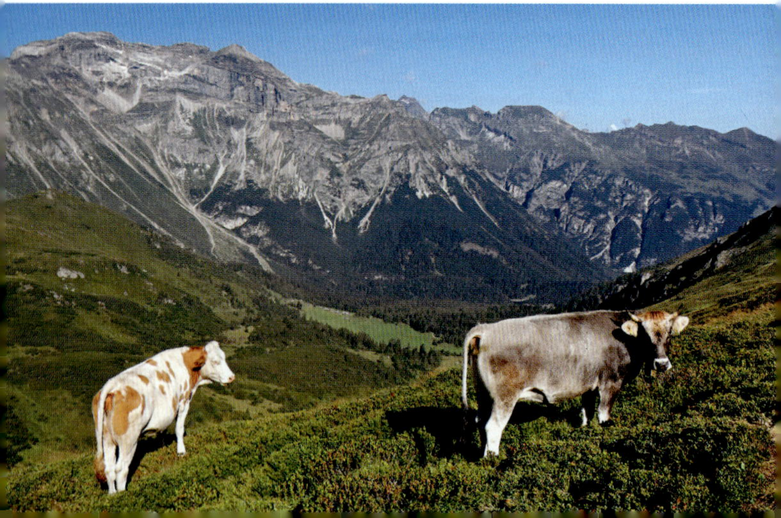

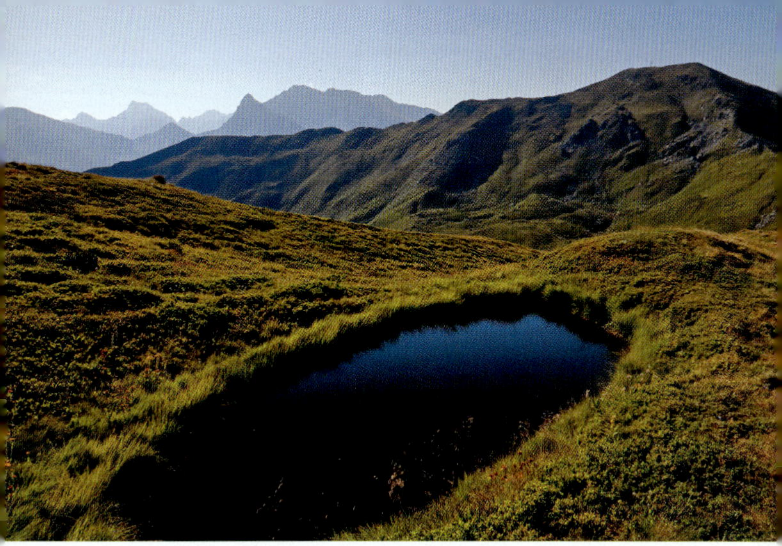

Hin und wieder tauchen kleine, mit Wasser gefüllte Mulden auf. Rechts im Hintergrund der Hohe Lorenzen am Hauptkamm.

Ausdauer.
Einkehr: Eventuell Kiosk beim Parkplatz im Talschluss, sonst keine.
Beste Jahreszeit: Juni bis Oktober.
Variante: Für Pfadfinder besteht anfangs eine nicht markierte Abkürzungsmöglichkeit: Gleich hinter der Kirche den Seebach überschreiten (Holzbrücke) und kurz parallel dazu bis zu einem Zaun. Nun auf Steigspuren über die Waldweiden aufwärts, durch ein Gatter und rechts haltend zu einer Lichtung mit Jagdhütte. Quasi horizontal weiter nach rechts und schließlich schräg aufwärts zur Einmündung in die Forststraße.

In **Obernberg** ❶ geht es unmittelbar am Kirchhügel vorbei und am Seebach entlang auf dem Wiesenweg zum Ortsteil Eben. Hier nun schräg links auf einem Forstweg in die Waldlehne und nach einer scharfen Kehre zu jenen Stellen, wo einerseits der in der Variante angedeutete Schnellzugang und ein paar Schritte weiter der Forstweg von Obernberg-Frede dazukommen. Die breite Fahrbahn setzt sich noch eine Weile fort, ehe bei der **Koathütte** ❷, 1760 m, ein Steig einsetzt. Eher dürftig ausgetreten zieht dieser allmählich über die Waldgrenze hinaus in typische Zwergstrauchheiden und von Norden her abflachend Richtung **Allerleigrubenspitze** ❸, 2131 m. Etwa 10 Gehminuten weiter befindet sich auf einer kleinen Kuppe (bei f&b »Hirschgrube«, P. 2124) ein Gipfelkreuz. Nach nur wenig Höhenverlust schwingt sich der Kamm moderat zum **Koatnerberg** ❹, 2197 m, auf. Dahinter führt der Weg eine Nuance schmaler hinab ins Sattele und kurz gegen den Hohen Lorenzen hinan, um sich dann aber nach rechts zu wen-

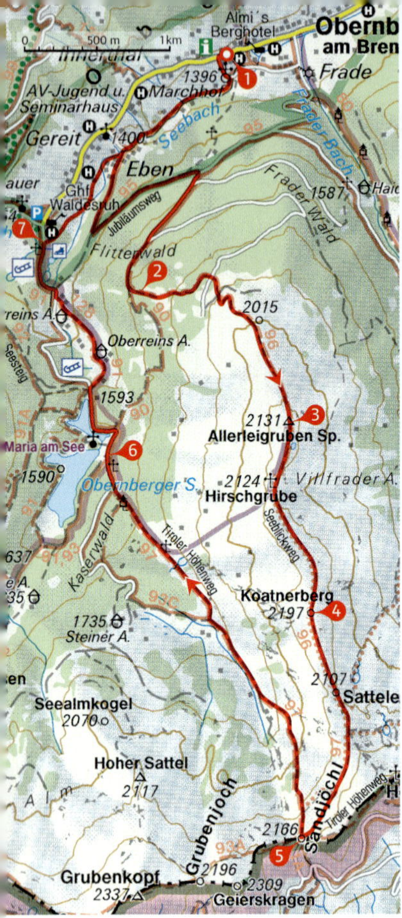

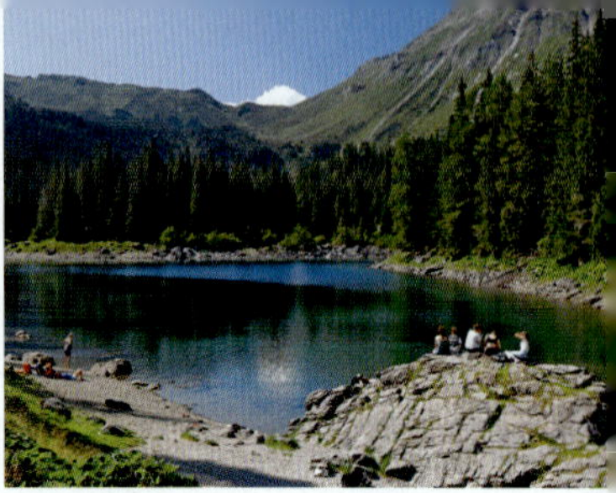

Gegen Ende wartet noch eine beschauliche Rast am Obernberger See.

den und mit einer Grashangquerung unmittelbar das **Sandjöchl** 5, 2166 m, anzusteuern (bei f&b ungenau dargestellt). Auf der Nordseite leiten wir den Abstieg ein, über die Waldbauer-Mähder auf eine Wiesenterrasse und später durch einen Waldabschnitt zum östlichen Eck des **Obernberger Sees** 6, 1593 m, unweit der Seekapelle, die natürlich einen kleinen Abstecher wert ist. Weiter vorn wählen wir den beschilderten »Wiesenweg« und steigen über die Ober- und Unterreinsalm Richtung Parkplatz Waldesruh ab. Noch davor orientieren wir uns allerdings auf baumbestandenen Wiesen zum Bach hin 7 (vorübergehend etwas unklar gepfadet), womit die Tour via Eben gemütlich zum Ausgangspunkt in **Obernberg** 1 ausklingt.

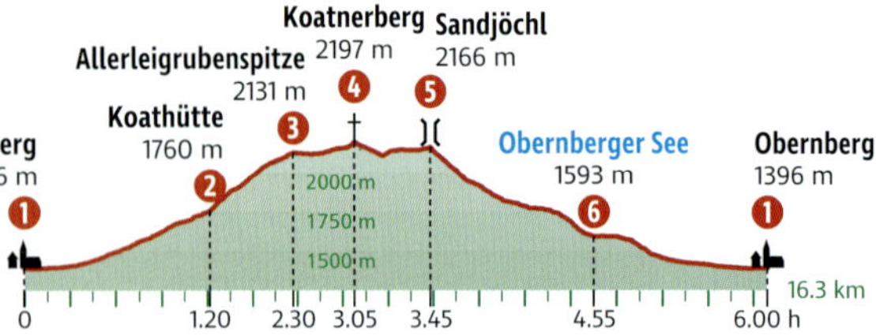

↗ 900 m | ↘ 1120 m | 13.6 km

5.30 h

Karsattel, 2093 m, und Sattelberg, 2115 m

45

Stiller Höhenweg von Obernberg nach Gries am Brenner

Welcher Gipfel liegt eigentlich dem Brennerpass am nächsten? Es ist der Sattelberg, ein bei Wanderern und Skitourengehern durchaus geschätztes Ziel. Die mugelige Form ist eher untypisch für den unmittelbaren Alpenhauptkamm und macht wohl keinen sonderlichen Eindruck, die Aussicht ringsum ist aber sehr interessant. An dieser Stelle möchte ich den Sattelberg in einen ausgedehnten Übergang einbinden, der in Obernberg beginnt und hinauf zum Karsattel einen ziemlich urwüchsigen Abschnitt aufweist, wo man sich auch mal ein bisschen durchbeißen muss. Dafür verspricht der weitere Verlauf auf der Höhe echten Genuss, kulinarisch fein abzurunden beim Abstieg über die bewirtschaftete Sattelbergalm.

Ausgangspunkt: Obernberg, 1396 m. Parken am besten im Ortszentrum (bei Frade keine geeignete Möglichkeit), günstigste Bushaltestelle »Berghotel«.
Endpunkt: Gries am Brenner, Bushaltestelle »Gasthof Sprenger«, ca. 1180 m.
Anforderungen: T3 (zum Karsattel), sonst T2. Über weite Strecken problemlose Bergwanderwege, von der Frader-alm hinauf zum Karsattel jedoch oft nur schwach ausgetreten und streckenweise ziemlich verwachsen. Allerdings auch dort ordentlich markiert und ohne nennenswerte Absturzgefahr. Durchschnittliche Tagestour.
Einkehr: Getränke auf der Fraderalm,

In Obernberg starten wir die Wanderung über die Berge nach Gries.

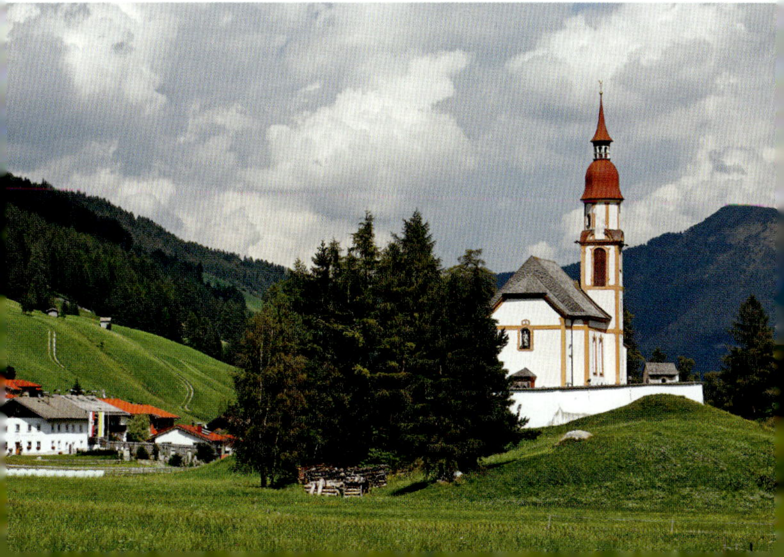

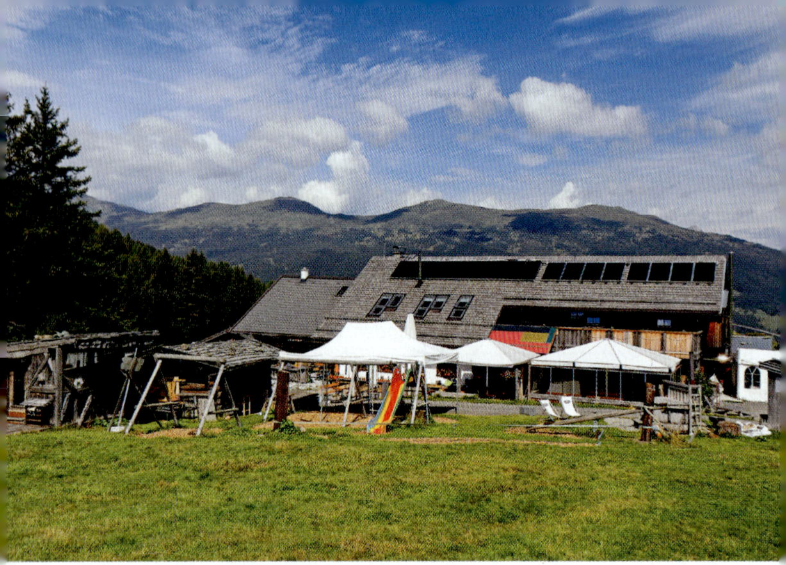

Die Sattelbergalm empfängt uns beim finalen Abstieg zur Einkehr.

1619 m. Sattelbergalm, 1635 m, Übernachtungsmöglichkeit, Tel. +43 5274 87717.
Beste Jahreszeit: Mitte Juni bis Mitte/ Ende Oktober (solange schneefrei).
Varianten: 1. Ab Fraderalm Richtung Flachjoch und der Kammroute über das Wechseljoch, 2247 m, folgen (ca. 1.30 Std. Mehraufwand).
2. Beim finalen Abstieg von der Sattelbergalm kann man auch den »Wasserweg« wählen (kurvenreicher und damit etwas länger).

In **Obernberg** ❶ gehen wir zu den Anwesen bzw. Höfen im Ortsteil Frade und folgen dann dem Karrenweg durch den Einschnitt des Frader Bachs (die Forststraße ist etwas länger). Nach rund einer Stunde erreichen wir die **Fraderalm** ❷, 1619 m, und orientieren uns hier sofort links am steilen Hang aufwärts (Nr. 80B). Die Markierung ist zuverlässig, der Steig selbst jedoch in nicht besonders gutem Zustand, im Bereich der Frader Mähder

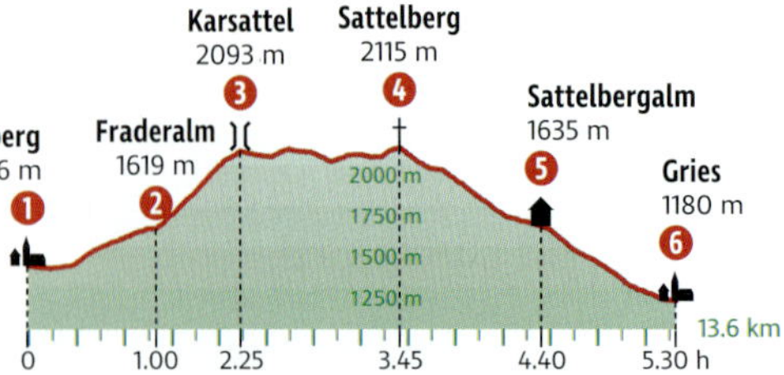

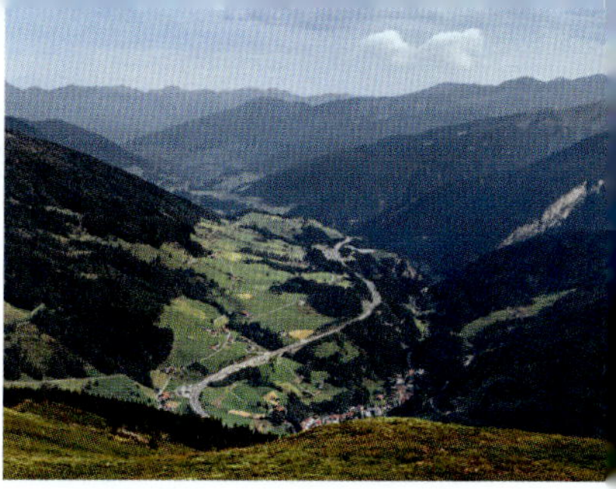

Am Sattelberg liegt das Nordtiroler Wipptal vor respektive unter uns.

später sogar regelrecht verwachsen (auch einige Stadel zeigen sich hier verfallen). Gegen den **Karsattel** ❸, 2093 m, hin wird der Bewuchs dünner und die Sache für uns sukzessive angenehmer. Wir gewinnen damit die Schwelle zwischen Niedererberg und Wechseljoch und schwenken in die jenseitige Hangbucht ein, wo sich der Steig fast höhengleich anschmiegt. Etwas ansteigend in die Nähe des Sattels zwischen Kreuzjoch und Steinjoch, dabei aber nordseitig verbleibend und mittels fortgesetzter Traverse bis in die nächste Einsattelung (mit altem Zollgebäude). Im Anschluss können wir uns vorteilhaft am breiten, völlig hindernislosen Geländerücken – der die Staatsgrenze trägt – orientieren, auch wenn die offizielle Markierung teils etwas auf die Nordseite ausweicht. Nach einer letzten seichten Senke schließt die Kammroute zum **Sattelberg** ❹, 2115 m, auf.

Wir überschreiten die weitläufige Kuppe und steigen über Almwiesen in den Bergwald ab, allmählich nordwärts eindrehend und zu einer Forststraße, die uns zur **Sattelbergalm** ❺, 1635 m, bringt: ein stattliches Almgasthaus. Talwärts nimmt man normalerweise die Hauptroute auf dem Karrenweg, die beim Hoachhof auf Straßenanschluss trifft, den Wanderparkplatz unter der Autobahnbrücke passiert und schlussendlich in der Ortschaft **Gries** ❻ ausläuft.

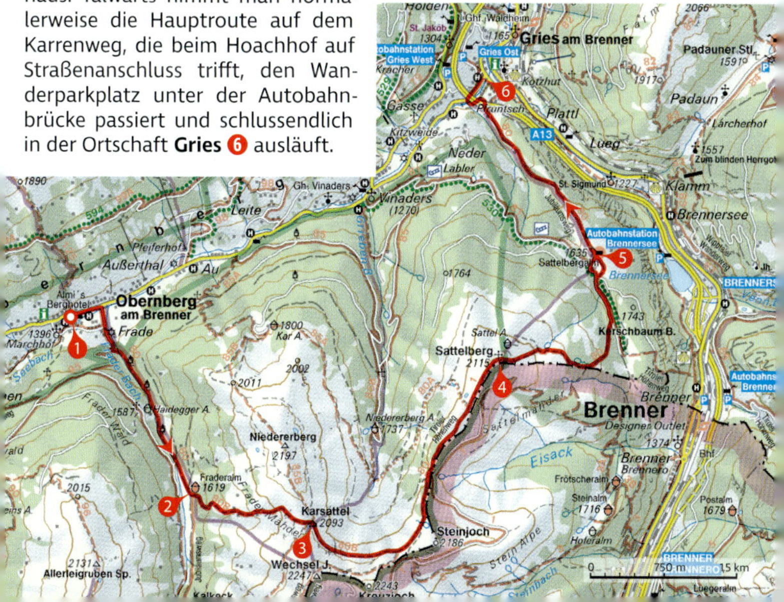

↗ 1350 m | ↘ 1350 m | 15.5 km

46 Landshuter Europahütte, 2693 m

7.00 h

Zum Wolkenhaus am Grenzkamm

Ende des 19. Jahrhunderts wählte die Alpenvereinssektion Landshut einen außergewöhnlichen Standort für ihre Hütte: direkt auf der Scheitelhöhe des Alpenhauptkamms, gut fünf Kilometer Luftlinie östlich des Brenners. Mit fast 2700 Metern ist die Höhenlage respektabel. Das eigentliche Kuriosum trat jedoch erst nach dem Ersten Weltkrieg ein, als eine willkürlich gezogene Staatsgrenze zwischen Österreich und Italien plötzlich genau durch die Hütte verlief! Lange Zeit erschwerte dieser Umstand die Bewirtschaftung, ehe der europäische Einigungsgedanke auch hier oben eine neue Ära einläutete, verbunden mit dem neuen Namen »Europahütte«. Allerdings ist die Zeit nicht spurlos an der Bausubstanz vorbeigegangen, sodass momentan ein kompletter Neubau in Vorbereitung steht. Als zeitlos schön darf freilich das bemerkenswerte Panorama gelten – quasi aus der Mitte Tirols weit in nördliche wie in südliche Gefilde. Die meisten Besucher kommen aus dem Südtiroler Pfitsch, nordseitig steht der nachfolgend beschriebene Zugang durchs Venntal zur Verfügung.

Ausgangspunkt: Beim ehemaligen Bahnhaltepunkt Brennersee, ca. 1350 m, knapp nördlich des Brennerpasses (beschränkter Parkraum). In unmittelbarer Nähe beginnt mit einer Bahnunterführung die nicht öffentliche Zufahrt ins Venntal (auch Bushaltestelle der Linie 4143).

Anforderungen: T2–3. Langer Aufstieg auf meist ordentlichem, selten steilem Bergweg, von der Waldzone über Hochweiden- und Zwergstrauchgelände bis in zunehmend steinigeres Terrain. Keine besonderen Schwierigkeiten und kaum irgendwo Absturzgefahr, allerdings im Tagesumlauf gute Kondition wichtig.

Einkehr/Unterkunft: Landshuter Europahütte, 2693 m, Mitte Juni bis Ende September, Tel. +39 0472 646076, www.europahuette.it. Die Jausenstation Venn ist seit 2020 dauerhaft geschlossen.

Beste Jahreszeit: Während der Hüttenöffnungszeit, im Frühsommer eventuell noch Erschwernisse durch Schneefelder.

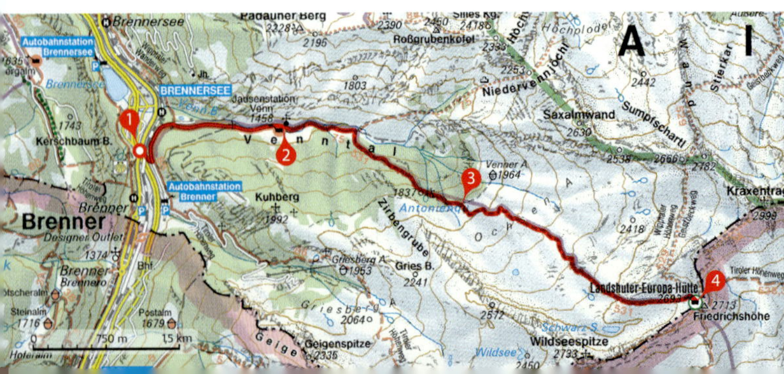

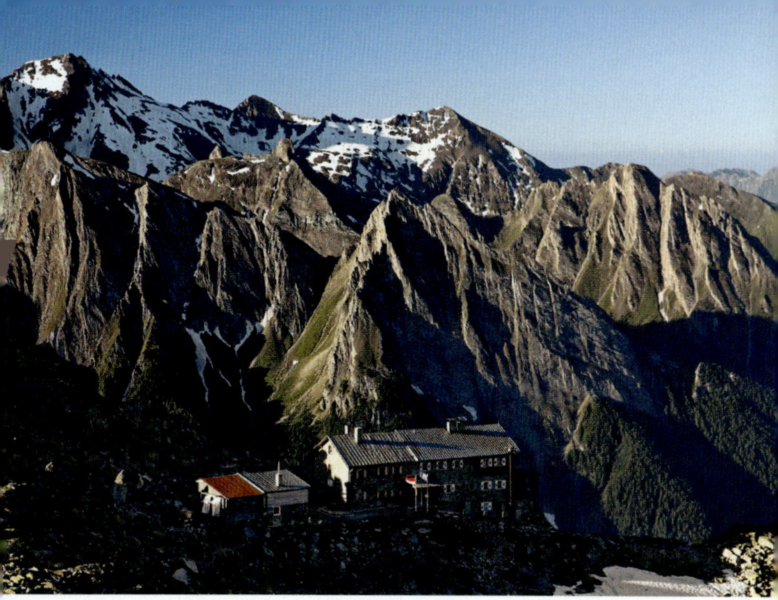

Auf der Scheitellinie des Hauptkamms, hier vor der Kulisse der Pfitscher Berge, hat die altehrwürdige Landshuter Europahütte ihren Platz.

Variante: Einen interessanten Übergang ins Valsertal vermittelt der mit Nr. 529 bezeichnete Geistbeckweg. Man überschreitet das Sumpfschartl und hält sich rechts bis gegen die Abbruchkante der Langen Wand, die eine Weile talwärts begleitet wird, ehe der Steilriegel einen Durchschlupf gewährt (Schlüsselpassage mit Sicherungen). Anschließend im Stierkar hinunter zum Zeischbach und auf der gegenüberliegenden Seite allmählich aus dem Kessel heraus. Zuletzt auf einem Fahrweg an der Nockeralm vorbei zur Bushaltestelle bei der Touristenrast. Anforderungen mindestens T3, Gehzeit im Abstieg ca. 4.30 Std. Ausführliche Beschreibung im Rother-WF »Trekking im Zillertal«.

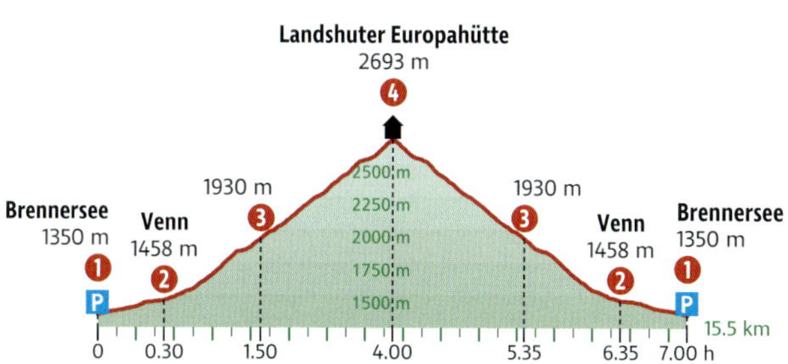

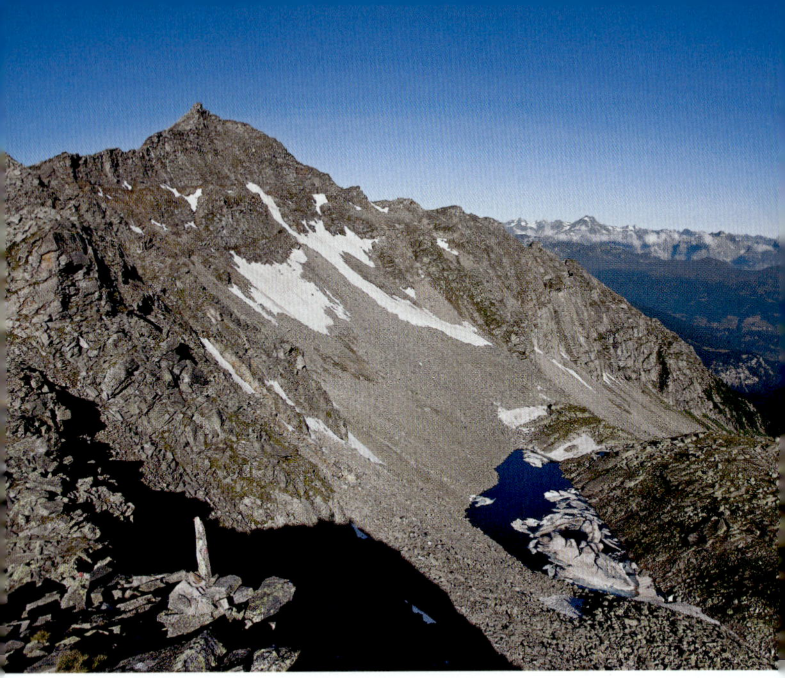

Die Wildseespitze ist von der Hütte aus relativ rasch erreichbar. In der nordseitigen Karwanne unterhalb verbirgt sich der Schwarzsee.

Von der Brennerstraße ❶ geht es anfangs unter den Gleisen hindurch und auf einem Forstweg ins Venntal hinein. Schon bald öffnet sich das Gelände. Wir wandern flach an der kleinen Almsiedlung **Venn** ❷, 1458 m, vorbei und verlassen später bei zwei Hütten den Fahrweg nach rechts. Hier setzt der AV-Steig Nr. 531 ein. Über die Wiese rasch in den Bergwald und – abgesehen von einigen kleinen Kehren – insgesamt in schräger Linie höher. Nach einer Bachquerung nähern wir uns allmählich der Waldgrenze; kurz zuvor zweigt ein unscheinbarer, zumal nicht bezeichneter Pfad zur Venner Alm ab ❸. Wir gewinnen indes weiter an Höhe, nun bald in ganz freier Umgebung, vorübergehend an einer wenig ausgeprägten Rückenstruktur mit Gras und Zwergsträuchern. Im weiteren Verlauf windet sich unsere Route über mehrere Geländestufen mit zunehmend steinigerem Untergrund, wobei jedoch erst im obersten Bereich wirklich der Blockschutt überwiegt. Auf guter Trasse lassen wir eine alte Zollhütte unter uns, sowie beim letzten Rechtsknick noch ein Gebäude, ehe uns die **Landshuter Europahütte** ❹ auf der Kammlinie nahe der Friedrichshöhe empfängt. Für die Rückkehr zu unserem Startpunkt ist dieselbe Route am praktikabelsten.

↗ 1060 m | ↘ 1060 m | 10.4 km

5.45 h

Roßgrubenkofel, 2450 m

47

Überschreitung mit Vennspitze und Silleskogel

Diese Tour bewegt sich zwischen Valsertal und Venntal, an einem für die Gegend typischen, weithin grasbewachsenen Kammzug. Gleichwohl kann man den Charakter nicht unbedingt als »mugelhaft« bezeichnen – der Blick in zuweilen atemberaubend steile Flanken beweist es. Gutmütig gestaltet sich zumindest der westseitige Aufstieg bis zur Vennspitze, die unseren »Vorgipfel« darstellt, aber auch für sich genommen schon lohnend erscheint. Hauptziel ist indes der benachbarte Roßgrubenkofel, der sich ostwärts überschreiten und damit zur Rundtour ausbauen lässt. Allerdings nicht ganz optimal, denn streckenweise wird es dabei etwas unbequemer und gegen Ende fällt noch eine längere Traverse inklusive Gegensteigung an.

Ausgangspunkt: Letzte Rechtskehre, ca. 1500 m, an der Padauner Straße von Vals (Beginn eines Forstweges). Alternativ in der Nähe des Steckholzers, beim Abzweig der Rodelbahn-Forststraße, ca. 1590 m. Keine unmittelbare Busanbindung, nächstgelegene Haltestelle beim Abzweig an der Valser Straße.
Anforderungen: T3, bis zur Vennspitze bloß T2. Im Aufstieg wenig schwierige Route über Hochweidengelände, bis zum Gipfel auch gut markiert. Die Gratstrecke zum Geierschnabel verlangt etwas Trittsicherheit, der folgende Abstieg zudem Aufmerksamkeit, denn die Route ist vor allem in den freien Almbereichen nicht durchgängig als Wegtrasse ausgetreten und dürftiger markiert, zudem teilweise recht

Im Frühsommer fasziniert eine üppige Alpenrosenpracht.

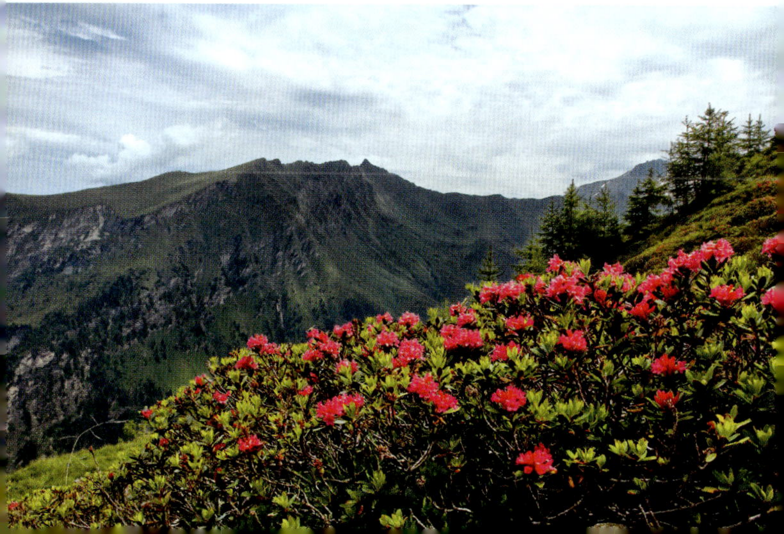

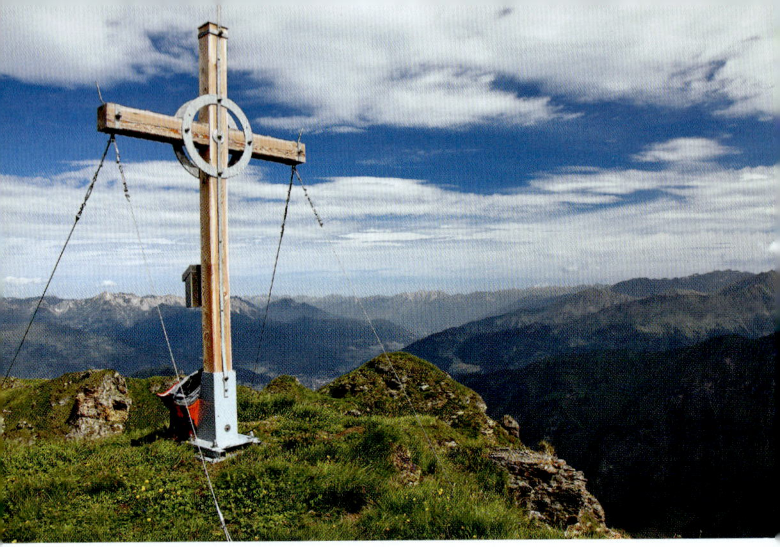

Mit dem Roßgrubenkofel ist das Hauptziel der Tour erreicht.

steil und holprig (bei Nässe besser zurück auf dem Hinweg). Je nach Gestaltung moderate oder ausgedehntere Tagestour.
Einkehr: Eventuell Gasthof Steckholzer in Padaun, sonst keine am Weg.
Beste Jahreszeit: Ende Juni bis in den Oktober.
Variante: Beschränkt man sich auf den Normalweg vom Steckholzer bis zur Vennspitze, bleibt die Tour »blau«, bei 800 Hm und insgesamt 4 Std.
Hinweis: Nach aktueller Info (Ende 2023) soll die Abstiegsroute sehr erschwert begehbar sein. Vorbehaltlich einer Verifizierung ist bis auf Weiteres Vorsicht walten zu lassen.

Wenn wir die komplette Überschreitung im Sinn haben, lassen wir das Auto am besten bei der Rechtskehre ❶ stehen und laufen zu Beginn entlang der Padauner Straße rund einen Kilometer bergauf, bis wir auf die winters als Rodelbahn genutzte Forststraße treffen ❷. Obacht: trotz Hinweis auf den Roßgrubenkofel nicht bereits den Abzweig nach 500 Metern einschlagen! Vom Fahrweg wechseln wir bald auf den eigentlichen Bergweg, der zunächst rechts von einem Bach durch licht bewaldetes Gelände mit Wiesenschneisen in die Wanne der Padauner Alm emporzieht. Auf rund 2000 Metern bleibt der Wald endgültig zurück und wird von Alpenrosenfeldern abgelöst. Links ausholend gelangen wir auf eine Wiesenhochfläche, die gegen die Vennspitze allmählich aufsteilt. Stets den Markierungen folgend zum obersten Westgrat und in wenigen Minuten zum Kreuz auf der **Vennspitze** ❸, 2390 m. Der Übergang zum **Roßgrubenkofel** ❹, 2450 m, vollzieht sich im Wesentlichen an der ebenfalls grasbewachsenen Kammverbindung.

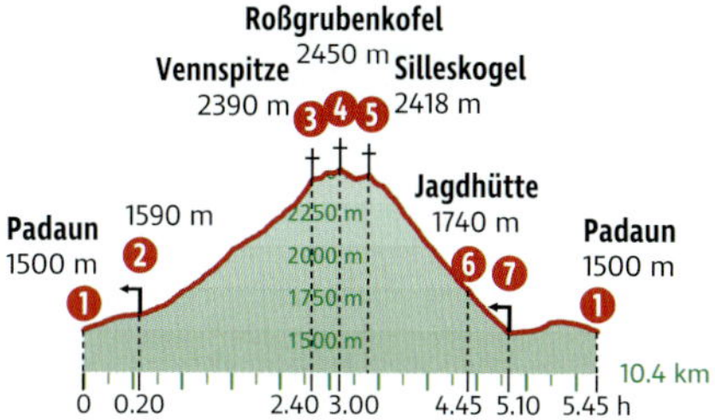

Der Hauptgipfel wird nun ostwärts überschritten. An einigen Felshindernissen geht es links vorbei und nochmals mit minimaler Gegensteigung auf den **Silleskogel** ❺, 2418 m. Von dort ziemlich steil gegen den Geierschnabel hinab und unmittelbar vor den Felsen rechts in die jenseitige Flanke. Kurzzeitig bewegen wir uns an einem Rücken abwärts, dann ohne ausgeprägte Spur bei manchmal nur schwer erkennbarer Markierung in der nordseitigen Hangmulde. Die Route führt über mehrere kleine Absätze und ist zwischendurch speziell in licht bewaldeten Abschnitten auch mal besser verfolgbar. Nach einem Linksschwenk wird es weiter unten aber erneut holpriger. Durch die Almhangmulde kommen wir zu einer **Jagdhütte** ❻, ca. 1740 m, und steuern unterhalb ein Gatter an. Nach etlichen Windungen und Serpentinen trifft man auf eine breite Forststraße ❼. Hier links zu einem Zaunüberstieg, wo ein schmaler Pfad einsetzt. Dieser beschert uns während der Querung steiler, üppig bewachsener Schattenhänge einen merklichen Gegenanstieg, ehe wir Anschluss erhalten zu jener Forststraße, die uns letztlich zurück zum Ausgangspunkt ❶ bringt.

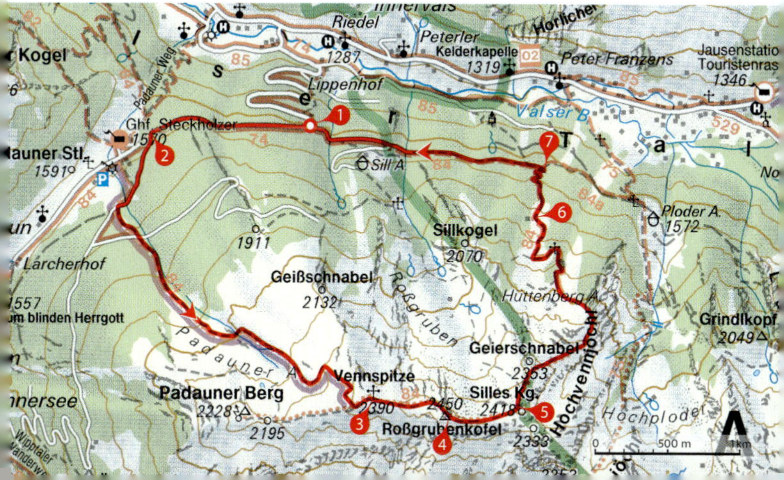

↗ 530 m | ↘ 530 m | 5.8 km

48 Padauner Kogel, 2066 m

3.00 h

Wipptaler Logenplatz par excellence

Höhenmäßig nimmt sich der Padauner Kogel in unserer Gipfelauswahl – und überhaupt für Tiroler Verhältnisse – ziemlich bescheiden aus, dennoch sollte man ihn keinesfalls gering schätzen oder gar übersehen. Seine Position im Winkel zwischen Valser- und Wipptal macht ihn zu einem vorzüglichen Aussichtspunkt, dessen Besuch sich auch mal ohne größeren Aufwand ausgeht. Besonders eindrucksvoll präsentiert sich die Kulisse des Tuxer Hauptkamms.

Ausgangspunkt: Padaun, Parkplatz beim Larcherhof, ca. 1560 m, oder alternativ beim Gasthof Steckholzer. Die Zufahrtsstraße zweigt im Valsertal rechts ab (dort auch die nächstgelegene Bushaltestelle).
Anforderungen: T2+. Normale, teils auch relativ kleine Bergwege in mittelsteilem Wald- und Wiesengelände. Etwas Trittsicherheit vorteilhaft, vor allem bei feuchten Bedingungen (Grenzfall zu »rot«). Moderate Halbtagestour.
Einkehr: Gasthof Steckholzer, 1570 m, Tel. +42 5279 5390.
Beste Jahreszeit: Juni bis Oktober.

Auch im Kleinen kann Natur begeistern.

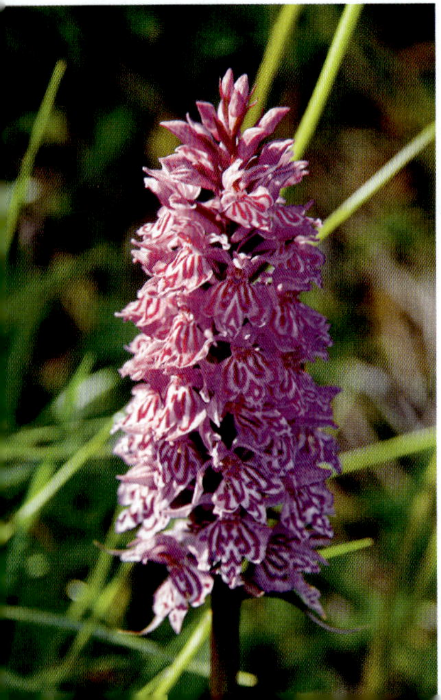

Ausdruck der Volksfrömmigkeit.

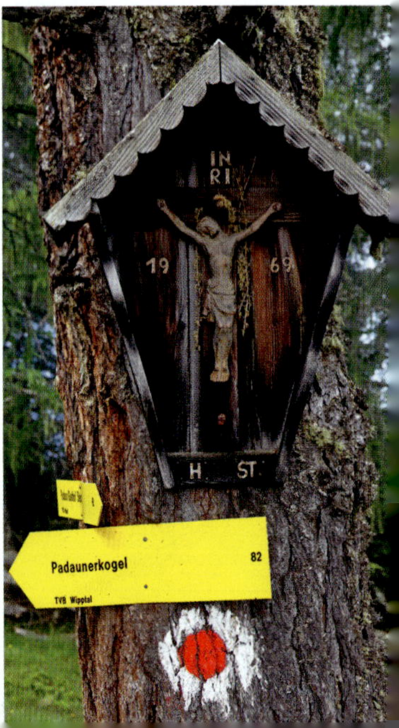

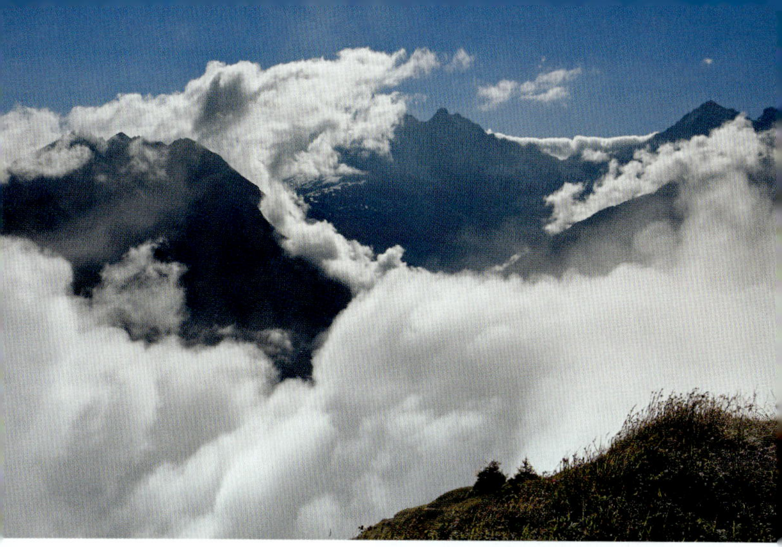

Stimmungsvoll: Die Gipfelkulissen schälen sich langsam aus den Wolken.

Vom **Larcherhof** 1 mit Nr. 83 in der Einzäunung über die Wiesen aufwärts und dann links haltend in den Wald. Bald dreht unsere Route deutlich nach rechts ab und gewinnt den breiten Südrücken, wo es über Waldweiden nun weniger steil weitergeht. An einem Hüttchen sowie der Einmündung von Gries 2 vorbei kommen wir in offenem Gelände problemlos zum **Padauner Kogel** 3, 2066 m, voran.

Der Rückweg führt vergleichsweise steiler gegen Norden hinab und vollzieht bald einen markanten Rechtsbogen. Wo im dichteren Waldhang eine Route nach St. Jodok abzweigt, bleiben wir zunächst auf hangparallelem Kurs und wandern dann schräg abwärts zum Gasthof **Steckholzer** 4, 1570 m. Auf der Straße sind es dann noch 20 Gehminuten bis zum **Larcherhof** 1.

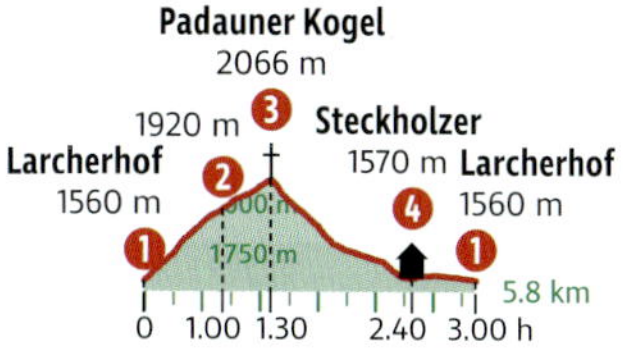

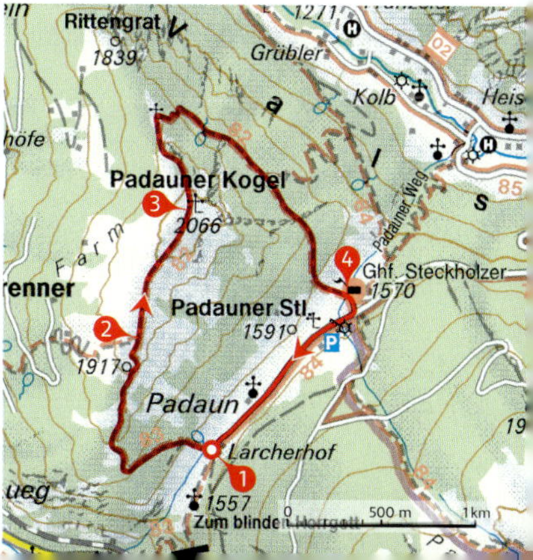

↗ 980 m | ↘ 980 m | 15.6 km

49 Geraer Hütte, 2326 m

5.30 h

Altehrwürdige Alpenvereinshütte am Tuxer Hauptkamm

Über dem Valsertal finden wir mit der 1895 eröffneten Geraer Hütte einen Stützpunkt traditionellen Stils. Inspiziert man dort oben die Dreitausenderriege des Tuxer Hauptkamms, so stellt man unumwunden fest: Dies ist in erster Linie ein Revier für den Spezialisten. Nur selten präsentiert sich zentralalpiner Fels dermaßen steil und kantig wie an Olperer, Fußstein und Schrammacher, die gemeinsam die Skyline über dem Valser Talschluss bilden. Der reine Bergwanderer wird indes auf die Mitteletage verwiesen, wo auch die mit allen drei AV-Gütesiegeln ausgezeichnete Geraer Hütte ihren Platz hat. Auf einer weitgeschwungenen begrünten Hangterrasse gelegen, ist sie der letzte Hort von Wärme und Geborgenheit inmitten eines wilden Hochgebirgsgefüges.

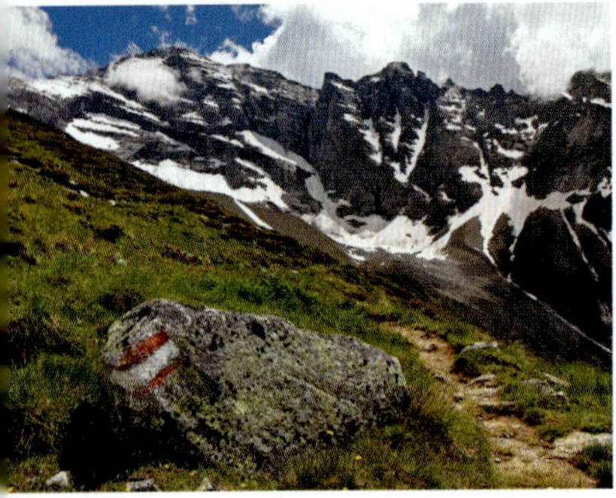

Die Sagwandspitze gehört zur beeindruckenden Kulisse am Hüttenweg.

Ausgangspunkt: Parkplatz bei der Jausenstation Touristenrast, 1346 m, am Ende der öffentlichen Straße von St. Jodok ins Valsertal. Werktags Busverbindung von Steinach.

Anforderungen: T2. Anfangs Fahrweg, anschließend ungewöhnlich flach angelegter Serpentinenweg durch Erlen-Zirben-Gelände sowie Alpenrosen-Bergwiesen. Keine Schwierigkeiten, obwohl auch etwas steinig. Hin und zurück durchschnittliche Tagestour.

Einkehr/Unterkunft: Geraer Hütte, 2326 m, Mitte Juni bis Ende September, Tel. +43 676 9610303, www.geraerhuette.at.

Beste Jahreszeit: Während der Hüttenöffnungszeit.

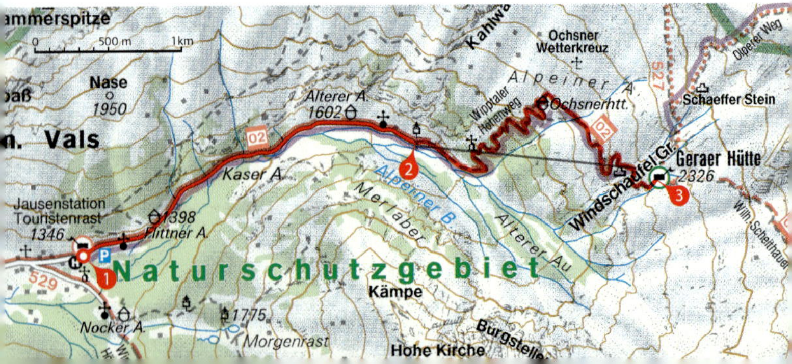

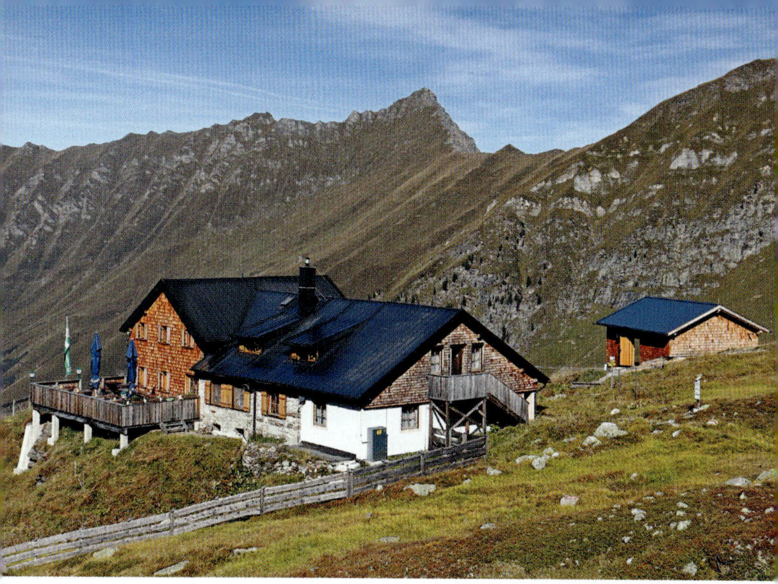

Die Geraer Hütte im Angesicht der Hohen Warte.

Von der **Touristenrast** ❶ folgen wir dem breiten Wirtschaftsweg in den hintersten, unbewohnten Winkel des Valsertals. An diversen Almhütten vorbei bis zur **Materialseilbahn** ❷, wo links ein etwas holpriger Steig einsetzt. Vorerst bleibt man noch ein Stück weit in der Talsohle, ehe der ausgiebige Serpentinenkurs an der linksseitigen Berglehne beginnt. Nach der üppig mit Erlen und Zirben bestandenen Trogflanke öffnet sich oberhalb der 2000-Meter-Marke das Gelände. Durch alpenrosenbestandene Matten passieren wir die Ochsnerhütte, orientieren uns weit nach rechts, überschreiten dort den Windschaufelgraben und absolvieren die letzten der insgesamt rund 50 Kehren hinauf zur **Geraer Hütte** ❸, 2326 m. Der Rückweg erfolgt auf derselben Route.

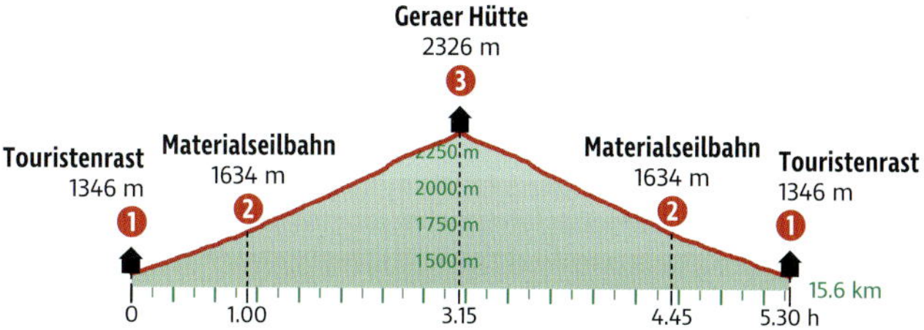

↗ 730 m | ↘ 730 m | 9.2 km

50 Hochgeneinerjöchl und Sumpfkopf, 2341 m

4.00 h

Auf der Sonnseite des Schmirntals

Sonnseitig wird das Schmirntal vom Sumpfkopf flankiert, einem dankbaren Gipfelziel, das jeder halbwegs tüchtige Bergwanderer problemlos erreichen kann. Dessen ungeachtet wäre auch die friedliche Idylle am Hochgeneinerjöchl schon einen Ausflug wert – dies nur als Tipp für alle, die es sehr gemütlich bevorzugen. Für Ambitionierte soll dieser variable Tourenvorschlag hingegen noch aufgepeppt werden, und zwar als Überschreitung mit dem Direktabstieg durch die steilen Seitenmähder (respektive vice versa).

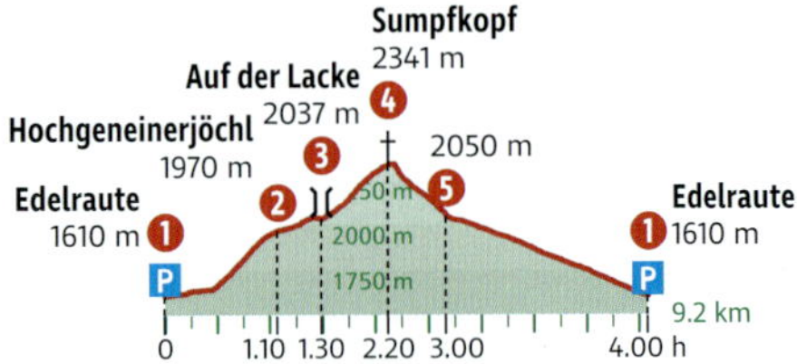

Idyllischer Rastpunkt am Hochgeneinerjöchl.

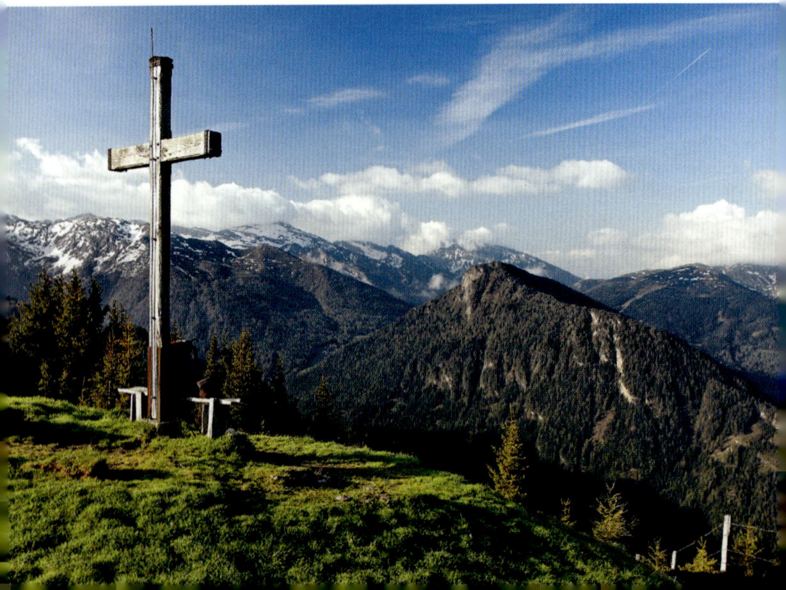

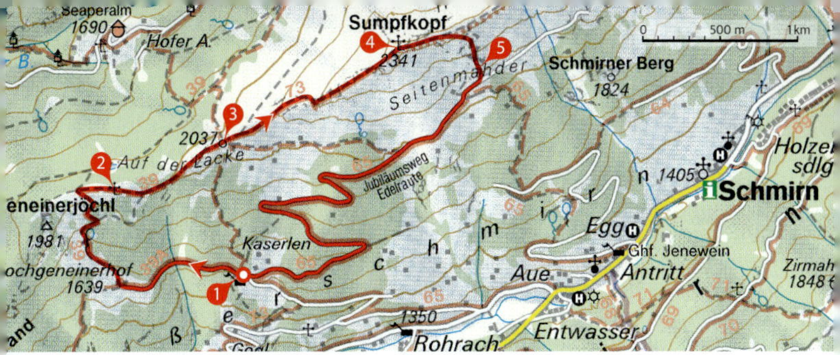

Ausgangspunkt: Bei der ehemaligen Jausenstation Edelraute, ca. 1610 m. Anfahrt von Schmirn über die Bergstraße zum Hochgeneinerhof bis zur Wegteilung.
Anforderungen: T3 (beim Abstieg), sonst T2. Leichter, hindernisarmer Normalweg über das Hochgeneinerjöchl. Der südseitige Abstieg ist anspruchsvoller und verlangt Trittsicherheit – ein kleiner Pfad im Steilgelände, effektiv aber nur auf den ersten 100 Hm etwas heikel (bei Nässe meiden). Konditionell eher gemäßigte Tour.
Einkehr: Keine.
Beste Jahreszeit: Juni bis Oktober.
Variante: Lockere Rundwanderung Edelraute – Hochgeneinerjöchl – Auf der Lacke – Edelraute in knapp 2.30 Std.

Vom Ausgangspunkt bei der **Edelraute** ❶ wandern wir zunächst 15 Minuten auf der Straße zum Hochgeneinerhof, wo der Bergweg beginnt, um sich durch lichten Wald gegen den Kamm hinaufzuwinden. Das eigentliche **Hochgeneinerjöchl** ist dort nach links abgesetzt, während touristisch der Fleck mit Kreuz und Rastbank so bezeichnet wird ❷. Damit befinden wir uns bereits am Weiterweg Richtung Sumpfkopf – zunächst leicht ansteigend zum Kreuzungspunkt am Sattel **»Auf der Lacke«** ❸, 2037 m. Hier besteht südseitig eine rasche und leichte Rückkehrmöglichkeit. Wir orientieren uns am Westrücken aufwärts, teils etwas nach links ausbiegend, ansonsten nahe der Kante bis zum Kreuz, das uns knapp vor dem höchsten Punkt des **Sumpfkopfes** ❹, 2341 m, empfängt.

Ein paar Schritte dahinter ist der steile Abstieg ausgewiesen. Mit Vorsicht steigen wir in die abschüssige, mürbe Südflanke ein und haben 10 Minuten später schon das Ärgste geschafft. Der markierte Pfad vollzieht nun einige weit ausholende Schleifen und führt somit zum breiten Wirtschaftsweg (Lawinenverbauungen) hinunter ❺. Auf diesem nach rechts, bald eine Verbindung von der Lacke aufnehmend und in Serpentinen zurück zum Ausgangspunkt ❶.

Die Landschaft in Außerschmirn, wo die Tour beginnt und endet.

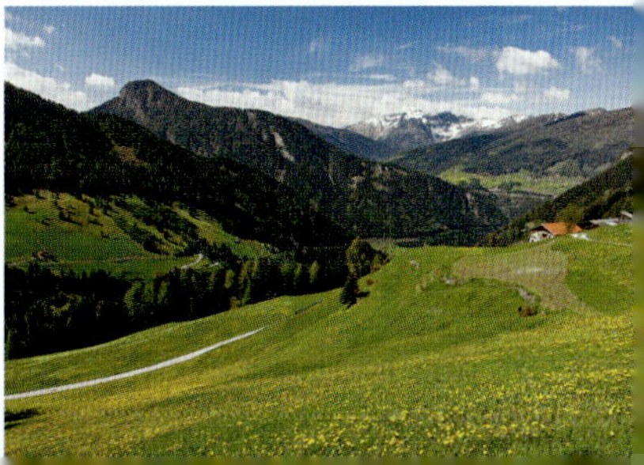

↗ 1200 m | ↘ 1200 m | 11.6 km

51 Ottenspitze und Gammerspitze, 2537 m

6.00 h

Auf den einsamen Höhen zwischen Schmirn und Vals

Schmirntal und Valsertal werden durch einen Kammzug getrennt, der sich über Ottenspitze und Gammerspitze sukzessive bis zur Hohen Warte (auch Hogar genannt) aufschwingt. Bis zur Gammerspitze finden wir markierte Routen und damit ein feines, vergleichsweise wenig bekanntes Tourenziel für den Normalwanderer. Aufschlussreiche Perspektiven in die beiden Talschaften samt ihren Bergumrahmungen dürften Ansporn genug sein. Kernstück der Tour ist natürlich die Kammstrecke, die sich immerhin über anderthalb Stunden hinzieht.

Ausgangspunkt: Madonna zur Hohen Warte, ca. 1400 m, im Schmirntal. Parkmöglichkeiten beim Denkmal oder beschränkt am Beginn der Forststraße kurz davor. Nächstgelegene Bushaltestelle ist Schmirn Rohrach.
Anforderungen: T2–3, beim Direktanstieg zur Ottenspitze kurz T4. Teils schmale, aber meist gemäßigt ansteigende Bergwege durch Wald und Almgelände. Auch im grasigen Kammbereich gutmütig, einzig am Ostgrat der Ottenspitze ausgesetzte Stellen im I. Grad (hier »schwarz«; kann jedoch ausgelassen oder umgangen werden). Gut ausgefüllte Tagestour für Ausdauernde.
Einkehr: Keine.
Beste Jahreszeit: Mitte Juni bis Mitte Oktober.

Die Lorenzalm gegen die Südflanke des Reisenschuh.

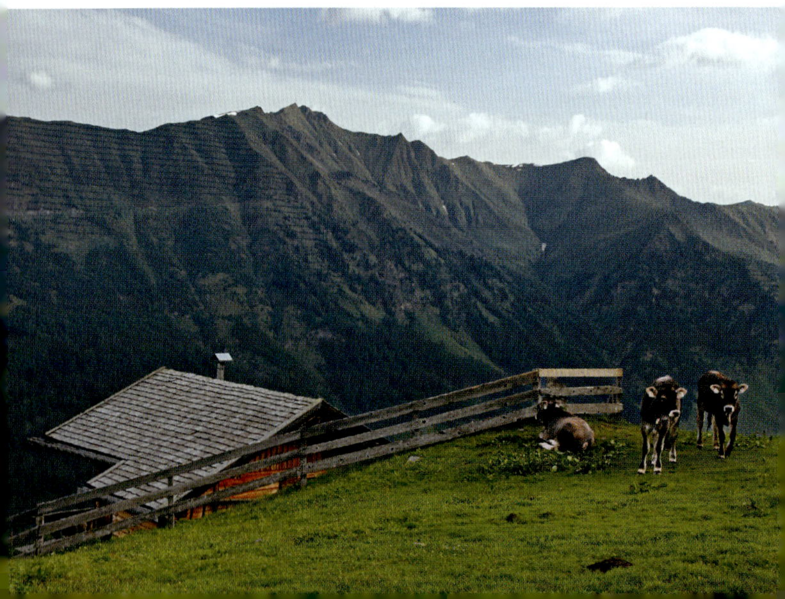

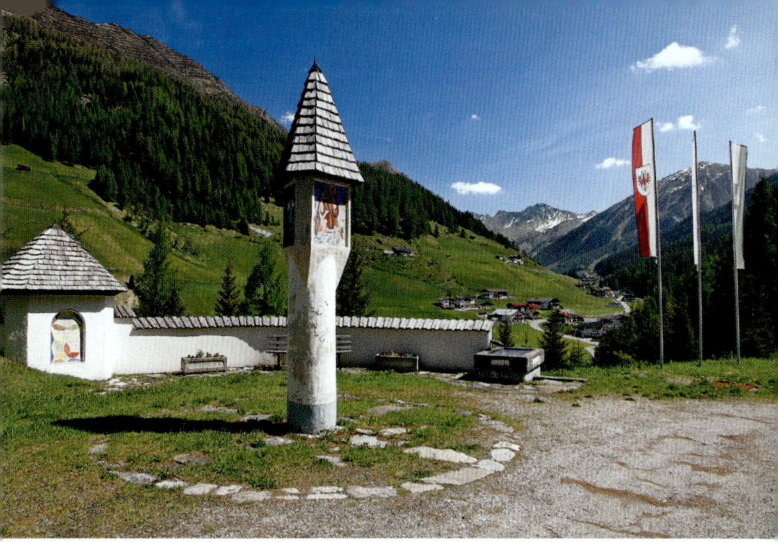

Madonna zur Hohen Warte im Schmirntal.

Schräg gegenüber dem Denkmal **»Madonna zur Hohen Warte«** ❶ schlagen wir die Forststraße ein und gehen beim Wegweiser hinter der ersten Kehre rechts weiter (Nr. 67 Richtung Lorenzalm und Ottenspitze). Ein Weilchen verbleibt man noch auf der Forststraße, ehe ein links abzweigender Steig im Wald aufwärtszieht. Beim Kreuzen einer Straße wird halblinks fortgesetzt. Über Waldweiden kommen wir in eine Hangmulde voran (etwas undeutlicher ausgetreten) und aus dieser links haltend zur **Lorenzalm** ❷, 2020 m, auf einem Geländeabsatz. Nr. 67 leitet schräg rechts durch Alpenrosenhänge weiter zur winzigen Ottenspitzhütte, bereits dicht unterhalb des gleichnamigen Gipfels. Wer diesen leicht erreichen möchte, muss aus der folgenden kleinen Senke mit Nr. 66 nach rechts gehen und später von hinten hinauf. Pfiffiger und zeitsparender gelangt man indes von der

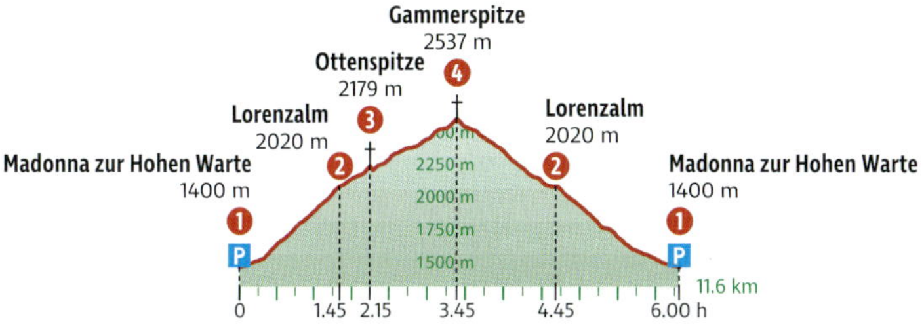

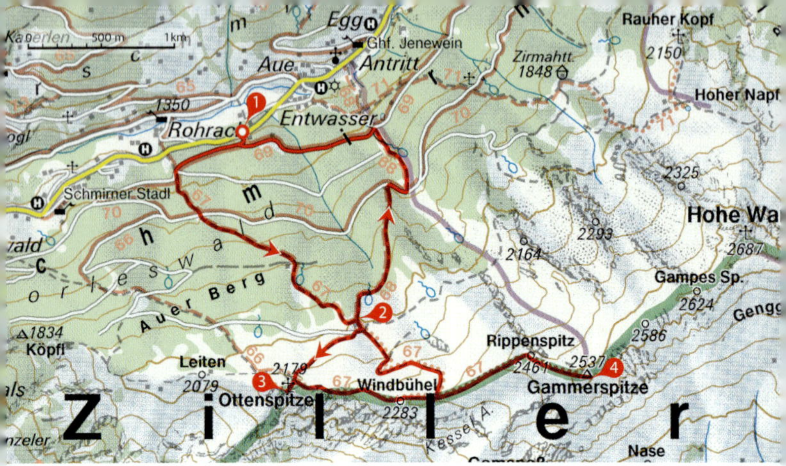

Kammhöhe über den kurzen, schrofigen Ostgrat (einige ausgesetzte Stufen im I. Grad) zum Kreuz auf der **Ottenspitze** ③, 2179 m, die in manchen Karten auch als Ultenspitze aufscheint.

Nach diesem optionalen Abstecher geht es über den nur anfangs schmalen Kammrücken ostwärts. Mit ein paar grasigen Aufschwüngen wird der Windbühel überschritten. Dahinter eine Weile flach entlang des Zaunes Richtung Rippenspitze, deren unbedeutende Kuppe gegebenenfalls knapp rechts traversiert werden kann, um etwas schneller zum breiten Schlusshang der **Gammerspitze** ④, 2537 m, zu gelangen. Dort oben befindet sich eine Signalstange.

Beim Abstieg wandern wir zunächst zurück in den weiten, schwach ausgeprägten Sattel vor dem Windbühel und wenden uns dort auf die Nordseite des Zaunes, wo ein spärlich ausgetretener, aber markierter Pfad in die Wiesenflanke hinabzieht. Man absolviert einen Linksbogen und steuert dann die **Lorenzalm** ② an, wobei Viehsteige eventuell irritieren können. Talwärts besteht nun mit Nr. 68 eine alternative Möglichkeit – anfangs ein verwachsener Pfad, der aber nach Querung eines Bachkessels im Wald allmählich besser wird. In längerem Schrägabstieg zu einer Forststraße, kurzzeitig auf dieser nach rechts und anschließend in einer ausgedehnten Wiesenschneise weiter bergab (auf Markierungspflöcke achten). Wo man erneut auf eine Forststraße trifft, muss man dieser nach links folgen, um zurück zum Ausgangspunkt ① zu gelangen.

An der Rippenspitze, dem unbedeutenden Vorgipfel der Gammerspitze.

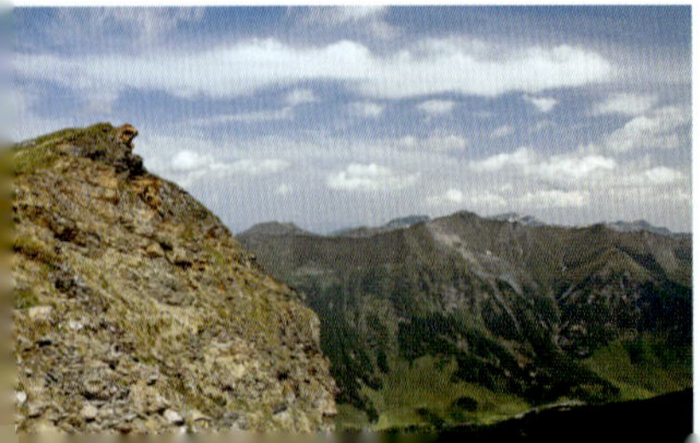

↗ 1380 m | ↘ 1380 m | 13.0 km

TOP

52

7.30 h

Jochgrubenkopf, 2453 m, und Schöberspitze (Nordgipfel), 2580 m

Ein Innerschmirner Geheimtipp

Die Bergumrahmung des Schmirntals bietet ein ganzes Portfolio interessanter Touren im mittleren Zweitausender-Niveau, selten namhaft, aber meistens spannend und sehr ursprünglich. Das trifft in jeden Fall auf die in diesem Kapitel vorgestellte Unternehmung im Zwickel zwischen Wildlahnertal und Kaserer Winkl zu, die schon Wesenszüge eines »Wilden Weges« trägt. Sie führt auf stillen Pfaden zunächst hinauf zum aussichtsreichen Jochgrubenkopf und steigert ihre Eindrücke noch beim Übergang Richtung Schöberspitzen, deren profiliertes Antlitz aus gewissen Perspektiven starke Akzente setzt. Ein echtes Kleinod zum Verweilen ist zwischendrin der Ramsgrubensee. Allerdings muss man für dieses Vorhaben sein Rüstzeug als gestandener Bergwanderer schon beisammen haben, wird doch – weniger an einzelnen Stellen als vielmehr im Gesamtanspruch – einiges abverlangt.

Ausgangspunkt: Glinzen, ca. 1500 m, gleich hinter der Ortschaft Toldern im inneren Schmirntal. Parkplatz und Bushaltestelle.
Anforderungen: T4. Oft nur kleine Pfade in abschüssigem Mattengelände, an den Schöberspitzen Schutt. Vor allem in der Jochgrubenkopf-Nordflanke verwachsen, im Kammbereich teils quasi weglos und undeutlich markiert (Pflöcke in größeren Abständen). Demnach Trittsicherheit und Orientierungsvermögen wichtig, bei Nässe oder Nebel nicht zu empfehlen. Auch konditionell recht anspruchsvolle Tour.
Einkehr: Keine.
Beste Jahreszeit: Ende Juni bis Ende September.
Tipp: Kleiner Spaziergang von Toldern zur Kapelle »Kalte Herberge«.

Schmirntaler Panorama von der Schöberspitze: links die formschöne Hohe Warte.

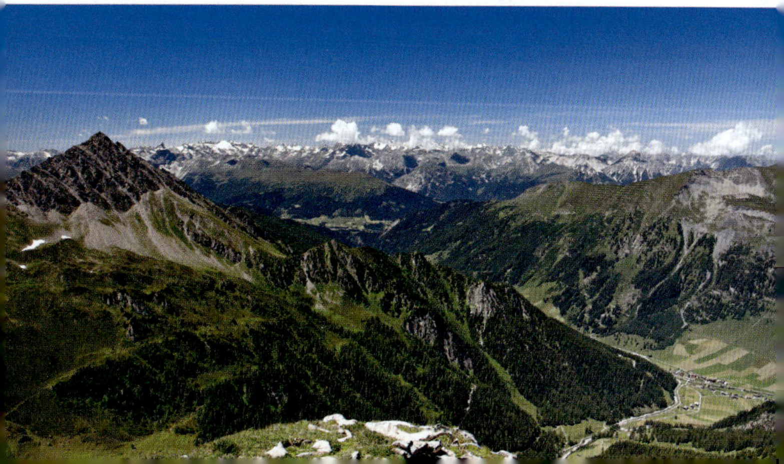

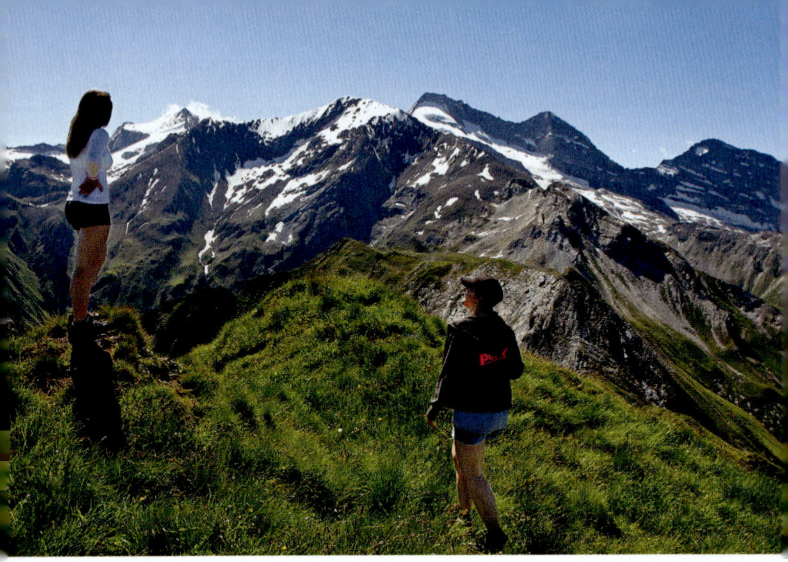

Am Jochgrubenkopf begeistern die Dreitausender des Tuxer Hauptkamms, wo der Olperer alle anderen überragt.

Bei **Glinzen** ❶ den Oberner Bach überschreiten und auf dem Fahrweg taleinwärts, bis uns der Hinweis »Jochgrubenkopf« rechts auf einen Pfad lotst. Schmal und teils nur schwach erkennbar zieht die Spur im Wiesengelände sowie im Wald der Nordflanke diagonal bergauf. Besonders an lichten Stellen ist sie ziemlich verwachsen und speziell bei morgendlichem Tau auch recht unangenehm zu begehen, weshalb man das Ausweichen auf den befestigten Wirtschaftsweg erwägen kann. Ansonsten kommen wir zu einem Weidebereich, queren parallel noch eine Weile durch Wald und Gebüsch aufwärts und passieren eine Tränke kurz vor der Einmündung in den Fahrweg. Dieser endet bereits hinter der nächsten Linkskehre und

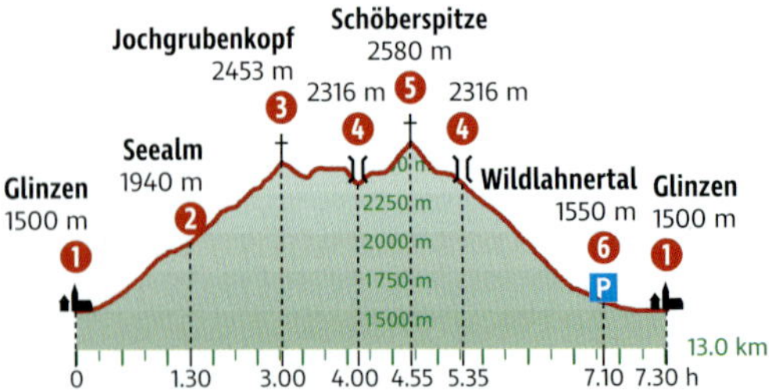

wird im Bereich der **Seealm** 2, ca. 1940 m, wieder von einem Steig abgelöst. Im Alpenrosengelände geht es nach einigen Windungen rechts auf eine Schulter und jenseits in die Nordwestflanke unseres Berges hinein. Hier wechseln auf teils ausgestochener Trasse einige Kehren mit Traversen. Später zwischen Lawinenverbauungen hindurch und stets der Pflockmarkierung folgend in ziemlich steilem Grasgelände hinauf zum **Jochgrubenkopf** 3, 2453 m.

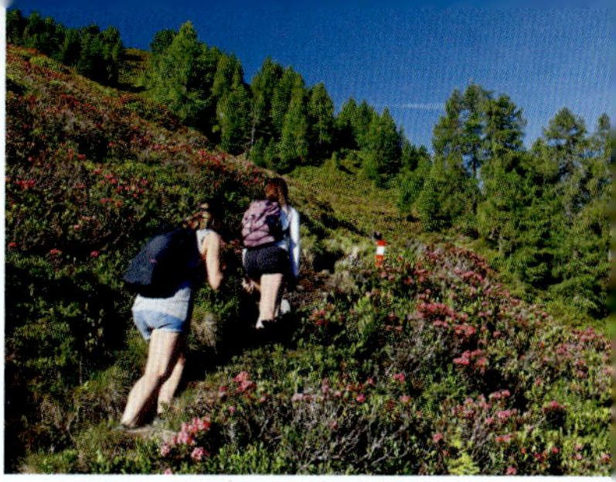

Urwüchsiger Aufstieg zum Jochgrubenkopf.

Wir setzen die Tour entlang der grünen Kammlinie südwärts fort, dabei sukzessive etwas abwärts in den Sattel vor dem steilen Riepenkopf, der direkt erklommen wird (Vorsicht wegen des losen Schutts). In leichtem Auf und Ab wird die Gratschneide weiter Richtung Schönlahnerspitze begangen, dahinter über einen steilen Rücken hinab in den Sattel 4, wo Route Nr. 72 aus dem Wildlahnertal dazustößt. Während sich die vorherige Kammwanderung mehr oder weniger weglos vollzogen hat, ist man jetzt wieder auf einer deutlich ausgetretenen Trasse unterwegs. Wir gewinnen einige Meter zur Mulde des traumhaft schönen **Ramsgrubensees**, passieren ihn linksseitig und geraten in das aufsteilende Schotterterrain unterhalb der schroffen Schöberspitzen. Immerhin leitet eine passable Spur durch das plattig zerfallene Gestein hinauf in den Trennsattel zwischen beiden Köpfen. Hier nach rechts am Felssockel entlang, mit einem scharfen Knick auf

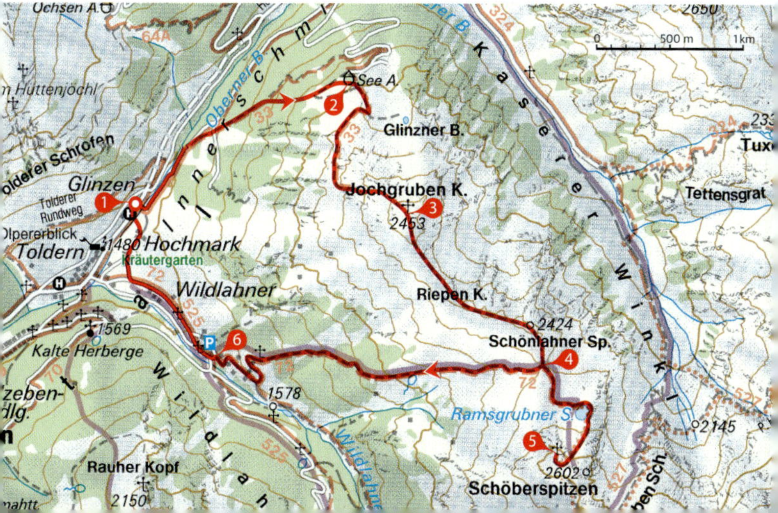

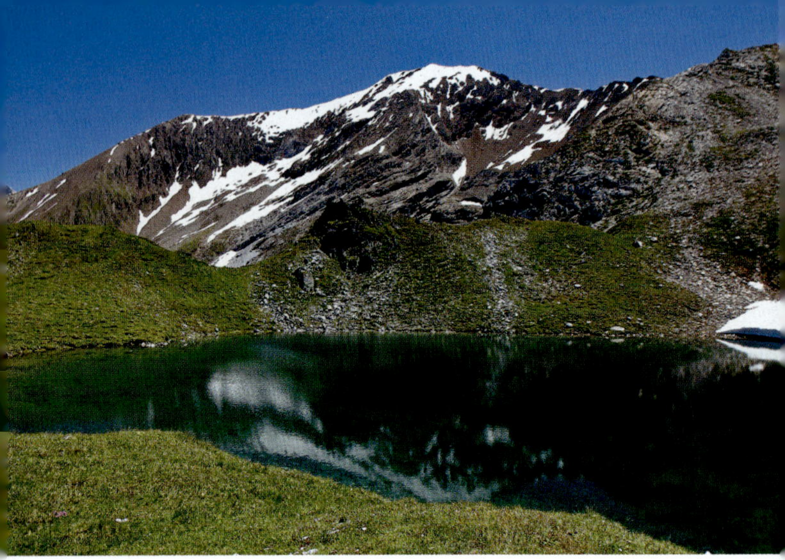

Der hübsche Ramsgrubensee vor dem Kleinen Kaserer.

Unsere Tour läuft im Wildlahnertal aus.

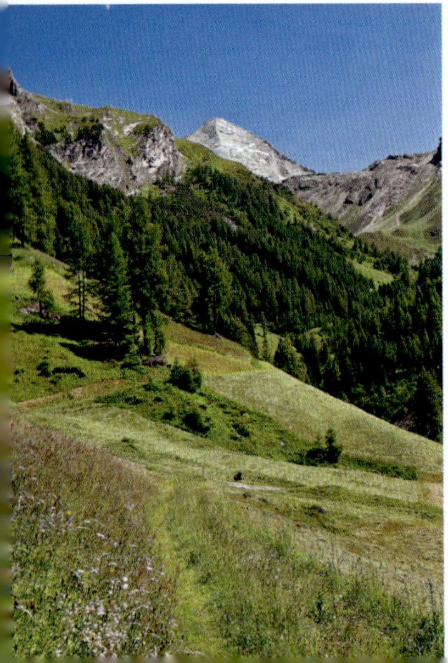

den Gratrücken und zum Kreuz auf dem Nordgipfel der **Schöberspitzen** 5, ca. 2580 m. Der etwas höhere Südgipfel ist schwieriger zugänglich, zumal brüchig.

Der Abstieg führt via Ramsgrubensee zurück zum erwähnten Sattel 4 und anschließend in die blumenreiche westseitige Mattenflanke. Dort leicht rechts haltend tiefer, wobei weiter unten feuchte Passagen auftauchen können. Durch Gebüsch und lichten Wald windet sich der Steig bis gegen die Mähwiesen im **Wildlahnertal** hinab. Man trifft auf einen Karrenweg und nach einigen Kurven auf einen Wanderparkplatz 6. Zum Ende der Tour talauswärts Richtung Toldern und rechts haltend mit geringer Gegensteigung zum Parkplatz in **Glinzen** 1.

↗ 1000 m | ↘ 1000 m | 14.3 km

5.30 h

Frauenwand, 2541 m, und Tuxer Joch

Harte Gegensätze zwischen Kasern und Hintertux

Auf dieser Tour bewegen wir uns im Übergangsbereich zwischen den inneren Tälern von Schmirn und Tux – oder großräumiger gesehen zwischen dem Wipptaler und dem Zillertaler Raum. Das eröffnet erstaunlich vielseitige Eindrücke, allerdings bei aller Euphorie über die erhabene Bergwelt nicht allein positive. Am Hintertuxer Gletscher wurden nämlich großartige hochalpine Gefilde radikal dem harten Tourismus geopfert: für »Skivergnügen« rund ums Jahr, selbst wenn das Thermometer hochsommerliche Werte anzeigt. Damit soll allerdings die Tour keineswegs im Ganzen verunglimpft werden, denn gerade die Kontraste zur ursprünglichen Landschaft im Kaserer Winkl führen uns vor Augen, wie gleichermaßen kostbar und verletzlich die Bergnatur ist – und daher fraglos auch schützenswert.

Ausgangspunkt: Kasern, 1620 m, im Talschluss des Schmirntals. Parkmöglichkeit beim Gasthaus, Bushaltestelle ca. 500 m entfernt.
Anforderungen: Maximal T3. Überwiegend gut ausgebaute Bergwege, hinauf zum Kaserer Schartl in recht steilem Gelände, vom Tuxer Joch talwärts neu trassiert (viele flach gehaltene Serpentinen). Vorsicht bei allfälligen Schneefeldern, sonst mit elementarer Trittsicherheit nirgends problematisch. Durchschnittliche Tagestour.
Einkehr/Unterkunft: Tuxer-Joch-Haus, 2310 m, Ende Juni bis Mitte September, Tel. +43 5287 87216, www.tuxerjochhaus.at. Alpengasthof Kasern, Tel. +43 5279 5415.
Beste Jahreszeit: Ende Juni bis Ende September.

An den Schöberspitzen zeigen sich stark gefaltete Gesteinsschichten.

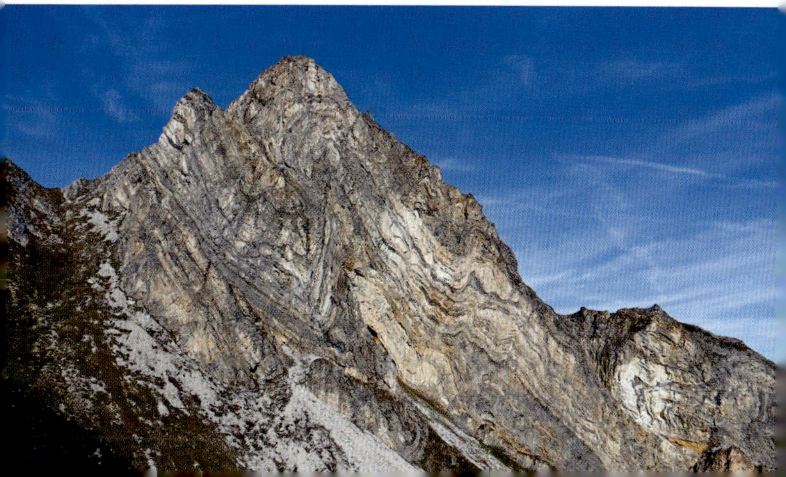

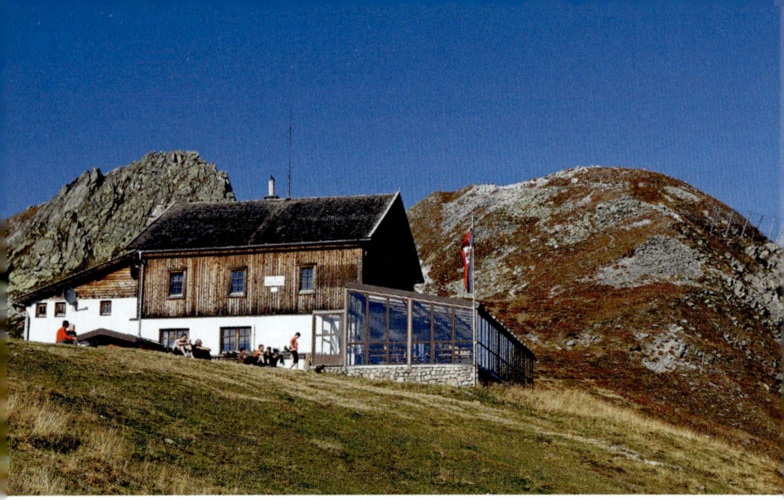

Einkehrmöglichkeit bietet das Tuxer-Joch-Haus.

Mit Blick auf den Kleinen Kaserer im Talschluss wandern wir von **Kasern** ❶ zunächst auf breitem Wirtschaftsweg taleinwärts, dabei nach rund 20 Minuten über die Brücke nach rechts und später auf die Steig-Fortsetzung. An einer bewachsenen Halde gegen die **Tote Grube** aufwärts und links haltend zur Einmündung in den Weg Nr. 527 ❷, der die Geraer Hütte mit dem Tuxer-Joch-Haus verbindet. Wir biegen nach links ab und wenden uns vor einem Bachgraben kräftig bergauf. Zwischendurch wird noch ein Kartrichter gequert, ehe man die vom Kaserergrat abstreichende Nordwestrippe mit dem **Kaserer Schartl** ❸, 2446 m, erreicht. Von der Kammhöhe vorübergehend etwas nach rechts abrückend, nähern wir uns der **Frauenwand** ❹, 2541 m, wobei man sowohl den höchsten Punkt als auch das nordwärts vorgeschobene Kreuz aufsuchen kann.

Anschließend geht es über die mäßig geneigte Nordabdachung – derweil in einen breiteren Weg einmündend – zum **Tuxer-Joch-Haus** ❺, 2313 m, hinab. Von der Hütte minimal ansteigend hinüber zum Speicherteich und

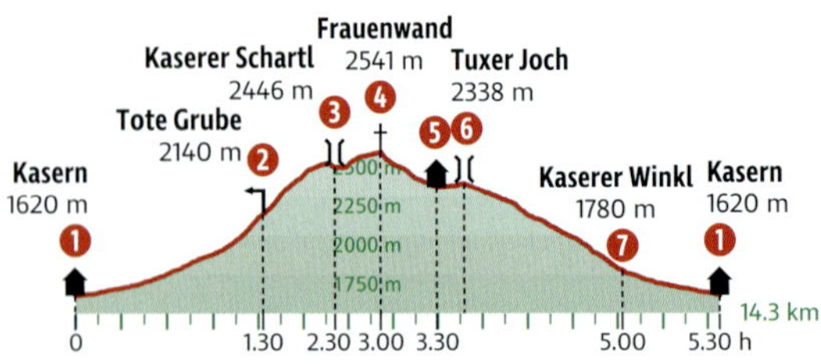

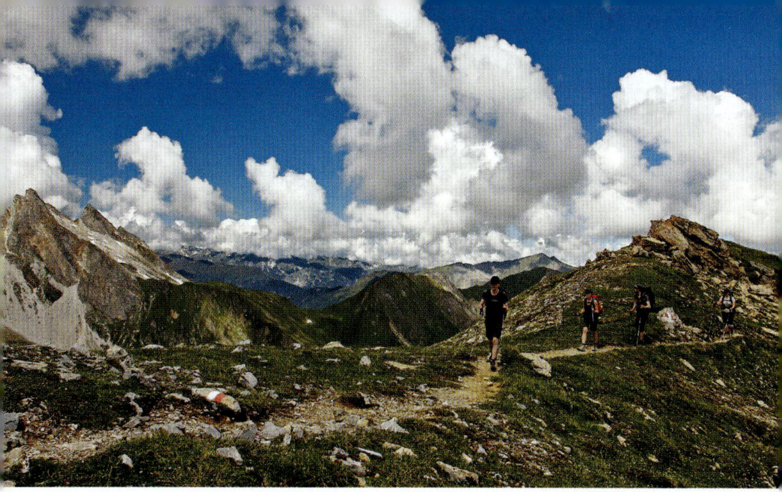

Bequemer Höhenweg im Bereich des Kaserer Schartls.

zum eigentlichen **Tuxer Joch** ❻, 2338 m. Auf der Westseite windet sich der neu und sehr komfortabel trassierte Steig in unzähligen Kehren durch den oben noch freien, später zunehmend bewaldeten und sich verengenden Geländeeinschnitt bergab. Man kommt wieder im **Kaserer Winkl** ❼ heraus und beschließt die Tour lockeren Schrittes auf den letzten gut zwei Kilometern talauswärts nach **Kasern** ❶.

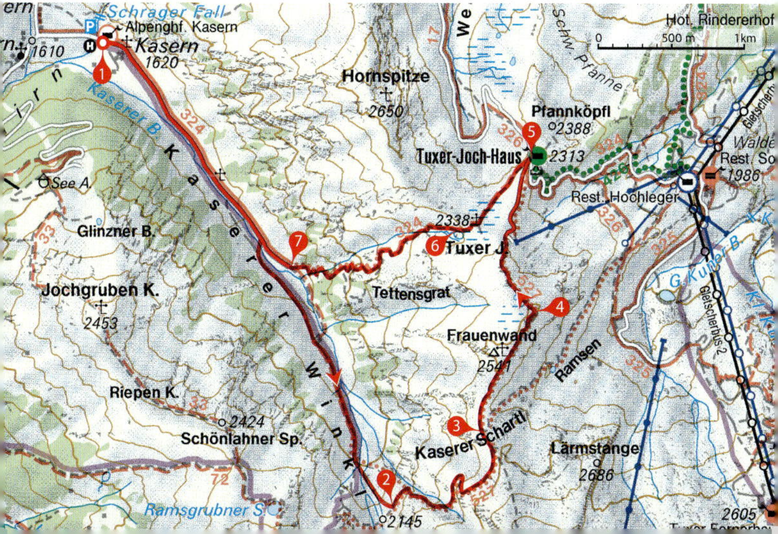

↗ 1600 m | ↘ 1600 m | 17.8 km

54 Schafseitenspitze, 2602 m, und Bendelstein, 2436 m

7.30 h

Ausschweifende Tour über dem Navistal

Die Schafseitenspitze befindet sich exakt auf der gedachten Verbindung Navis – Schmirn, und zwar von beiden Kirchdörfern jeweils rund drei Kilometer Luftlinie entfernt. Es ist der Hauptgipfel in diesem Seitenkamm der Tuxer Alpen und ein lohnendes Tourenziel, wie es ganz typisch für die Region ist. Die tolle Aussicht zwischen den Zillertaler bzw. Tuxer Alpen einerseits sowie den Stubaier Alpen andererseits will aber erst einmal durch einen längeren Aufstieg verdient sein. Ausdauernde werden freilich im Bereich der Kammhöhen noch weiter ausschweifen und auch den westlich gelegenen »Bendler« (Bendelstein) mit einbeziehen. Im bergsteigerischen Sinn schwierig ist die Runde nicht, konditionell allerdings ziemlich fordernd.

Ausgangspunkt: Navis, 1340 m. Parkplatz bei der Kirche, Endhaltestelle der Buslinie vom Bahnhof Matrei.
Anforderungen: T3. Überwiegend Alm- und Wiesenwege, in manchen Bereichen eventuell vom Vieh zertrampelt, nach oben hin zuweilen auch etwas Schutt. Dabei keine übermäßigen Geländeschwierigkeiten, in steileren Partien trotzdem Trittsicherheit erforderlich und wegen teils mangelhafter Markierung auch gutes Orientierungsvermögen. Bei Nebel oder Nässe nicht ratsam und aufgrund der Länge ohnehin eine Unternehmung für stabiles Schönwetter.
Einkehr: Keine am Weg, ggf. Kirchenwirt

Im Matten-Zwergstrauch-Gelände oberhalb der Stippler Alm.

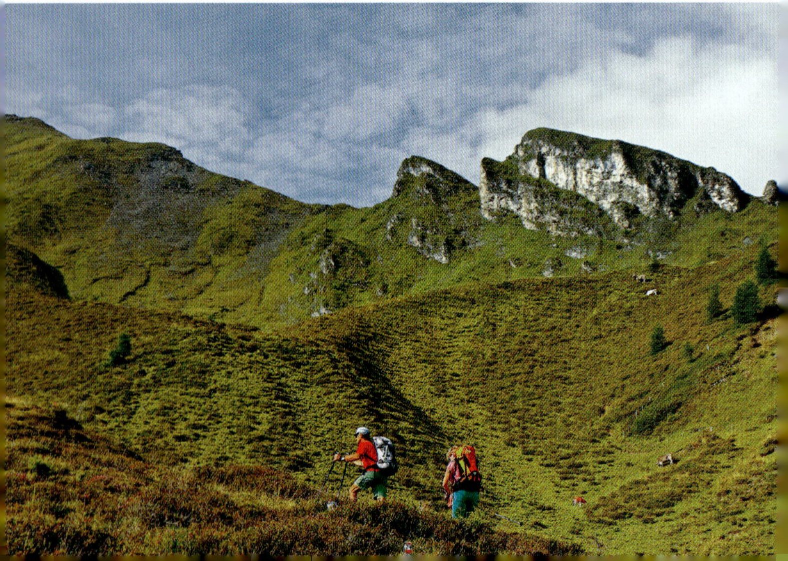

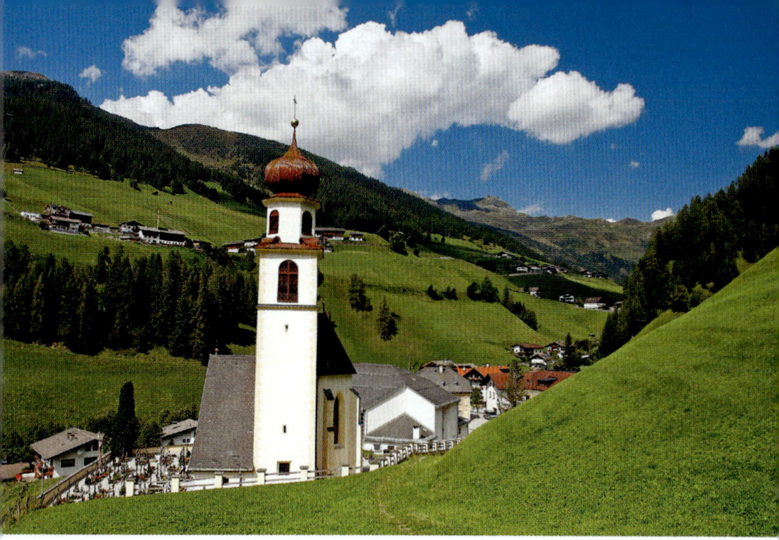

Navis, Bergdorf am Westrand der Tuxer Alpen.

in Navis.
Beste Jahreszeit: Ende Juni bis Ende September.
Varianten: 1. Bei Beschränkung auf die Schafseitenspitze (derselbe Rückweg) ca. 1280 Hm und 6.00 Std.
2. Auch im Rahmen der Rundtour bleibt der Abstecher zum Bendelstein optional (160 Hm).
3. Eine Abkürzung von der Vöstenalm nach Navis wäre möglich, allerdings nicht bezeichnet.

Von **Navis** ❶ geht es im Einschnitt des Weirichbachs auf einem Fahrweg taleinwärts, bis man nach einer halben Stunde rechts Richtung Stippler Alm ausschert ❷. Durch das sekundäre, vom Pliderlingbach durchflossene Hochtal erreichen wir teils durch Wald, teils durch Weideareale und mit einem Bogen ihren **Niederleger** ❸, 1806 m. Danach schräg weiter gegen

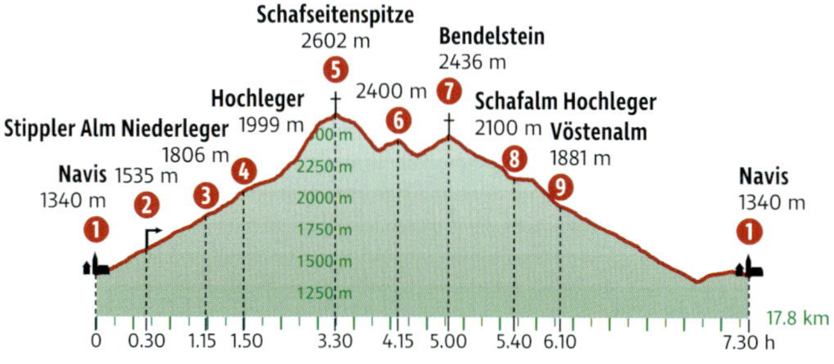

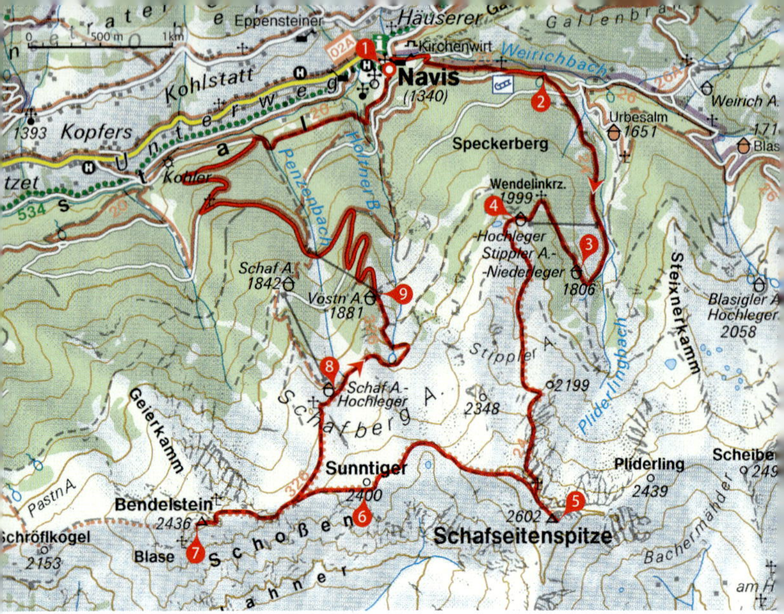

Nordwesten, wo der Karrenweg in einen schmaleren Steig übergeht. Wir kommen zu einem Aussichtspunkt (Wendelinkreuz), schwenken hier wieder mehr nach Süden und treten schließlich aus dem Wald heraus zum **Stippler Alm Hochleger** ❹, 1999 m. Nun auf ziemlich zertretenem Almpfad weiter ins Hochweidengebiet hinein. Nach einem Flachstück zieht die Route schon mal spürbar an (auf die Markierung in einer kleinen Rinne achten). Am nächsten Boden dreht man nach links ab und gewinnt wieder besser gepfadet einen markanten Geländerücken, der nun anhaltend steil aufwärtsleitet. Es findet sich meist nur eine kleine, erdige Trittspur. Der Rücken löst sich zuletzt in der Flanke auf, welche zur Kammlinie aufschließt. Nach links erreichen wir das Kreuz auf dem Vorgipfel der **Schafseitenspitze** und je nach Belieben in weiteren 10 Minuten auch die höchste, schlichte Gratkuppe ❺, 2602 m.

Retour können wir knapp am Vorgipfel vorbeiwandern und begeben uns dann auf den westwärts abstreichenden Grasrücken. Nach dem ersten flachen Abschnitt senkt sich ein eher schuttbedeckter Hang in den breiten Sattel ab. Daraus mit gut 70 Metern Gegensteigung auf den grasigen **Sunntiger** ❻, 2400 m, und jenseits in ähnlicher Manier in die nächste Einsattelung. Bis hierher fehlen Markierungen – man findet aber zumindest andeutungsweise Pfadspuren und verlässt den breiten Rücken eigentlich nie. Nun taucht von rechts her die Markierung Nr. 326 auf, mit der wir uns dem mehrgipfligen, mit drei Kreuzen gespickten **Bendelstein** nähern. Wir wandern zwischen den Buckeln hindurch und steuern schließlich das höchste Kreuz 7, 2436 m, an. Zurück im weiten Grassattel folgen wir den rot-weißen Farbzeichen, die sich an den nordseitigen Hang schmiegen, und zwar leicht abwärts bis vor einen markanten Kopf mit Bildstock. Noch davor steil in die östlich gelegene Hangmulde hinab und damit zum **Schafalm Hochleger** 8, ca. 2100 m. Nun gilt es aufzupassen, denn die Fortsetzung führt auf nahezu gleicher Höhe um den Hangrücken nach rechts und wendet sich erst im benachbarten Kessel wieder deutlich bergab. Nächster Anlaufpunkt ist die **Vöstenalm** 9, 1881 m. Hier treffen wir auf einen breiten Güterweg, der uns mit Beschilderung »Wanderweg Navis Ortsmitte« talwärts bringt. Allerdings kommt man ein gutes Stück westlich des Dorfes heraus und muss im Talbereich mit merklicher Gegensteigung noch eine Traverse am Waldsockel entlang absolvieren. Dabei über zwei Bäche und an der Lourdeskapelle vorbei zum Ausgangspunkt in **Navis** 1.

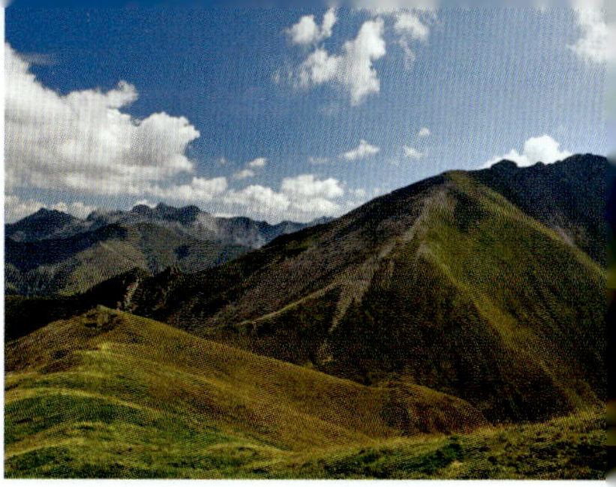

Vom Sunntiger lässt sich der Kammverlauf zur Schafseitenspitze überblicken.

Das Kreuz der Schafseitenspitze steht auf dem Vorgipfel.

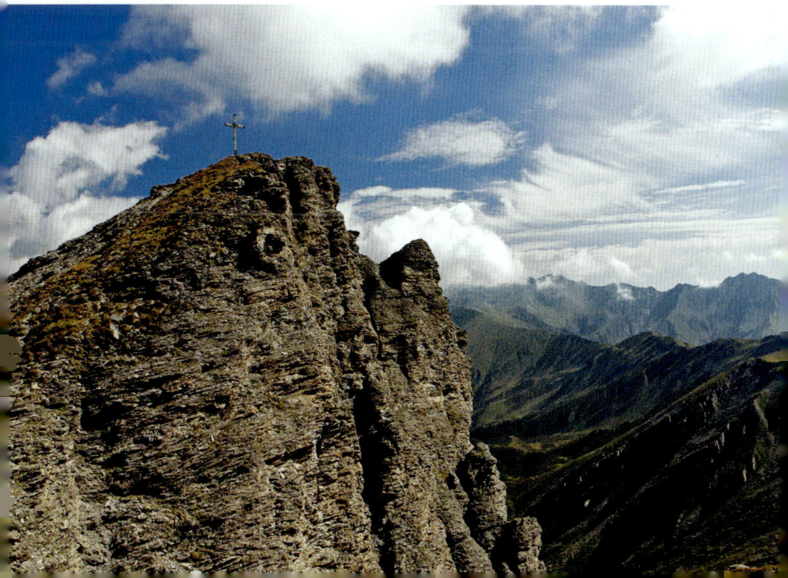

TOP

55 Naviser Almen-Jubiläumsweg

↗ 700 m | ↘ 700 m | 14.7 km

4.30 h

Rundtour über Peer-, Klamm-, Polten- und Stöcklalm

Navis zeigt die typische Streusiedlungsstruktur Zentraltiroler Bergtäler und Richtung Talschluss ein von der Almwirtschaft geprägtes Ambiente, wie man es sich gemeinhin erwartet und erwünscht. Dort verläuft in der Mitteletage der Bergwelt der Naviser Almen-Jubiläumsweg. Für viele Wanderer dürfte dieser Rundkurs das rechte Maß treffen, nicht zu kurz und nicht zu lang sowie mit sukzessive veränderten Perspektiven auch landschaftlich ansprechend. Echt tirolerisch präsentiert sich nicht zuletzt das bodenständige kulinarische Begleitprogramm. Bleibt bei insgesamt vier Einkehrmöglichkeiten einzig die Qual der Wahl ...

Ausgangspunkt: Navis, 1340 m. Parkplatz bei der Kirche, Endhaltestelle der Buslinie vom Bahnhof Matrei.
Anforderungen: T2. Jeweils etwa zur Hälfte Straßen/Güterwege sowie kleinere Steige im Bereich der Hochweiden. Allenfalls bei Nässe können manche Passagen für etwas Verdruss sorgen. Moderates Tagesprogramm.

Einkehr: Peeralm, 1663 m, Tel. +43 5278 63226. Klammalm, 1947 m, Tel. +43 5278 6240. Poltenalm, 1880 m, Tel. +43 664 7801958 oder +43 5278 6298. Stöcklalm, 1882 m, Tel. +43 664 8907646.
Beste Jahreszeit: Die Jausenstationen öffnen meist im Laufe des Mai und halten bis etwa Mitte Oktober offen. Weitgehend schneefrei meist ab Juni.

Die Klammalm am äußersten Punkt der Tour.

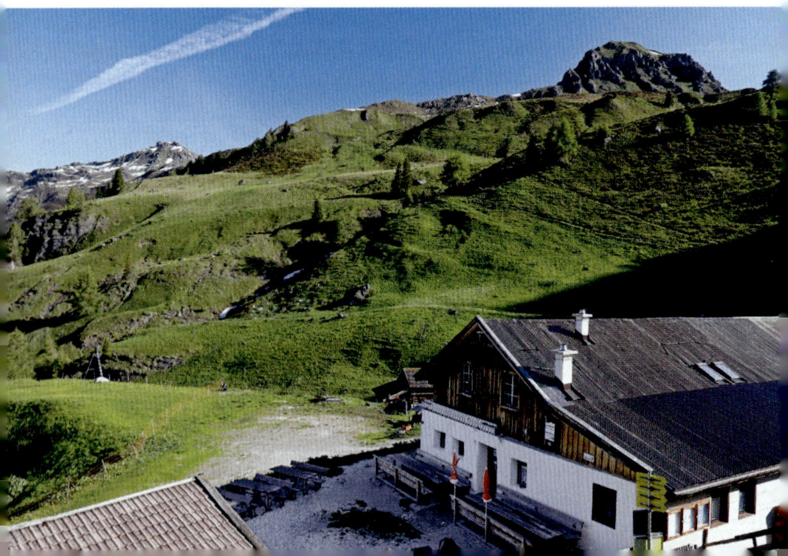

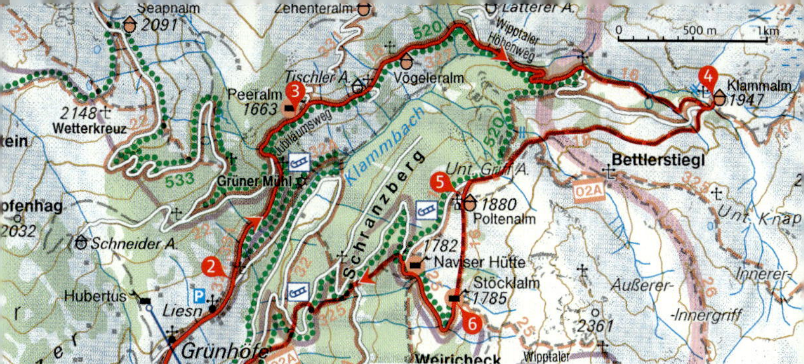

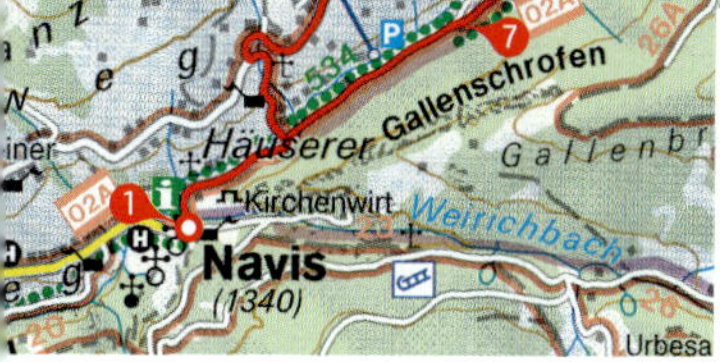

Von **Navis** ❶ ins Tal des Klammbachs, bei der Straßengabelung (wo die beiden Wanderparkplätze ausgewiesen sind) links hinauf und damit zum **Parkplatz Grün** ❷. Sachte ansteigend setzt sich eine Forststraße (Nr. 16) fort. Sie passiert bald die **Peeralm** ❸, 1663 m, und führt mit einigen Kurven via Vögeleralm in den Talhintergrund. Um zur **Klammalm** ❹, 1947 m, zu gelangen, verlässt man dann am besten die Fahrbahn und nutzt dorthin den alten Steig. Bei der Bachbrücke kurz vor der Almhütte orientieren wir uns mit Nr. 18 in die entgegengesetzte Richtung und wandern auf kleinem Wanderweg – manchmal durch lichtes Gehölz – im Auf und Ab quer durch den Nordhang. Nach Kreuzen eines Baches nähern wir uns der **Poltenalm** ❺, 1880 m, und folgen dem schmalen Wiesenpfad über die Schranzbergmähder hinüber zur fast gleich hohen **Stöcklalm** ❻, 1882 m (die Angabe bei f&b ist um ca. 100 Meter zu niedrig). Beide befinden sich in großartiger Balkonlage über dem inneren Navistal. Etwas unterhalb berühren wir auch noch die modernisierte **Naviser Hütte**, 1767 m, mittlerweile eine Selbstversorgerunterkunft, ehe die Runde über die Forststraße oder den abkürzenden Steig allmählich ausläuft. Wir kommen beim **Parkplatz Schranzberg** ❼ heraus und wandern schlussendlich noch etwa einen Kilometer bis in den Dorfkern von **Navis** ❶.

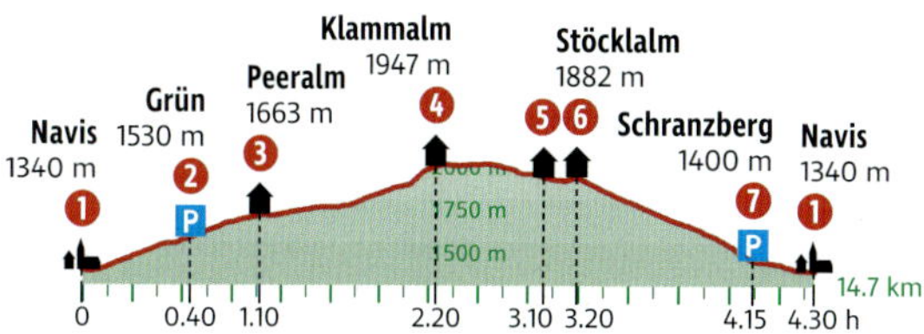

↗ 1200 m | ↘ 1200 m | 14.3 km

56 Naviser Kreuzjöchl, 2536 m

6.00 h

Aussichtsberg in Verlängerung der Naviser Talachse

Schafweiden prägen wie so oft in den Tuxer Alpen auch das Naviser Kreuzjöchl, das als Gipfelpunkt einen feinen Überblick der Talschaft gewährt. Sehr reizvoll auch die Fernschau in die Stubaier Alpen, die Perspektive ins innere Schmirntal sowie die Ausstrahlung höherer Gipfel in der Nachbarschaft. Da man von Navis aus zwei verschiedene Routen kombinieren kann und am Normalweg mit der Stöcklalm auch eine nette Einkehrmöglichkeit besteht, sind eigentlich alle grundlegenden Zutaten für eine erfüllende Bergtour vorhanden.

Ausgangspunkt: Navis, 1340 m. Parkplatz bei der Kirche, Endhaltestelle der Buslinie vom Bahnhof Matrei.
Anforderungen: T3, im Abstieg T2–3. Zunächst längere Zeit Almfahrweg, dann dürftig bezeichneter und kaum ausgetretener Aufstieg über steile Wiesen zum Südrücken, der keinerlei Hindernisse aufwirft (bis zum Gipfel grasig). Die Abstiegsroute ist besser markiert, ab Kiechl-Kreuz streckenweise erodierter Steig zur Stöcklalm, anschließend Waldweg. Für Berggewohnte normales Tagespensum.
Einkehr: Stöcklalm, 1882 m, Übernachtungsmöglichkeit, Tel. +43 664 8907646. Die Naviser Hütte wurde in eine Selbstversorgerunterkunft umgewidmet.
Beste Jahreszeit: Mitte Juni bis in den Oktober, solange schneefrei.
Variante: Start beim Parkplatz Schranzberg und Aufstieg über den Normalweg via Stöcklalm, retour dann über Innergriff, Bettlerstiegl und Poltenalm. Dieser

Alpenrosenbestände beim Abstieg zur Stöcklalm.

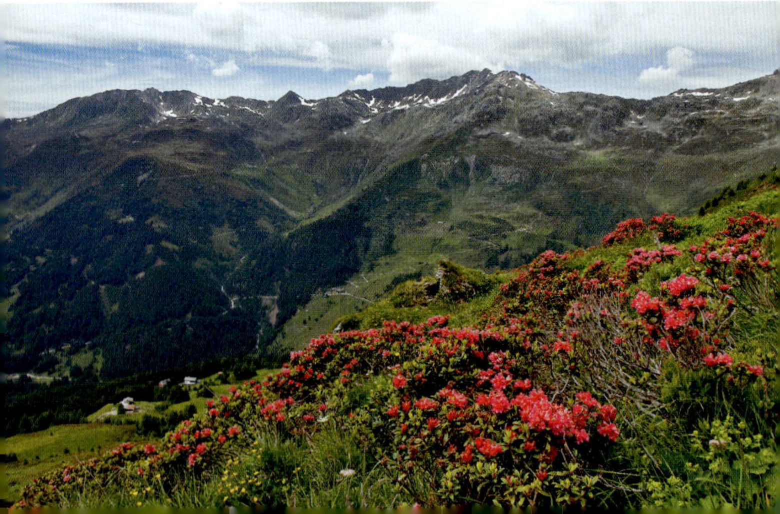

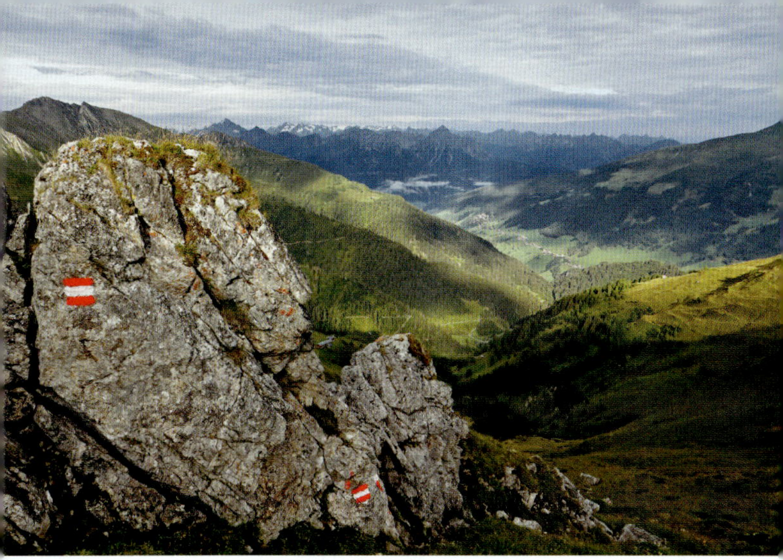

Nach der kaum gepfadeten Grasrinne bestätigen deutliche Markierungen unseren Kurs.

Verlauf ist mit ca. 5.00 Std. etwas kürzer. **Tipp:** Wer noch »Luft nach oben« hat, kann vom Naviser Kreuzjöchl dem Kammverlauf ostwärts Richtung Griffjoch folgen und durch die Karmulde mit dem Staffelsee im Blockschuttgelände gegen Geier, 2857 m, bzw. Lizumer Reckner, 2886 m, aufsteigen. Ersterer ist trotz des steinigen Untergrunds vergleichsweise unschwierig zu erklimmen (T3), während der schroffere Reckner einige ausgesetzte Kletterpassagen abfordert (T4+ mit Sicherungen). Der Zeitbedarf für diese Zugabe liegt bei 2.00 Std. bergauf und 1.30 Std. zurück – die gesamte Tour wird damit also ausgesprochen lang und anstrengend!

Wir starten direkt in **Navis** ❶ und begleiten den Weirichbach auf einer anfangs relativ steil anziehenden Forststraße. Die Urbesalm bleibt später rechts, die Weirichalm links, während man als Nächstes die **Blasigleralm**

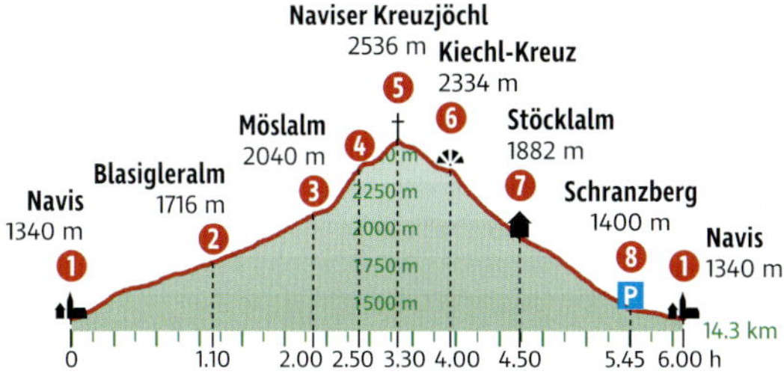

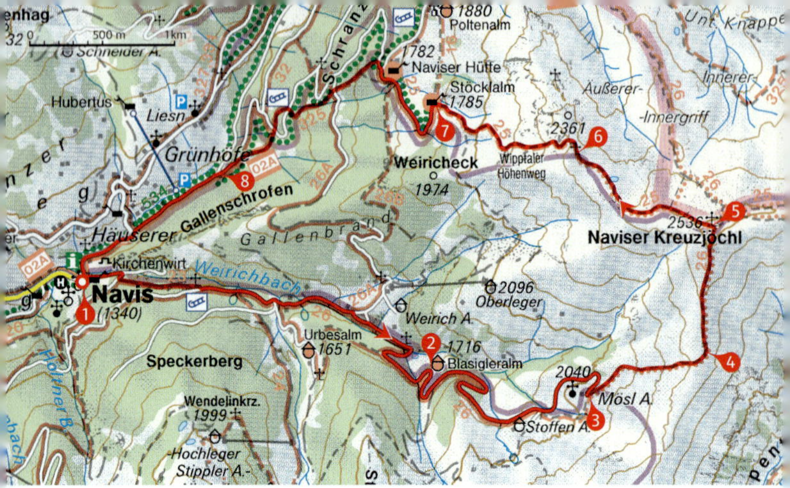

❷, 1716 m, ansteuert. Schon unterhalb schalten sich vermehrt Schleifen ein, ebenso auf der Fortsetzung, die knapp an der Stoffenalm vorbeiführt und mit einem Bogen zur **Möslalm** ❸, 2040 m, hinauf. Diese liegt mitsamt einer Kapelle auf einer kleinen Geländenase. Wir schlagen hier den erdigen, unbefestigten Almweg ein und verlassen ihn in der ersten Rechtskehre, um den vor uns liegenden Hang quasi frontal anzugehen. Weil Steigspuren nahezu fehlen, achte man gut auf die spärliche Markierung (Nr. 26). Wir arbeiten uns im Grasgelände zwischen Alpenrosenbüschen recht steil empor und gewinnen die Kammlinie ❹, ca. 2345 m, zwischen Kreuzjöchl und Hoher Warte. Jetzt am ebenfalls grasbewachsenen Südrücken weiter und mit wechselnden Steigungen bis aufs **Naviser Kreuzjöchl** ❺, 2536 m.
Die Abstiegsroute orientiert sich zunächst am westseitigen Kammrücken, bald mehr nordwestwärts (Nr. 25). Vor der Kuppe P. 2361 kommen wir zu einer kleinen Verebnung, mit Tümpel und dem sogenannten **Kiechl-Kreuz** ❻. Gleich dahinter links in den steileren Weidehang hinein und auf einem ziemlich erodierten Weg windungsreich hinab zur **Stöcklalm** ❼, 1882 m (die Höhenangabe bei f&b ist fehlerhaft). Anschließend ein Stück weit auf der Zufahrt bis zur Naviser Hütte und von dort auf einem abkürzenden Waldsteig hinunter zum **Parkplatz Schranzberg** ❽, ca. 1400 m, in der Talsohle. Auf dem Sträßchen schließlich noch eine Viertelstunde hinaus ins Dorf ❶.

Das Naviser Kreuzjöchl gewährt tolle Einblicke ins Tuxer Hochgebirge.

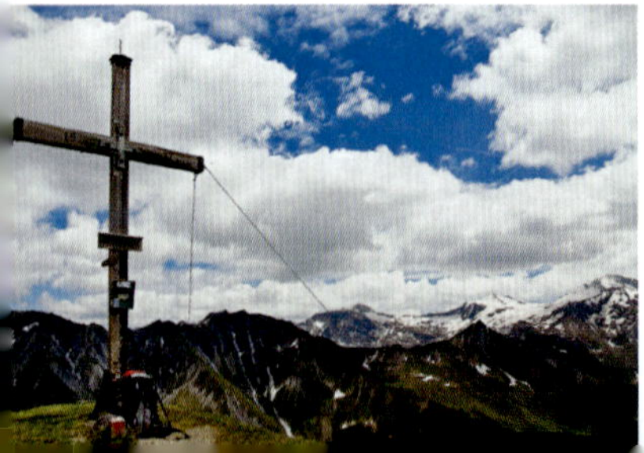

↗ 1200 m | ↘ 1200 m | 12.9 km

6.00 h

Pfoner Kreuzjöchl, Rauher Kamm, 2654 m, und Mislkopf

Weitläufige Mattentour mit ambitionierter Kraxeleinlage

Nur rund 500 Meter Luftlinie trennen das Pfoner Kreuzjöchl vom Mislkopf – verbunden durch einen Grat, der für die Tuxer Alpen ungewöhnlich schroff daherkommt und nicht umsonst den Namen »Rauher Kamm« trägt. Wer dort unterwegs ist, muss auch mal beherzt zupacken können. Ansonsten weist diese Tour aber die gebietstypischen Merkmale auf: Oberhalb des Waldgürtels dehnen sich weitläufige Matten aus, gespickt mit Alpenrosenfeldern und unweit der Seapenalm auch mit auffallend üppigen Wollgrasbeständen. Wer sich den kleinen, pfiffigen Klettersteig am Rauhen Kamm im Übrigen nicht zutraut, kann sich ohne wesentliche Einbußen bei der Aussicht einen der Gipfel auswählen und damit eine mittelschwere Tour absolvieren.

Ausgangspunkt: Parkplatz Grün, ca. 1530 m, im inneren Navistal. Anfahrt von Navis Richtung Grünhöfe und bis zum Ende der öffentlichen Straße (gebührenpflichtiger Parkplatz). Bus nur bis ins Dorf.

Anforderungen: T4 am Rauhen Kamm, Normalwege am Kreuzjöchl und Mislkopf T3 bzw. T2–3. Zum Pfoner Kreuzjöchl kleiner, blass markierter Pfad im Mattengelände, der sich teils sogar etwas verliert. Schlüsselpassage ist der kurze, ausgesetzte und an einigen Stellen klettersteigartig entschärfte Übergang am Rauhen Kamm (zerklüftetes Felsgelände). Vom Mislkopf abwärts dann wieder gewöhnlicher Berg-

Erstes Gipfelziel ist das Pfoner Kreuzjöchl.

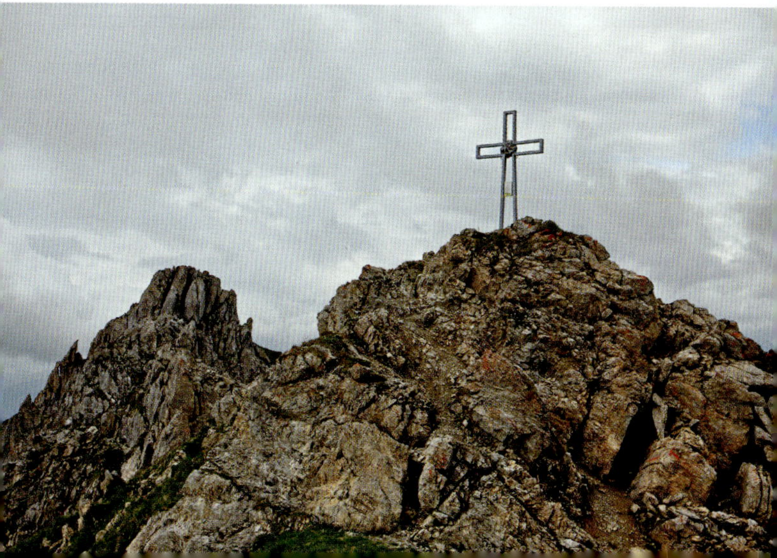

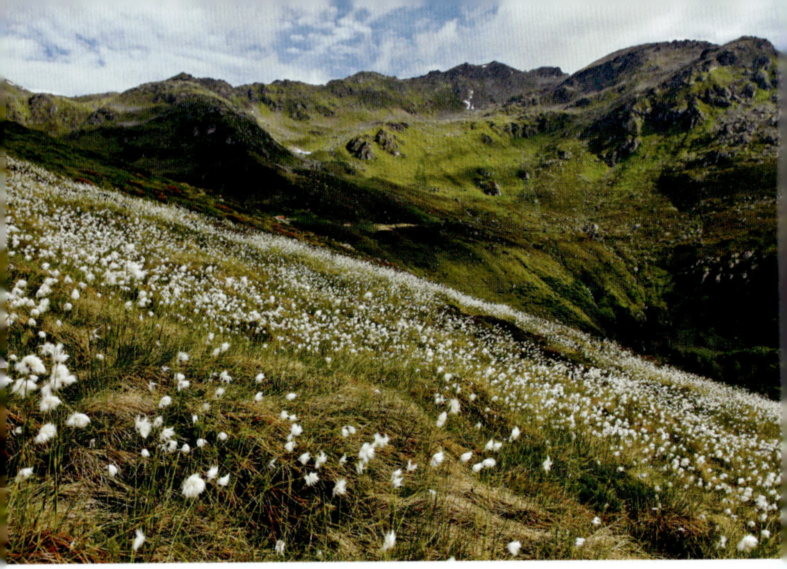

Feuchte Hanglagen sind mit Wollgras überzogen.

weg. Am Grat Trittsicherheit und Schwindelfreiheit nötig, sonst etwas Orientierungssinn. Ausgefüllte Tagestour.
Einkehr: Seapenalm, 2091 m, Tel. +43 664 8688024.
Beste Jahreszeit: Mitte/Ende Juni bis Anfang Oktober, falls schneefrei.
Variante: Der Gipfelgrat kann auch von der anderen Seite erreicht werden, also von Pfons, 1043 m, über die bewirtschaftete Pfoner Ochsenalm (langwierige Almstraße).

Vom **Parkplatz Grün** ❶ beginnen wir auf einer Forststraße, die aber an bezeichneter Stelle auf den abkürzenden Wanderweg verlassen wird. Dieser schraubt sich im Wald empor, kreuzt nochmals den Fahrweg und trifft schließlich oberhalb der Waldgrenze wieder darauf. Noch vor der

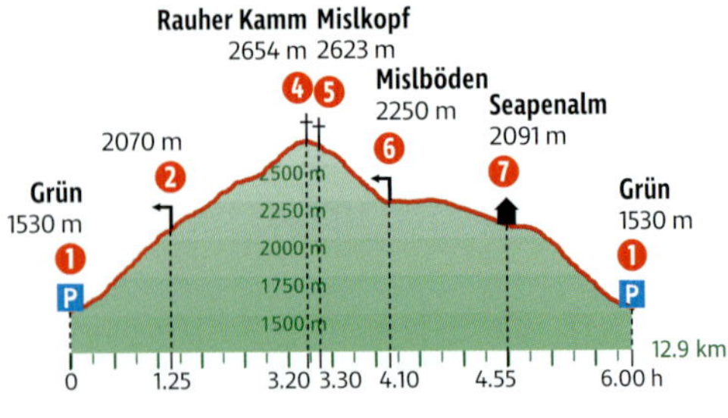

Seapenalm lotst uns ein Schild »Pfoner Kreuzjöchl« (Nr. 22) in die von Gras und Alpenrosen bewachsenen Hanglagen, wo nur ein dürftiger Pfad zur Verfügung steht ❷. Die Steigung ist aber insgesamt gemäßigt, auch wenn sich zweimal Geländewälle vor uns aufbauen. Aufpassen, dass man nicht die Markierung aus den Augen verliert oder versehentlich auf Viehsteige abschweift! Über einen welligen Abschnitt nähern wir uns der gegen den Kamm aufsteilenden Flanke und betreten diesen östlich des **Pfoner Kreuzjöchl** ❸, 2640 m, das daraufhin etwas unübersichtlich gewonnen wird.

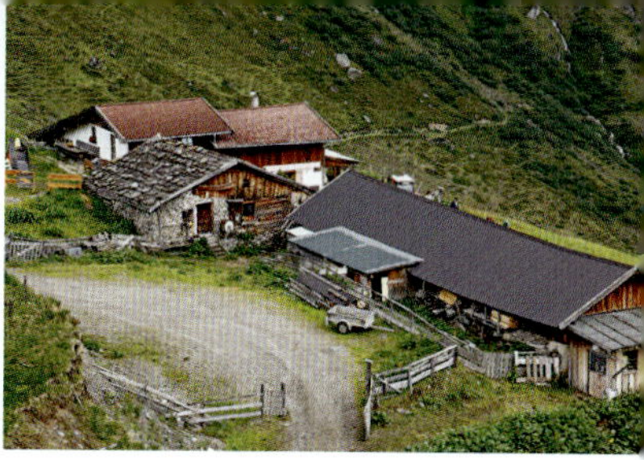

Am Rückweg können wir noch einen kleinen Schlenker über die bewirtschaftete Seapenalm unternehmen.

Beim Weiterweg legt sich nun der zerklüftete **Rauhe Kamm** in den Weg. Wir folgen der kleinen Spur am Grat entlang, an einem Aufschwung vorübergehend rechts abwärts ausweichend, dann mit Drahtseilhilfe zurück auf die Schneide und um mehrere Ecken sowie durch Rinnen zum höchsten Punkt ❹, 2654 m. Dahinter wird der Grat rasch leichter und leitet grasig hinüber zum **Mislkopf** ❺, 2623 m. Wir wandern am breiten Südwestrücken bergab, beim ersten Zaun dann links schwenkend und auf kleiner Pfadspur bis zum Querweg auf den **Mislböden** ❻, ca. 2250 m. Dieser ist mit Nr. 19B markiert und auch als Bike-Route Nr. 522 ausgewiesen. In leichtem Auf und Ab quer durch die sanften Hänge, am Hirschstein vorbei und mit einem Abwärtsbogen hinüber zur **Seapenalm** ❼, 2091 m, falls dort eingekehrt werden soll. Zurück zum Parkplatz ❶ nutzt man wieder den ersten Teil der Aufstiegsroute.

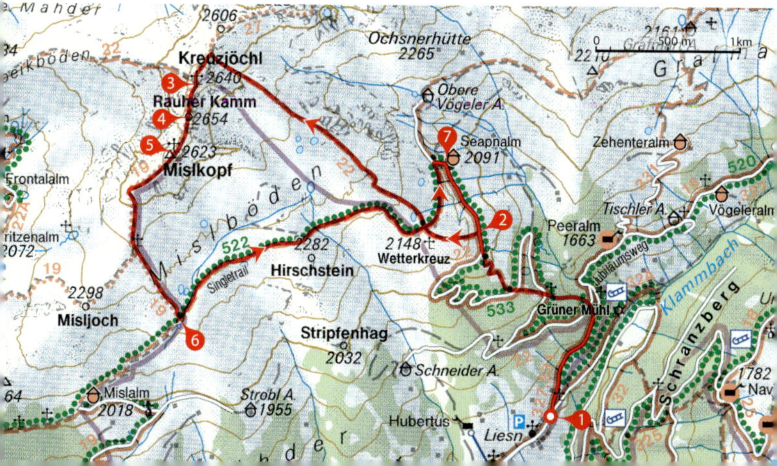

↗ 1650 m | ↘ 1650 m | 22.6 km

58 Kreuzspitze, 2746 m

8.30 h

Die »Große Tälerüberschreitung« vom Arztal ins Viggartal

Aus dem Gemeindegebiet von Ellbögen, als Streusiedlung im Wipptal südlich von Innsbruck gelegen, greifen zwei Hochtäler in den Westteil der Tuxer Alpen hinein. Demzufolge wird die Verbindung zwischen Arztal und Viggartal vor Ort als »Große Tälerüberschreitung« ausgewiesen – eine ziemlich stramme Tour, die uns einen ganzen, langen Tag auf Trab hält. Schwierig wird es dabei kaum, sind die Tuxer Alpen doch für ihren weitläufigen Schwung ohne allzu schroffe Formen bekannt. Allerdings erreicht man mit der Kreuzspitze einen stattlichen Gipfel, weshalb ein gewisser alpiner Anstrich nicht ausbleibt. Beim Abstieg können wir im gemütlichen Meißner Haus einkehren – und vielleicht auch »hängenbleiben«, um tags darauf die Viggarspitze (Tour 59) anzupacken ...

Ausgangspunkt: Parkplatz Hinterlarcher, ca. 1380 m, bei Oberellbögen (gebührenpflichtig). Zufahrt von der Ellbögener Straße über eine gut ausgebaute Bergstraße.

Schafweiden im oberen Arztal.

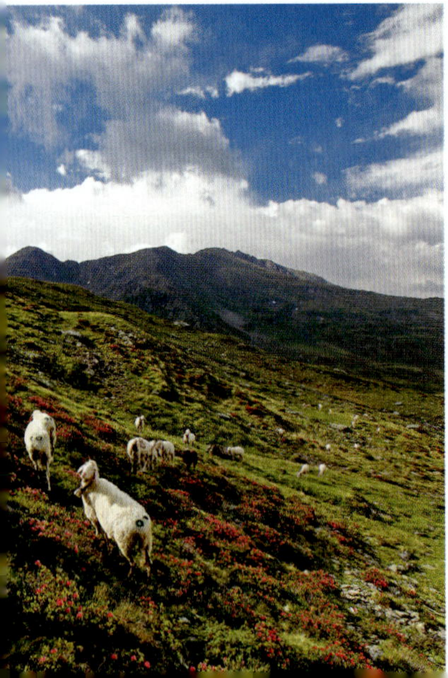

Anforderungen: T3. Durchwegs Wandergelände ohne schwierige Stellen, allerdings streckenweise nur dürftig ausgetretene Wege, obschon ausreichend markiert. In mittleren Lagen Matten-Zwergstrauch-Bewuchs, weiter oben steiniger, zwischen Meißner Haus und Profeglalm urwüchsiger Waldsteig und abschließend Forststraßen. Elementare Trittsicherheit erforderlich, als Tagestour sehr lang.

Einkehr/Unterkunft: Almwirtschaft Arztal, 1900 m, Tel. +43 512 377175. Meißner Haus, 1720 m, Anfang Juni bis Ende Oktober, Tel. +43 512 377697, www.meissner-haus.at. Profeglalm, 1809 m, Tel. +43 699 12296313.

Beste Jahreszeit: Ende Juni bis in den Oktober, solange schneefrei.

Variante: Die »Kleine Tälerüberschreitung« führt in etwas engerem Zirkel über den Westausläufer des Morgenkogels, 2607 m.

Vom Parkplatz ❶ wandern wir am Hof **Hinterlarcher** vorbei taleinwärts. Bei der Hinterlarcherkapelle kann man dem alten Steig folgen oder weiterhin der Almstraße, auf die man eh wieder trifft. Mit einigen

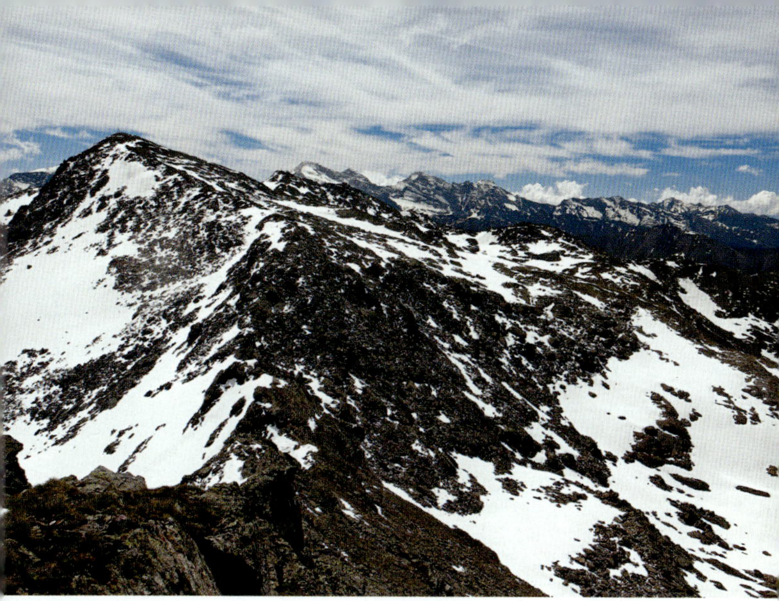

Blick von der Kreuzspitze hinüber zum benachbarten Rosenjoch.

Schleifen schraubt sie sich zur **Almwirtschaft Arztal** ❷, 1900 m, empor. Dahinter immer noch auf breiter Trasse über die nächste Geländeschwelle bis vor den Arztaler Hochleger. Hier zweigen wir in die linksseitigen, mit Gras und Zwergsträuchern bewachsenen Hänge ab ❸, ca. 2100 m. Plötzlich ist der Pfad nur dürftig, teilweise überhaupt nicht mehr ausgeprägt. Im Bereich der Penzenböden lassen wir die Route zum Rosenjoch rechts abziehen, folgen weiter dem Hinweis »Große Tälerüberschreitung – Kreuzspitze« und kommen über Schafmatten in zunehmend kargeres Gelände voran. In einer kleinen Senke verbirgt sich der **Dürrensee** ❹, ca. 2520 m. Wir durch-

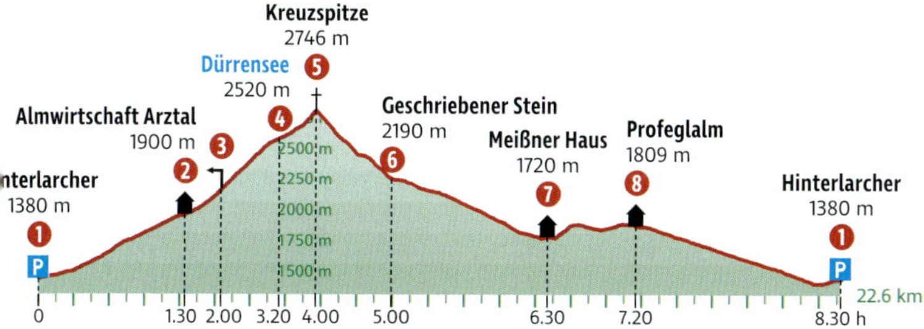

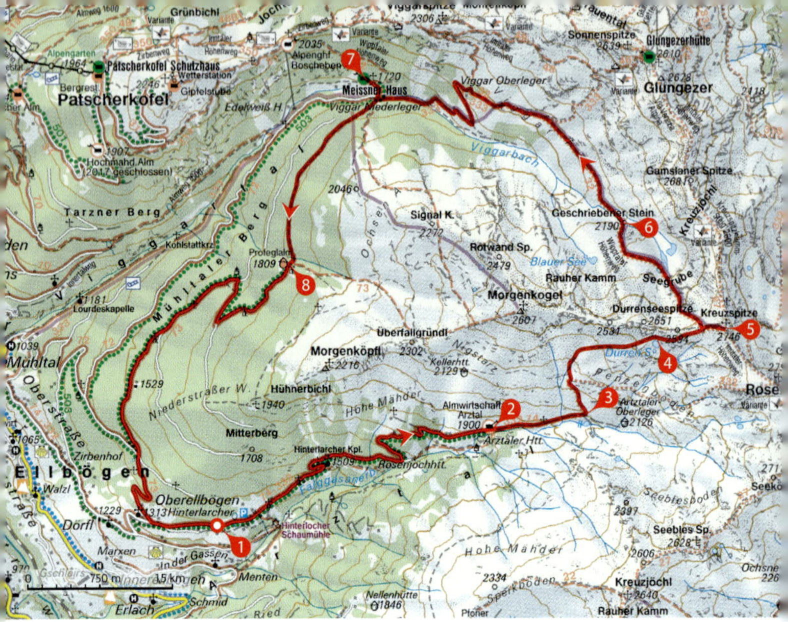

schreiten eine Blockmulde und erreichen links haltend den Gratüberstieg, ca. 2650 m, von wo die **Kreuzspitze** ❺, 2746 m, rasch mitzunehmen ist. Zurück beim Abzweig geht es nordwestwärts über steinigen Untergrund mit mehreren Absätzen in die Seegrube hinab. Wir passieren die »Blauen Seen« und kommen etwas tiefer am sagenumwobenen **Geschriebenen Stein** ❻, 2190 m, vorbei. Der Felsklotz wird als steinzeitlicher Kultplatz gedeutet. Nun aus dem Kessel auf die rechte Seite hinüber, wo nach einer Weile eine Aufstiegsmöglichkeit zum Glungezer abzweigt, etwas später am Hang dann jene zur Viggarspitze. Die zuvor eher kleine Pfadspur wird nun zum breiteren Almweg, der sich in die Talsohle hinunterschraubt und jenseits des Bachs zum Viggar Niederleger gelangt. Wollen wir im **Meißner Haus** ❼, 1720 m, einkehren, überschreiten wir die Brücke und steigen kurz dorthin an.

Ansonsten achtet man beim Viggar Niederleger auf die Bezeichnung »Kleine Tälerüberschreitung«. Die manchmal etwas verwachsene Route vollzieht eine längere Hangtraverse in urwüchsigem Gelände, zunächst merklich ansteigend, später nur noch leicht auf und ab bis zur **Profeglalm** ❽, 1809 m. Dort stößt man auf eine Forststraße, deren erste Schleife abgeschnitten werden kann. Am Mühltaler Berg noch einige Zeit gemäßigt abwärts bis nach Oberellbögen und von der Siedlung zuletzt rund 500 Streckenmeter leicht ansteigend zum **Parkplatz Hinterlarcher** ❶.

↗ 1280 m | ↘ 1280 m | 17.5 km

6.30 h

Viggarspitze, 2306 m

59

Aussichtswarte über dem Inntal

Die Viggarspitze erhebt sich im Kammverlauf zwischen Patscherkofel und Glungezer, was an sich schon eine verlockende Erkenntnis bringt: Dieser Berg muss eine erstklassige Inntalloge sein! Meist wird er – von der Patscherkofelbahn kommend – auf dem Glungezerweg kurzerhand mitgenommen, doch verdient er durchaus auch eine stärkere Würdigung. Wer extra aus dem Viggartal zusteigt, verleiht der Viggarspitze zweifellos Größe und erlebt unterwegs auch die stilleren Momente.

Ausgangspunkt: Mühltal, 1039 m, Ortsteil der Gemeinde Ellbögen mit Bushaltestelle. Wanderparkplatz etwas höher am Beginn der Forststraße.
Anforderungen: T2–3. Normale Bergwege, auf der Abstiegsroute über den Zirbenweg sogar ziemlich großzügig ausgebaut, im Gipfelbereich auch etwas steilere Passagen. Längerer Zustieg ins Viggartal auf breitem Wirtschaftsweg. Insgesamt tagfüllende Tour, die entsprechende Ausdauer erfordert (mit Übernachtung auch für Familien empfehlenswert).
Einkehr/Unterkunft: Meißner Haus, 1720 m, Anfang Juni bis Ende Oktober, Tel. +43 512 377697, www.meissner-haus.at. Almgasthaus Boscheben, 2024 m, Tel. +43 660 2345396, www.boscheben.at.
Beste Jahreszeit: Juni bis Oktober.

Von **Mühltal** ❶ aus folgen wir der Forststraße ins Viggartal einwärts, passieren bald einmal die Lourdeskapelle, 1181 m, später ein historisches Mühlrad und kommen allmählich in den Bereich der Almen voran. Beim **Viggar Niederleger** ❷ ist das Meißner Haus auf der linken Seite nah, doch können

Die Gipfelroute steht im Zeichen eines grandiosen Inntal-Panoramas.

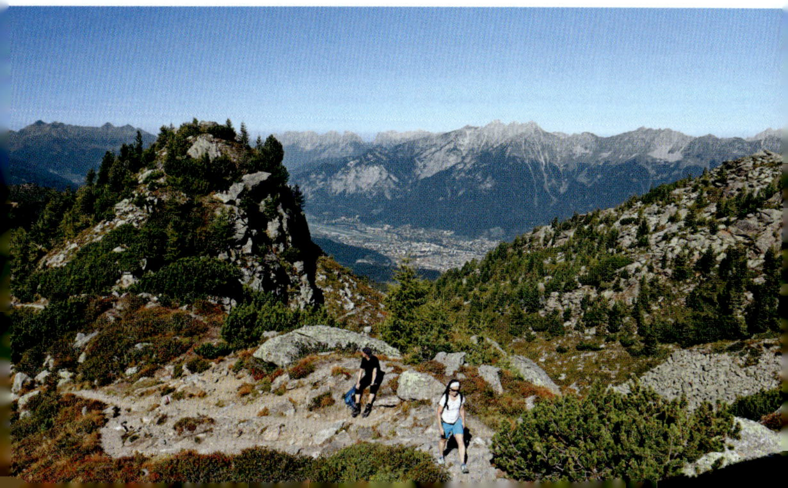

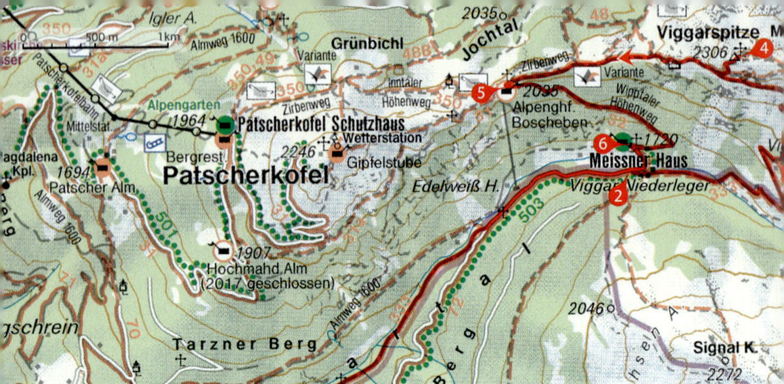

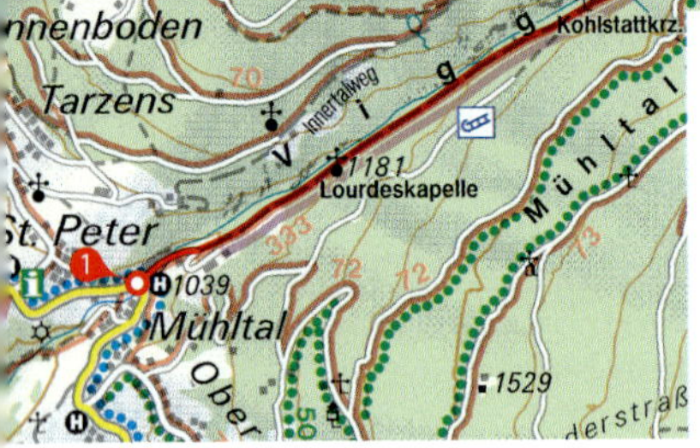

wir gleich geradeaus fortsetzen. Der Almweg schraubt sich gegen den **Viggar Hochleger** ❸, ca. 1930 m, hinauf. Hier links abzweigen und durch letzte Lärchenbestände, abgelöst von typischen Zwergstrauchheiden, weiter bergwärts. Wir stoßen auf den Glungezerweg, gehen auf diesem kurz nach links (!) um ein Eck herum und mit dem Gipfelstich schließlich in Kehren bis auf die **Viggarspitze** ❹, 2306 m.

Beim Abstieg ist das oberste Stück identisch, ehe man sich westwärts wendet und damit hinab auf den beliebten Zirbenweg gelangt. Ohne große Höhendifferenzen bringt uns dieser zur urigen Einkehrmöglichkeit auf **Boscheben** ❺, 2024 m. Eine gute halbe Stunde unterhalb empfängt uns am Ende des schräg abwärtsführenden Waldweges das **Meißner Haus** ❻, 1720 m, des Alpenvereins. Von dort am schnellsten über den bekannten Fahrweg zurück nach **Mühltal** ❶.

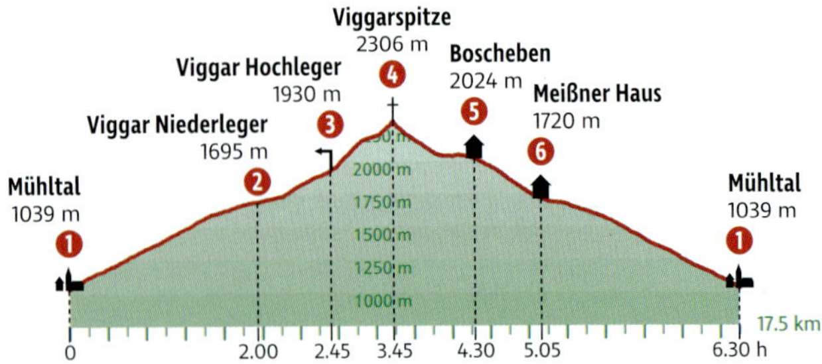

↗ 1250 m | ↘ 1250 m | 19.9 km

6.45 h

Patscherkofel, 2246 m

60

Auf den Innsbrucker Hausberg schlechthin

Unser Tourenreigen rund ums Wipptal soll mit einem Berg abschließen, der für die Innsbrucker ganz besonderen Stellenwert besitzt. Behäbig geformt, von einem Antennenstachel »gekrönt« und mit allerlei Infrastruktur drumherum, gehört der Patscherkofel gleichsam zum Inventar der Tiroler Landeshauptstadt wie die Silhouette der Nordkette (Karwendel) oder das berühmte Goldene Dachl in der Altstadt. Wir wollen dem Namen Rechnung tragen, indem wir von Patsch aus über die Westseite aufsteigen. Retour holen wir zunächst über den reizvollen Oströcken aus und kehren dann via Lanser Alm und Heiligwasser nach Patsch zurück. Ziemlich aufwendig, diese Patscherkofel-Tour »by fair means«, doch ein halbes Dutzend Einkehrstationen sollten uns auch die physische Kraft dafür verleihen ...

Ausgangspunkt: Patsch, 998 m, Ortschaft auf der östlichen Wipptaler Geländeterrasse. Bushaltestelle Patsch Dorf.
Anforderungen: T2–3. Teils Forststraßen, teils kleinere Steige bzw. Wanderwege. Keine geländebedingten Schwierigkeiten, aber beachtlicher Höhenunterschied und vor allem auf den Steigen manchmal Aufmerksamkeit wegen der Wegführung angezeigt (es gibt zuweilen auch »wilde«, nicht offizielle Spuren). Vollkommen tagfüllendes Programm.
Einkehr/Unterkunft: Patscher Alm, 1694 m, Di Ruhetag, Tel. +43 664 4053026. Hochmahdalm, 1907 m, Mo Ruhetag, Tel. +43 676 5045174. Alpen-

Fantastische Schau auf Innsbruck und das im Hintergrund aufragende Karwendel.

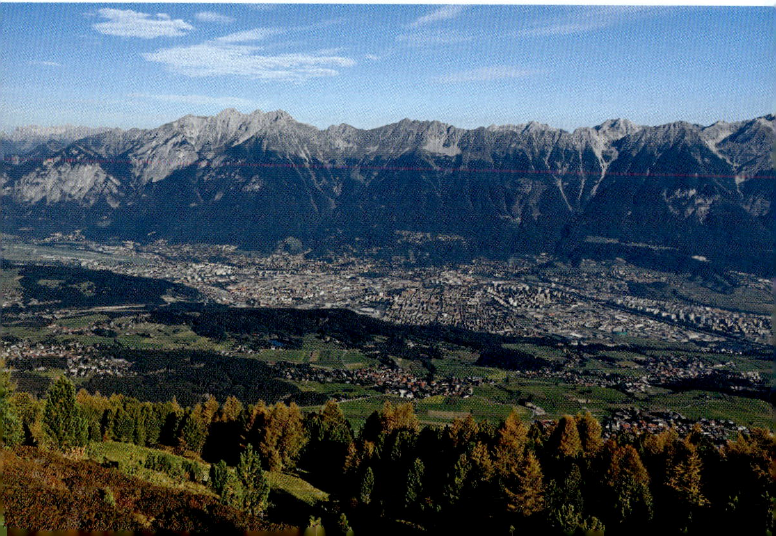

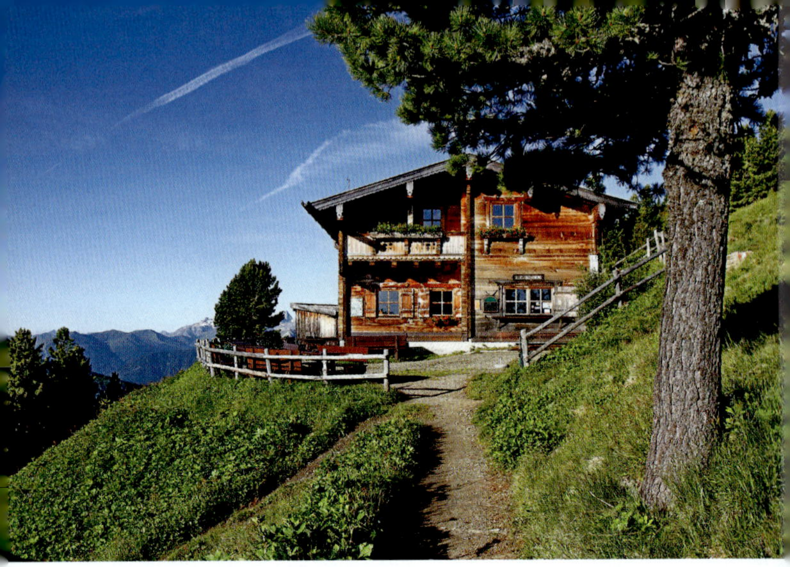

Boscheben, liebreizendes Gasthaus am Ostrücken des Patscherkofels.

gasthof Boscheben, 2024 m, Tel. +43 660 2345396. Schutzhaus Patscherkofel, 1964 m, Tel. +43 512 377196. Lanser Alm, 1718 m, Mi Ruhetag, Tel. +49 179 5462419. Alpengasthof Heiligwasser, 1234 m, Mo Ruhetag, Tel. +43 512 377171.
Beste Jahreszeit: Juni bis Oktober.

Varianten: 1. Vom Ostrücken in die Südflanke abzweigen und dann zurück zur Hochmahdalm am Aufstiegsweg.
2. Falls einem die Tour doch zu lang wird, kann man beim Patscherkofelhaus in die Seilbahngondel steigen. Von der Talstation per Bus zurück nach Patsch.

Von **Patsch** ❶ geht es mit Nr. 31 an der westseitigen Berglehne aufwärts. Wo der Kreuzweg nach Heiligwasser abzweigt, halten wir uns rechts und entdecken auf 1200 Metern einen Hinweis »Steig zur Patscher Alm«. Damit

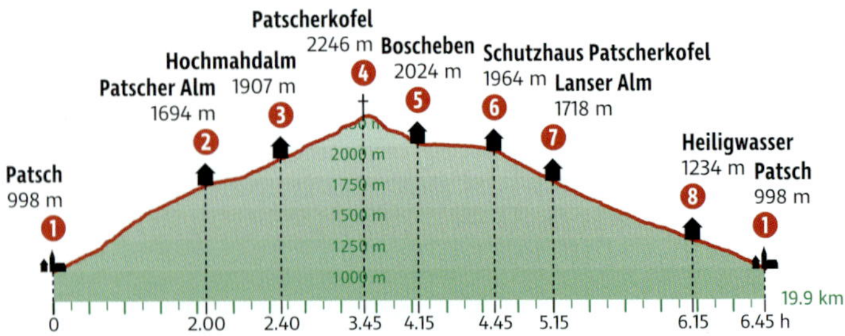

kommt man nun zügiger in die Höhe – man achte bei Verästelungen jedoch auf die korrekte Wegführung. Wir nähern uns der Skipiste und steigen rechts davon auf, ehe wir wieder auf eine breite Forststraße treffen. Zwei, drei Kehren bringen uns zur **Patscher Alm** ❷, 1694 m. Die Fortsetzung zur **Hochmahdalm** ❸, 1907 m, holt ziemlich weit nach rechts (Süden) aus. Oberhalb zweigen wir auf den Jochleitensteig ab, verlassen damit Route Nr. 31 und achten nach einer Aufwärtstraverse auf einen weiteren kleinen Abzweig. Kurzzeitig steil höher, dann auf das Schottersträßchen, dessen Schleifen man – vorbehaltlich möglicher Abkürzer nach Augenmaß – bis zum Gipfelkomplex des **Patscherkofels** ❹, 2246 m, folgt. Das Kreuz befindet sich etwas verloren zwischen all den Bauten und technischen Anlagen dort, wo man schön auf Innsbruck hinunterblickt.

Die Fortsetzung leitet auf dem Kammsteig gen Osten und bringt uns sachte abwärts zum Gasthaus **Boscheben** ❺, 2024 m. Wenige Schritte dahinter biegen wir scharf links in den Zirbenweg ein, der in reizvoller Routenführung die Nordflanke schneidet, am Grünbichl vorbei bis zum altehrwürdigen **Schutzhaus Patscherkofel** ❻, 1964 m, unmittelbar neben der modernen Patscherkofelbahn. Die weitere Abstiegsroute zieht zunächst nordostwärts mit einer schrägen Traverse über einen Grabeneinschnitt hinweg und danach in Kehren durch lichte Lärchenwaldumgebung zur **Lanser Alm** ❼, 1718 m. Hier schlagen wir den Weg nach Heiligwasser ein, kreuzen den gleichen Bach noch einmal und stoßen bald auf eine Forststraße. Mit einigen großzügigen Schleifen führt diese Richtung **Heiligwasser** ❽, 1234 m – allfällige Abkürzungen sind steil und nicht bezeichnet! Der von vielen Bildstöcken begleitete Kreuzweg (weiterhin Fahrbahn) schließt die Runde hinab zum Ausgangspunkt in **Patsch** ❶.

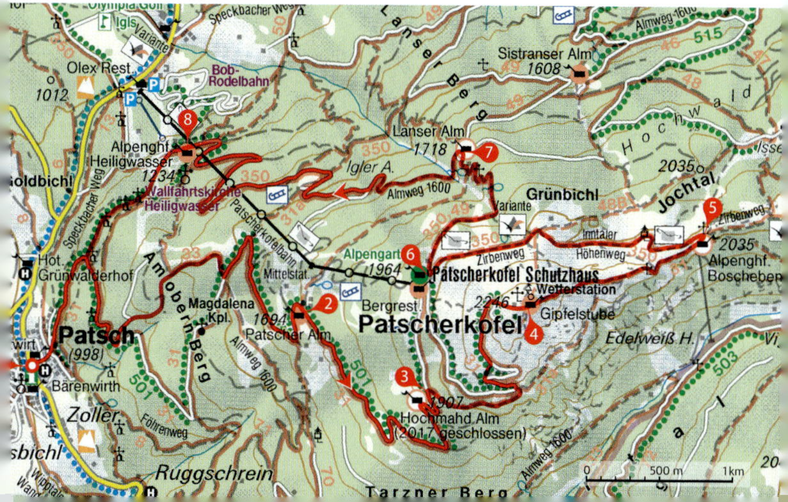

STICHWORTVERZEICHNIS

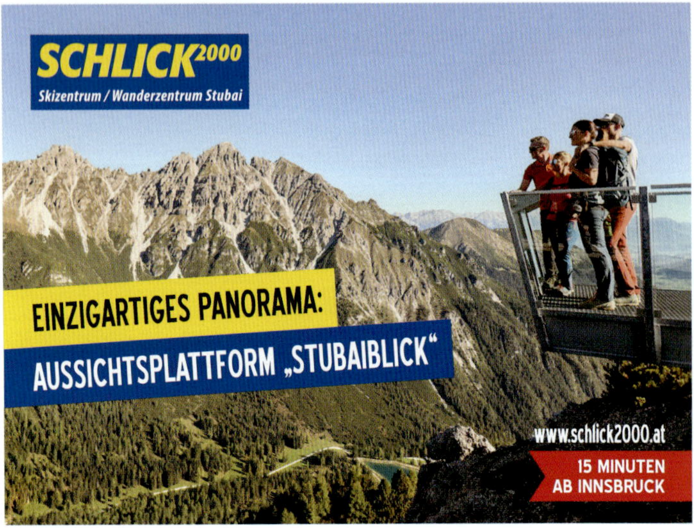
SCHLICK2000
Skizentrum / Wanderzentrum Stubai
EINZIGARTIGES PANORAMA:
AUSSICHTSPLATTFORM „STUBAIBLICK"
www.schlick2000.at
15 MINUTEN
AB INNSBRUCK

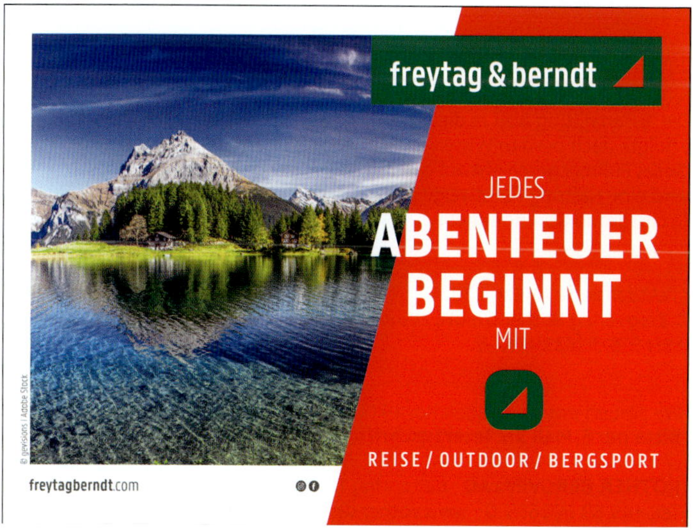
freytag & berndt
JEDES
ABENTEUER
BEGINNT
MIT
REISE / OUTDOOR / BERGSPORT
freytagberndt.com

Umschlagbild: Im Sulzenaugebiet sind wir den hohen Eisbergen ganz nah.

Bild im Innentitel: Die formschöne Serles über der Matreier Grube.

Bild S. 2: In der Schmirner Bergwelt umgibt uns noch viel Ursprünglichkeit.

Bild S. 32/33: Zauberhafte Herbststimmung im vorderen Stubaital.

Alle 189 Fotos vom Autor.

Kartografie:
60 Wanderkärtchen im Maßstab 1:50.000 / 1:75.000
sowie 2 Übersichtskärtchen im Maßstab 1:250.000 und 1:500.000

Werk-Nr.: 4574

7., aktualisierte Auflage 2024

ISBN 978-3-7633-4792-6

Wir freuen uns über jeden Korrekturhinweis zu diesem Wanderführer!
Bitte per E-Mail an: leserzuschrift@rother.de

ROTHER BERGVERLAG · Keltenring 17 · D-82041 Oberhaching
Tel. +49 89 608669-0 · www.rother.de